Beiträge zur Sozialen Arbeit an Schulen
Band 5

Herausgegeben von
A. Spies, Oldenburg, Deutschland
N. Pötter, München, Deutschland

Mit der Reihe „Beiträge zur Sozialen Arbeit an Schulen" wollen die Herausgeberinnen den Diskurs bündeln und fachlich wie sachlich klärend vertiefen, damit sowohl die wissenschaftliche Aufarbeitung wie auch der Auseinandersetzungsbedarf der aktuellen und der künftigen Praxis systematischer bedient werden können. Die „Beiträge zur Sozialen Arbeit an Schulen" tragen zur weiteren theoretischen Fundierung und zur Verortung im internationalen Diskurs bei, bereiten angehende PraktikerInnen auf ein anspruchsvolles und facettenreiches Handlungsfeld und die sozialisatorische und bildungsstrategische (Management)Rolle von Schulsozialarbeit für die Alltags- und Lebensbewältigung von Mädchen und Jungen vor, bilden aber auch die in diesem Kontext unerlässliche interdisziplinären Verbindungen zu den benachbarten „Kooperationsdisziplinen" ebenso wie den empirischen Forschungsstand ab und orientieren sich dabei jeweils an den drei zentralen Ebenen der intersektionalen Perspektive (‚gender', ‚race', ‚class').

Herausgegeben von
Anke Spies
Fak. I, Inst. f. Päd.
Univ. Oldenburg
Oldenburg, Deutschland

Nicole Pötter
München, Deutschland

Wilma Aden-Grossmann

Geschichte der sozialpädagogischen Arbeit an Schulen

Entwicklung und Perspektiven von Schulsozialarbeit

Wilma Aden-Grossmann
Kronberg im Taunus, Deutschland

Beiträge zur Sozialen Arbeit an Schulen
ISBN 978-3-658-10042-1   ISBN 978-3-658-10043-8 (eBook)
DOI 10.1007/978-3-658-10043-8

Die Deutsche Nationalbibliothek verzeichnet diese Publikation in der Deutschen Nationalbibliografie; detaillierte bibliografische Daten sind im Internet über http://dnb.d-nb.de abrufbar.

Springer VS
© Springer Fachmedien Wiesbaden 2016
Das Werk einschließlich aller seiner Teile ist urheberrechtlich geschützt. Jede Verwertung, die nicht ausdrücklich vom Urheberrechtsgesetz zugelassen ist, bedarf der vorherigen Zustimmung des Verlags. Das gilt insbesondere für Vervielfältigungen, Bearbeitungen, Übersetzungen, Mikroverfilmungen und die Einspeicherung und Verarbeitung in elektronischen Systemen.
Die Wiedergabe von Gebrauchsnamen, Handelsnamen, Warenbezeichnungen usw. in diesem Werk berechtigt auch ohne besondere Kennzeichnung nicht zu der Annahme, dass solche Namen im Sinne der Warenzeichen- und Markenschutz-Gesetzgebung als frei zu betrachten wären und daher von jedermann benutzt werden dürften.
Der Verlag, die Autoren und die Herausgeber gehen davon aus, dass die Angaben und Informationen in diesem Werk zum Zeitpunkt der Veröffentlichung vollständig und korrekt sind. Weder der Verlag noch die Autoren oder die Herausgeber übernehmen, ausdrücklich oder implizit, Gewähr für den Inhalt des Werkes, etwaige Fehler oder Äußerungen.

Lektorat: Stefanie Laux, Daniel Hawig.

Gedruckt auf säurefreiem und chlorfrei gebleichtem Papier

Springer Fachmedien Wiesbaden ist Teil der Fachverlagsgruppe Springer Science+Business Media
(www.springer.com)

Inhaltsverzeichnis

Vorwort IX
Literatur XII

Einführung 1

I Die Industrieschule im 18. und 19. Jahrhundert 5
Zur Rezeption der Industrieschule 5
Anmerkungen zum historischen Hintergrund 7
Das sozialpädagogische Konzept der Industrieschule 11
Zusammenfassung 18

**II Die Entstehung der Schulkinderfürsorge
in der zweiten Hälfte des 19. Jahrhunderts** 21
Kinderarbeit und Kinderschutz 21
Zur Lebenssituation der Kinder in Preußen um 1900 29
Der Hort 30
Die Schulpflege 38
Zuordnung der Schulpflege 44
Die Schulpflegerin – ein neuer Frauenberuf 46

III Schule als Lebensraum 51
Neue Ansätze zu Beginn des 20. Jahrhunderts
Schulverhältnisse um 1900 52
Schule im ersten Weltkrieg 53

Schulkritik 55
Die „Neue Erziehung" 59
Schulversuche des Bundes entschiedener Schulreformer 62

IV Jugendhilfe und Schule in der Weimarer Republik (1918-1933) 69
Die Reichsschulkonferenz 69
Das Reichsjugendwohlfahrtgesetz und die Schule 73
Reichsgesetz für Jugendwohlfahrt vom 9. Juli 1922 75
Lehrer und Jugendhilfe 76
Ergebnisse der Reformpolitik 81
Ende der Reformen durch den Nationalsozialismus 83

V Schulreform ohne Sozialpädagogik nach dem zweiten Weltkrieg ... 89
Frauen und Kinder in der Nachkriegszeit 91
Die Not der Nachkriegsjahre 93
Schulprobleme der Nachkriegszeit 96
Jugendhilfe und Schule 99
Schulkritik aus sozialpädagogischer Perspektive 101
Zusammenfassung 104
Bildungsreform 105

VI Zur Reflexion des neuen Praxisfeldes Schulsozialarbeit in den 1970er und 1980er Jahren 113
Theoretische Ansätze und Begründungen 115

VII Pädagogische Konzeptionen in den 1970er Jahren 123
Zum Beispiel: Schulsozialarbeit in Hessen 123
Schulsozialarbeit als „Prinzip der kritischen Integration" 125
Schulsozialarbeit: Kooperation von Jugendhilfe und Schule 129
Zum Beispiel: Schulsozialarbeit an Berliner Gesamtschulen 134

VIII Aufgaben und Funktionen von Schulsozialarbeitern in den 1970er und 1980er Jahren 137
Berufsausbildung und Arbeitsschwerpunkte 137
Pädagogische Mitarbeiter an den Mittelstufenzentren in Berlin 139
Zusammenarbeit von Lehrern und Schulsozialarbeitern 143
Schulsozialarbeiter – Experten für Sozialisationsprozesse 148
Das Ende der Modellversuche 151
Exkurs: Schulsozialarbeit in Großbritannien und den USA 152

IX Ganztägige Bildung und Erziehung in der DDR (1949-1990) ... 157
Das Schulwesen der DDR – ein kurzer Überblick ... 157
Familien- und Frauenpolitik ... 159
Verstaatlichung der Einrichtungen der Jugendhilfe ... 160
Die pädagogische Arbeit im Hort ... 161
Tages- und Wochenplan ... 163
Hausaufgabenbetreuung ... 164
Die Jungen Pioniere ... 165
Ausbildung ... 166
Zusammenfassung ... 167
Die Wende ... 167

X Schule in einer sich wandelnden Gesellschaft ... 171
Neue Einflüsse und Entwicklungen Ende des 20. Jahrhunderts
Der Bedeutungswandel schulischen Lernens ... 171
Schule und Beschäftigungssystem ... 176
Soziales Lernen in der Schule – ein ungelöstes Problem ... 180
Zur Kritik an der Institution Schule ... 183
Schulsozialarbeit – ein Beitrag zur Entinstitutionalisierung ... 186

XI Schulsozialarbeit für das 21. Jahrhundert ... 191
Zum Stand der Entwicklung ... 193

Literaturverzeichnis ... 197

Zeitschriften ... 211

Quellen ... 217

Internetseiten ... 221

Personenregister ... 223

Vorwort

Wilma Aden-Grossmann ist eine sachliche und geschulte Analystin der historischen Entwicklungen der sozialpädagogischen Arbeit an Schulen und zugleich eine engagierte Akteurin und Zeitzeugin der schulischen Entwicklungen. Als sie 1986 in Erziehungswissenschaften/Sozialpädagogik habilitierte hatte sie bereits 24 Jahre Berufserfahrung gesammelt, inklusive einer fünfjährigen Tätigkeit als Lehrerin. In ihrer Habilitationsschrift resümierte sie die „Historischen Entwicklungen und Perspektiven von Schulsozialarbeit" (Untertitel) in dem Titel „Aschenputtel im Schulalltag". Diese kenntnisreiche Analyse blieb bis heute die einzige umfassende und bis in die Anfänge der sozialpädagogischen Arbeit an Schule zurückreichende Bearbeitung der Geschichte der Schulsozialarbeit. Dankenswerterweise hat Frau Aden-Grossmann die historische Analyse nun noch ergänzt und bis in die Gegenwart ausgeweitet. Damit legt sie erstmals eine umfassendere Bearbeitung der Entwicklungen der sozialpädagogischen Arbeit an Schulen in den neuen Bundesländern vor dem Hintergrund des anders organisierten Schul- und Erziehungssystems in der DDR vor. Darüber hinaus zeichnet sie für die gesamte Bundesrepublik die neuen Anforderungen und Entwicklungen nach, die sich in den 1990er und 2000er Jahren zeigten und in den letzten Jahren dazu geführt haben, dass aus dem „Aschenputtel im Schulalltag" eine vielgefragte Ansprechpartnerin im schulischen Kontext geworden ist, die allerdings immer noch darunter leidet, dass ihre Finanzierung oft zusammengeschustert und nach wie vor fast ausschließlich zeitlich befristet ist. Dabei bringt Wilma Aden-Grossmann auch ihre Kenntnisse aus ihrer beruflichen Tätigkeit und ihrem fachlichen Engagement, z.B. als Vorsitzende der Bundesfachgruppe Hochschule und Forschung der Gewerkschaft Erziehung und Wissenschaft in den Jahren 1987-1992, mit ein, und ermöglicht so, dass die beschriebenen Entwicklungen für die Leser_innen nachvollziehbar und anschaulich werden.

Die Analyse von Frau Aden-Grossmann zeichnet sich vor allem dadurch aus, dass sie die unterschiedlichen Stränge und Wurzeln – Industrieschule, Hort, Schulschwestern und -pflegerinnen, sozialpädagogische Reformen – herausarbeitet und zu einem Band zusammenknüpft, welches Traditionslinien aber auch verloren gegangenes aufzeigt. Das Ergebnis ist bis heute faszinierend zu lesen und in mehrfacher Weise erhellend:

In den Ausführungen von Frau Aden-Grossmann wird z.B. deutlich, dass schulpädagogische und sozialpädagogische Ziele nicht als etwas Gegensätzliches gesehen werden müssen. *„Vielleicht kann die historische Analyse die Gemeinsamkeiten in den pädagogischen Zielen bewußt machen und damit auch zur Überwindung von Kooperationsbarrieren beitragen"* schreibt die Autorin 1995 in einem Aufsatz mit ähnlichem Duktus (Aden-Grossmann 1995, S. 239 f.). Ansätze ganzheitlicher Pädagogik sahen Bildung als ein Mittel, um das Volk auf das Leben vorzubereiten, welches in erster Linie ein Arbeitsleben war, und gleichzeitig aufzuklären. Die Zielsetzung bestand somit zum einen in der pragmatischen Perspektive, besser mit dem zu Recht zu kommen, was sich als Lebensanforderungen an diese Bevölkerungsschicht stellt und den Erfordernissen einer modernen Gesellschaft gerecht zu werden, und gleichzeitig in der emanzipatorischen Perspektive, über die Lösung der sozialen Probleme, die sich daraus ergeben, mit bestimmen zu können bzw. zur Lösung dieser Probleme beizutragen. Erst die Ausdifferenzierung des Bildungs- und Erziehungssystems, wie sie von Bäumer 1929 beschrieben wurde, führte zur Trennung von „Lehranstalt" und „Erziehungsfürsorge" (vgl. Bäumer 1929). Eine Trennung, deren Auswirkungen auf die Organisation von Bildung und Erziehung kaum weitreichender hätte sein können. Ein Grund für diese 1920/24 dann gesetzlich festgeschriebene Trennung lag auch in der Sorge der Vertreter_innen der noch jungen Jugendhilfe – damals noch Jugendfürsorge –, die gerade erst gefundene Eigenständigkeit durch eine zu große Nähe zum Schulwesen wieder zu verlieren.

Womit bereits auf den zweiten Aspekt hingewiesen wird, der zum Nachdenken Anlass gibt. Denn ähnlich argumentieren einige Vertreter_innen der Sozialen Arbeit an Schulen bis heute, wenn es um Zuordnungen, Zuständigkeiten und Aufgaben der Schulsozialarbeit geht. Diese starke Abgrenzung gegenüber der Schule, spiegelt sich auch in der Ablehnung der Bezeichnung der Tätigkeit bzw. des Handlungsfelds als „Schulsozialarbeit". Statt des auch international kompatiblen Begriffs ('school social work') werden mit Bezeichnungen wie *„Jugendsozialarbeit an Schule"*, *„schulbezogene Jugendhilfe"* oder *„schulbegleitende Sozialarbeit"* die jugendhilfebezogenen Wurzeln heraus gestrichen. Die Ansicht von Gertrud Bäumer, dass die Schule und die Erziehungsfürsorge zu einem späteren Zeitpunkt

„*von neuem in einer Synthese zusammenwachsen wird*" (Bäumer 1929, S. 151) und aus ihrer Sicht wohl auch sollte, da sie die Zuständigkeit der Schule allein für die Lehraufgaben als „Verengung" beschreibt (ebd.), scheint kaum noch Anhänger zu finden.

Seit einigen Jahren wandeln sich die gesellschaftlichen Vorstellungen von dem, was Schule leisten soll, zwar erneut. An die Stelle der „*Qualifikationsfunktion*" der Schule tritt zunehmend die „*Kompetenzvermittlungsfunktion*" (van Ackeren et al. 2015, S. 193 ff.). Kompetenzen beschreiben – ganz im sozialpädagogischen Sinne – nicht den Erwerb bestimmter Wissensinhalte, sondern die Entwicklung von Fähigkeiten zur Bewältigung komplexer Anforderungen. Diese müssen in allen Lebensbereichen (im Beruf, im Privatleben, im gesellschaftlichen Leben etc.) eingesetzt werden und werden nicht nur – bislang noch nicht einmal schwerpunktmäßig – im schulischen Kontext erworben. Durch diese Entwicklung hat auch die sozialpädagogische Perspektive in den schulischen Diskurs wieder stärker Einzug gehalten. Dennoch bleibt die Schulsozialarbeit oft außen vor, wenn es um die Weiterentwicklung von Schule geht. Schulentwicklungsprozesse sind in der Regel langwierige Prozesse und Schulsozialarbeit ist bislang vor allem durch ihren befristeten Einsatz gekennzeichnet. Ihre fachliche Unabhängigkeit kann die Schulsozialarbeit aus ihrer Zuordnung zur Jugendhilfe beziehen, gleichzeitig begründet die Zuordnung zur Jugendhilfe häufig ihre finanzielle Abhängigkeit von kurzfristigen politischen Zielen, da es ihr bislang an einer eigenständigen gesetzlichen Verankerung im Rahmen des SGB VIII fehlt (vgl. Pötter 2014).

Die Ausführungen von Frau Aden-Grossmann haben mich auch zu Widerspruch angeregt, denn sie schreibt: „*Diese Sprachlosigkeit zwischen beiden Disziplinen [Sozialpädagogik und Schulpädagogik; Anm. der Verf.] ändert sich erst, als die Pläne zur Bildungsreform vorgelegt werden, die die traditionelle Arbeitsteilung zwischen Schule und Jugendhilfe nicht mehr akzeptieren*" (Aden-Grossmann in diesem Buch Abschnitt „*Schulkritik aus sozialpädagogischer Perspektiven*"). Denn auch wenn die Sprachlosigkeit auf der Ebene der Praktiker_innen durch die verstärkte Verbreitung von Schulsozialarbeit langsam abgebaut zu werden scheint, gibt es aus meiner Sicht noch eine erhebliche Sprachlosigkeit zwischen den Vertreter_innen der Disziplinen im theoretischen Diskurs. Dabei ist es angesichts der heutigen Herausforderungen gerade auch im wissenschaftlichen Diskurs dringend geboten, dass sowohl die Vertreter_innen der Schulpädagogik als auch die Vertreter_innen der Wissenschaft der Sozialen Arbeit und Sozialpädagogik ihre Erkenntnisse und Bemühungen für ein chancengerechteres Erziehungs- und Bildungssystem zusammenführen.

Andere Leser_innen von Frau Aden-Grossmanns Ausführungen werden mit Sicherheit noch anderes und vieles mehr entdecken, was die heutige Fachdebatte erhellen und zu neuem Nachdenken Anlass geben kann. Von daher lohnt sich auch fast 30 Jahre nach der ersten Veröffentlichung der Habilitationsschrift von Wilma Aden-Grossmann ihre Lektüre.

Mit dem Buch „Geschichte der sozialpädagogischen Arbeit an Schulen" erscheint der fünfte Band der Reihe „Beiträge zur Sozialen Arbeit an Schulen". Es trägt durch seine historische Analyse wesentlich zur theoretischen Fundierung bei und bietet den (angehenden) PraktikerInnen einen Einblick in die interdisziplinären Verbindungen, die weit zurück reichen. Neben dem 2011 im Rahmen der Reihe erschienen Lehrbuch „*Soziale Arbeit an Schulen – Einführung in das Handlungsfeld Schulsozialarbeit*" (Spies/Pötter) handelt es sich um ein Grundlagenwerk, welches hervorragend für die Lehre geeignet ist.

Brühl, den 19.08.15　　　　　　　　　　　　　　　　Prof. Dr. Nicole Pötter
　　　　　　　　　　　　　　　　　　　　　　　　　　(Reihenherausgeberin)

Literatur

Van Ackeren, Isabell/Klemm, Klaus/Kühn, Svenja Mareike (2015) Entstehung, Struktur und Steuerung des deutschen Schulsystems – Eine Einführung. 3. Auflage, Wiesbaden: Springer VS Verlag.

Aden-Grossmann, Wilma (1995) Jugendhilfe und Schule. In: Nyssen, Elke/Schön, Bärbel (Hrsg.) Perspektiven für pädagogisches Handeln – Eine Einführung in Erziehungswissenschaft und Schulpädagogik. Weinheim und München: Juventa Verlag, S. 227-258.

Bäumer, Gertrud (1929) Die historischen und sozialen Voraussetzungen der Sozialpädagogik und die Entwicklung ihrer Theorie. In: Thole, Werner/Galuske, Michael/ Gängler, Hans (Hrsg.)(1998): KlassikerInnen der Sozialen Arbeit. Sozialpädagogische Texte aus zwei Jahrhunderten – ein Lesebuch, Neuwied: Luchterhand, S. 149-161.

Pötter, Nicole (2014) Der Zankapfel Schulsozialarbeit. In: Theorie und Praxis der Sozialen Arbeit, Heft 5/65. Jg. 2014, S. 334-343.

Einführung

Mein Interesse an Schulsozialarbeit reicht bis in die Anfänge meiner Berufstätigkeit zurück. Während eines Praktikums an einer Hauptschule im Frankfurter Bahnhofsviertel erlebte ich 1961 – und dann auch etwas später als Lehrerin, – dass es der Schule an Möglichkeiten mangelte, sozial benachteiligte Schülerinnen und Schüler angemessen zu fördern. Mir fiel besonders auf, dass vor allem ausländische Kinder – damals sprach man noch von Gastarbeiterkindern – in extremer Weise benachteiligt waren. Die Folge war eine hohe Quote von Sitzenbleibern und Schulabbrechern.

Das Problem von sozial benachteiligten Kindern in der Schule ließ mich auch in den folgenden Jahren nicht los. Als Pädagogische Mitarbeiterin an der Frankfurter Universität habe ich gemeinsam mit Hildegard Feidel-Mertz vom Wintersemester 1969/70 bis Sommersemester 1971 das Projektseminar „Gastarbeiterkinder" durchgeführt, durch das Initiativen angeregt wurden, wie z.B. Hausaufgabenbetreuung (Feidel-Mertz/Grossmann 1974).

1975 erfuhr ich, dass es in Berlin erste Versuche mit Schulsozialarbeit in den Mittelstufenzentren gab. Der Begriff Schulsozialarbeit, eine Übersetzung des amerikanischen Begriffs „School Social Work", war neu und erweckte die Hoffnung, dass durch die Zusammenarbeit von Jugendhilfe und Schule, Mängel in der Förderung sozial benachteiligter Schülerinnen und Schüler ausgeglichen werden könnten. Hierin sah ich eine Möglichkeit, die Chancengleichheit für sozial benachteiligte Kinder zu verbessern.

Als kurz darauf Herbert Stubenrauch, Pädagogischer Leiter der Ernst-Reuter-Schule, einer großen Frankfurter Gesamtschule, über mutwillige Zerstörungen an der Schule klagte, berichtete ich über das vielversprechende Konzept von Schulsozialarbeit. In einem weiteren Gespräch wurde dann die Idee geboren, einen Modellversuch Schulsozialarbeit zu beantragen. Viele Verhandlungen mit dem Bundesministerium für Wissenschaft und Kunst, dem Hessischen Kultusministerium, dem Stadtschulamt Frankfurt und dem Kreisverband der Arbeiterwohlfahrt als Träger führten schließlich zum Erfolg: 1976 wurde an der Ernst-Reuter-Schule das Projekt „SiS – Sozialarbeit in der Schule" gegründet, dessen wissenschaftliche Begleitung ich von seiner Gründung bis 1982 übernahm.

Schulsozialarbeit galt als ein neuer Ansatz für eine Zusammenarbeit von Jugendhilfe und Schule. Jedoch ist sie nur im Hinblick auf die Formen der Institutionalisierung neu; die Sache selbst, nämlich die sozialpädagogische Arbeit mit sozial benachteiligten Kindern, mit Schulversagern und Verhaltensauffälligen ist seit der Entstehung der modernen Sozialpädagogik eines ihrer Aufgabenfelder. Dennoch war es kaum bekannt, dass es auch in der Geschichte der Sozialpädagogik in Deutschland eine Reihe von Vorläufern der heutigen Schulsozialarbeit gegeben hat. Diese historische Entwicklung wird in diesem Buch nachgezeichnet. Die Grundlage hierfür bildet mein Buch „Aschenputtel im Schulalltag. Historische Entwicklungen und Perspektiven von Schulsozialarbeit", das 1987 im Deutschen Studienverlag erschienen ist und schon bald vergriffen war. Nunmehr habe ich dieses Buch für die Neuauflage bearbeitet, erweitert und vor allem aktualisiert.

Auf die historischen Wurzeln von Schulsozialarbeit im ausgehenden 18. und frühen 19. Jahrhundert gehe ich im Kapitel I „Die Industrieschule" ein, in dem ich die Bemühungen der Philanthropen um eine Verbindung von schulischem Lernen und produktiver Arbeit in ihrem Konzept der „Industrieschule" darlege. Der Begriff der Industrie bedeutet in diesem Zusammenhang Fleiß und Arbeitsamkeit (lat. ‚industria'), hat also mit dem heutigen nichts gemein. In diesen Schulen sollten die praktischen Fähigkeiten der Schüler kindgemäß durch einen Wechsel von Lernen und Arbeiten gefördert werden. Ich erläutere, dass sie sich grundlegend von den „Fabrikschulen" unterschieden, in denen nicht die Bildung, sondern die Arbeitsleistung der Kinder vorrangig war. Die Industrieschulbewegung hat die gesamte Lebenssituation des Kindes in ihr Konzept einbezogen und dabei das Ziel der Hilfe zur Selbsthilfe konsequent verfolgt. Auf das sozialpädagogische Konzept der Industrieschule wie auch auf die gesellschaftlichen Bedingungen, an denen es scheiterte, gehe ich hier ein.

Als in der Mitte des 19. Jahrhunderts die Industrialisierung Deutschlands voranschritt und mit ihr die massenhafte Ausbeutung von Kindern, sowohl in den Fabriken als auch auf dem Lande, entstanden die ersten sozialpädagogischen Maßnahmen und Einrichtungen: die Schulgesundheitspflege, der Hort und die Schulpflege. Sie waren eine Reaktion auf die Tatsache, dass die massenhafte Verelendung der Proletarierfamilien dazu geführt hatte, dass sie die Versorgung und

Erziehung ihrer Kinder nicht mehr zureichend sichern konnten. Damit entwickelte sich neben der Familie und der Schule ein drittes sozialpädagogisches Feld die „Schulkinderfürsorge", deren Entwicklung ich im Kapitel II beschreibe.

Im dritten Kapitel „Die Schule als Lebensraum" befasse ich mich mit Modellen der sozialpädagogischen Schule, wie sie vor allem von Reformpädagogen und dem „Bund entschiedener Schulreformer" Anfang des 20. Jahrhunderts konzipiert wurden. Hier wurde Sozialpädagogik im weitesten Sinne als Sozialerziehung verstanden. Wesentliche Elemente der sozialpädagogischen Schule sind die sozialerzieherische Gestaltung des Schullebens, die Entwicklung eines partnerschaftlichen Verhältnisses von Lehrern und Schülern und einer von den Bedürfnissen des Kindes ausgehenden Unterrichtsgestaltung.

Wenn ich mich in meiner Darstellung auf das sozialpädagogische Schulkonzept des Bundes entschiedener Schulreformer beschränke, so vor allem deshalb, weil das von ihm entwickelte Konzept der Einheitsschule als ein Vorläufer der Gesamtschule anzusehen ist und weil seine Vorstellungen in den realisierten Schulkonzeptionen auf die Probleme von Arbeiterkindern in der Großstadt eingehen wollten, also eine Zielgruppe vor Augen hatten, mit der es heute auch Schulsozialarbeiter und Schulsozialarbeiterinnen an den großstädtischen Gesamtschulen zu tun haben.

Von weitreichender Bedeutung für die weitere Entwicklung der Sozialarbeit bis in die jüngste Vergangenheit war die Verabschiedung des Reichsjugendwohlfahrtsgesetzes 1922, durch das der gesetzliche Rahmen auch für die Zusammenarbeit von Jugendhilfe und Schule geschaffen wurde. Die Reformpolitik dieser Zeit und ihre Beendigung durch den Nationalsozialismus stelle ich in dem Kapitel IV „Jugendhilfe und Schule in der Weimarer Republik" dar.

Nach dem Ende des Zweiten Weltkrieges und dem Zusammenbruch der nationalsozialistischen Diktatur 1945 lagen Deutschlands Städte in Trümmern. Besonders die Not der Familien und der Kinder in den Großstädten war besorgniserregend. Deshalb standen in der Nachkriegszeit zunächst soziale Hilfsmaßnahmen im Vordergrund. Aber schon bald gab es eine lebhafte Debatte zur Reform der Schule und Kritik daran aus sozialpädagogischer Sicht. Auf diese Aspekte gehe ich in Kapitel V „Schulreform ohne Sozialpädagogik" ein.

Auf diese sozialpädagogische Kritik wurde mit der Initiierung der ersten Modellversuche von Schulsozialarbeit in Berlin und Hessen reagiert, die etwa Mitte der 1970er Jahre entstanden. Auf die Konzepte, Entwicklungen und Erfahrungen gehe ich ausführlich in den folgenden beiden Kapiteln VI „Zur Reflexion des neuen Praxisfeldes Schulsozialarbeit" und im Kapitel VII „Pädagogische Konzeptionen in den 1970er Jahren" ein.

In diesen Modellversuchen, in denen erstmals eine enge Zusammenarbeit von Schulsozialarbeit mit der Institution Schule erprobt wurde, mussten Sozialpädagogen und Sozialarbeiter ihre berufliche Rolle finden und neu definieren. Diese damalige oft kontroverse Diskussion und die damit sichtbar werdenden Ansätze eines neuen Berufsbildes zeichne ich in Kapitel VIII „Aufgaben und Funktionen von Schulsozialarbeitern" nach.

Mit der Wiedervereinigung der beiden deutschen Staaten am 3. Oktober 1990 war die unabdingbare Notwendigkeit gegeben, sich auch mit der Pädagogik der DDR zu befassen. Die 40jährige Teilung Deutschlands hatte zu sehr unterschiedlichen Entwicklungen der Schule und der Jugendhilfe in der DDR und der Bundesrepublik geführt. Unterschiede zwischen den „alten" und den „neuen" Bundesländern sind bis heute spürbar. Im neunten Kapitel „Ganztägige Bildung und Erziehung in der DDR" behandle ich vor allem den Hort, der an allen Schulen die Nachmittagsbetreuung der Kinder sicherte. In der Aufarbeitung der Geschichte des Hortes in der DDR stellte ich fest, dass es hier ein gravierendes Forschungsdefizit gibt, und ich hoffe, dass meine eher deskriptive Darstellung eine Anregung dafür ist, dass die pädagogische Forschung sich mit dieser Periode befasst.

Schulsozialarbeit ist zwar Teil der Jugendhilfe, kann aber nur erfolgreich sein, wenn sich Schulsozialarbeiter auch mit der Schule als Institution auseinandersetzen, um ihren Platz und ihre Rolle bei der Zusammenarbeit definieren zu können. Im Kapitel X „Schule in einer sich wandelnden Gesellschaft" gehe ich auf den Bedeutungswandel schulischen Lernens ein, dem Verhältnis von Schule und Beschäftigungssystem und des sozialen Lernens in der Schule. Ein Ergebnis dieser Analyse ist die Gegenüberstellung der unterschiedlichen institutionellen Voraussetzungen unter denen Lehrer bzw. Schulsozialarbeiter arbeiten.

Das abschließende Kapitel XI „Schulsozialarbeit seit 1990" zeichnet eine Erfolgsgeschichte von Schulsozialarbeit nach; seither wurden an ungezählten Schulen Projekte von Schulsozialarbeit in unterschiedlicher Trägerschaft gegründet und als unverzichtbarer Teil der Schule akzeptiert. Dennoch wird in diesem Kapitel deutlich, dass es keine einheitliche Ausstattung gibt und dass Schulsozialarbeit finanziell noch meist ungesichert ist. Aber die Prognosen für eine Schulsozialarbeit als Regeleinrichtung an allen Schulen sind günstig.

Den Leserinnen und Lesern wird auffallen, dass ich meist die männliche Form benutze. Das betrifft die Zitate aus historischen Texten, deren Autoren stets die männliche Form benutzen. Ein weiterer Grund liegt darin, dass die deutsche Sprache nur wenige geschlechtsneutrale Begriffe kennt – z.B. Kinder oder Studierende. Da die Bindestrichwörter (z.B. SozialarbeiterInnen) sprachlich unschön sind, und Formulierungen wie Sozialarbeiterin und Sozialarbeiter umständlich sind und zudem den Lesefluss behindern, habe ich meist die männliche Form verwendet.

Die Industrieschule im 18. und 19. Jahrhundert

Zur Rezeption der Industrieschule

Die Industrieschulen, die im letzten Drittel des 18. Jahrhunderts entstehen, sind Elementarschulen mit angegliederten Produktionsstätten; es sind also Bildungseinrichtungen, die Arbeit und Lernen zu einem pädagogischen Konzept verbinden. Mit dieser Definition grenze ich die Industrieschulen von anderen Einrichtungen ab, die zwar z.T. ähnliche oder gleichlautende Bezeichnungen führen, die aber ihrer Konzeption nach lediglich Produktionsstätten sind und keinen auch nur vergleichbaren Bildungsanspruch stellen.

Die Industrieschulen hingegen sind gerade wegen ihres pädagogischen Konzepts Gegenstand intensiver pädagogischer Forschung geworden, wobei sie unterschiedlichen Fragestellungen unterworfen werden. Brodel interessiert sich in erster Linie für die englischen Industrieschulen im 17. Jahrhundert, weil er in ihnen einen Vorläufer der heutigen Berufsschulen sieht. *„Diese Industrie-, Arbeits-, Werk- oder Spinnschulen sind also ursprünglich besondere Schulanstalten mit dem Ziel einer frühen Erziehung der Kinder zu produktiver Arbeit.. Die Hinwendung der Industrieschulen zur harten Lebenswirklichkeit, d.h. zur Arbeit als der schicksalhaften Zukunft jener Kinder verursacht bei diesen Schulen eine so starke berufliche Prägung, die unseren beruflich-wirtschaftlichen Schulen ein besonderes Recht verleiht, diese Anstalten als frühe Verkörperung ihrer Bildungsidee zu betrachten"* (Brödel 1982 (1929/30), S. 14).

In den 1920er Jahren, als mit dem „Arbeitsschulgedanken", ähnlich wie in den Industrieschulen, Lernen und Arbeiten zum Anspruch einer ganzheitlichen Pädagogik gemacht wird, gilt die Industrieschule als Vorläufer der Volksschule. *„Da* *aber gerade die wirtschaftliche Tätigkeit der breiten Massen, die bisher von der Bildungspolitik überhaupt kaum beachtet wurde, für den Fortschritt der Wirtschaft und den Bestand des Staates so ungemein wichtig waren, mußten auch sie einer Bildungsabsicht unterworfen werden. Und in diesem Zusammenhang entwickelte sich das, was wir eine allgemeine Volksschule und schließlich auch eine allgemeine Volksbildung nennen. Gewiß verstehen wir jetzt darunter etwas anderes als das 18. Jahrhundert; aber die Wurzeln stecken dort, und wer die gegenwärtige Schule in vollem Umfang verstehen will, darf sie* [die Industrieschule; Anm. d. Verf.] *nicht übersehen"* (Gans 1930, S. 239).

Auch zwischen dem polytechnischen Unterricht, der mit der Bildungsreform der 1960er und 1970er Jahre in unsere Schulen Eingang findet, und der Industrieschule lassen sich durchaus vergleichbare Zielsetzungen entdecken. Zwar gibt es heute die Verbindung von Schule und Fabrik nicht mehr, aber das Ziel, Kinder auf die Arbeitswelt vorzubereiten, ist beiden gemeinsam. Allerdings tritt heute das Arbeitsergebnis ganz in den Hintergrund, wohingegen die Bildungsabsicht zum vorrangigen Ziel erklärt wird. *„Polytechnische Erziehung verbindet schulischen Unterricht mit produktiver Arbeit. Ihr Ziel ist die Aneignung der wissenschaftlichen Grundlagen der Technik, soll zur Aufhebung der Trennung zwischen Kopf- und Handarbeit bzw. Theorie und Praxis beitragen und damit zur allseitigen Entwicklung des Menschen. [...] Die Verbindung zur betrieblichen Praxis wird durch Veranschaulichung mit Medien, Simulation von Arbeitsvollzügen im Unterricht, Betriebserkundungen und Betriebspraktika hergestellt"* (Deutscher Verein für öffentliche und private Fürsorge 1980, S. 582).

Als Mitte der siebziger Jahre die ersten Erfahrungen mit Schulsozialarbeit an den noch jungen Gesamtschulen aufgearbeitet werden, erinnert auch Gerd Iben an die sozialpädagogischen Ansätze der Industrieschulen. In der Industrieschulbewegung, so Iben, könne man noch von einer Funktionseinheit sprechen, hier läge die gemeinsame Wurzel eines ganzheitlichen pädagogischen Ansatzes (vgl. Iben 1976). Zwar ist der sozialpädagogische Ansatz der Industrieschulen unbestritten, jedoch wird in der wissenschaftlichen Diskussion ihre offensichtlich ökonomisch motivierte Begründung und Verbreitung eher betont, als ihre sozialpädagogischen Intentionen. Auch Koneffke geht nur am Rande auf den sozialpädagogischen Ansatz der Industrieschulbewegung ein und führt ihn in erster Linie darauf zurück, dass Träger der Industrieschulbewegung vor allem katholische und protestantische Geistliche sind:

„Sie [die Industrieschulbewegung] *spiegelt die Probleme, die die Arbeit in der Gemeinde für das Amt des Geistlichen aufwirft. Dieser charakteristische Zug bewahrt, wenngleich häufig verborgen, in den theoretischen Aussagen die Orientierung am einzelnen Menschen, seiner wirklichen Not und Hilfsbedürftigkeit, sei-*

nem individuellen Lebens- und Glaubensschicksal; die Theorie bleibt der Praxis unmittelbarer Fürsorge verbunden" (Koneffke 1968, S. XVI). Die Industrieschulbewegung will das Elend der niederen Stände überwinden, jedoch bleibt sie nicht dabei stehen, sondern versteht sich als *„Reform der Volksbildung"* (ebd., S. XVIII) im Sinne der Aufklärung.

Analysen des sozialpädagogischen Aspekts der Industrieschulbewegung fehlen bislang. Nieslony, der unter historisch-materialistischer Betrachtung insbesondere die französische Revolutionspädagogik darstellt, widmet ihr innerhalb eines kurzen Kapitels nur wenige Seiten und behandelt sie in Verbindung mit den Spinnschulen, in denen die Kinder ausgebeutet, nicht aber gebildet wurden (Nieslony 1981, S. 274-280). Nieslony stützt sich auf die polit-ökonomischen Forschungen von Robert Alt (1948), der die Industrieschulen als eine Erscheinung des Frühkapitalismus bewertet; also auch hier fehlt die Herausarbeitung ihres sozialpädagogischen Ansatzes. Dabei vernachlässigen Alt und Nieslony, dass zwischen beiden ein wesentlicher Unterschied besteht: im Gegensatz zu dem pädagogischen Konzept der Industrieschule, in der der Erwerbszweck Nebensache ist, sollen Kinder in den Spinnschulen in erster Linie für ihren Lebensunterhalt arbeiten. In der folgenden Darstellung der Industrieschulbewegung soll ihre sozialpädagogische Intention im Mittelpunkt der Darstellung stehen, um herauszuarbeiten, dass wir sie durchaus zu den Vorläufern der Schulkinderfürsorge und im weiteren Sinne auch der Schulsozialarbeit rechnen können.

Ehe ich detailliert auf die Ziele, Konzeption und Verbreitung der Industrieschulen eingehe, soll der historische Hintergrund ihres Entstehens umrissen werden.

Anmerkungen zum historischen Hintergrund

Vergegenwärtigen wir uns kurz die gesellschaftliche und wirtschaftliche Entwicklung in der zweiten Hälfte des 18. Jahrhunderts, einer Epoche, in die der Niedergang des Absolutismus fällt. Beherrschende Gestalt des aufgeklärten Absolutismus ist Friedrich der Große, dessen Verdienst die Reform der öffentlichen Verwaltung ist und der außenpolitisch die Vorherrschaft Preußens durch die Rückgewinnung Schlesiens im Siebenjährigen Krieg (1756-1763) festigt. Dieser Krieg, der den ganzen Kontinent überzieht und dessen Zentrum zwischen Berlin und Wien liegt, hat entscheidenden Einfluss auf die Lebensbedingungen der Menschen in Mitteleuropa. Viele Städte werden von Grund auf zerstört, Äcker liegen brach, weil das Militär die Pferde beansprucht hat, die den Bauern zur Bearbeitung der Äcker fehlen. *„Die Knappheit der Nahrungsmittel vor allem im Ostseeraum und im Innern Deutschlands wurde durch systematische Verheerung und Spekulation* *verstärkt. [...] Als das Kriegsgeschehen immer auswegloser wurde und sich in immer weitere Landschaften hineinfraß, herrschten Geldmangel, Brotteuerung und Hoffnungslosigkeit"* (Stürmer 1979, S. 273).

Die Folgen des Siebenjährigen Kriegs sind noch nicht überwunden als 1768 durch eine schlechte Ernte sich das Brot wiederum verteuert und eine Umverteilung des Wohlstandes zwischen Stadt und Land in Gang setzt. *„Der Mangel fraß sich wie ein Geschwür in den Körper der Gesellschaft. Er schürte Haß gegen den impotenten Staat und eine vergebliche Hoffnung auf den großen Bäcker, wie man in Frankreich manchmal den Monarchen nannte. Landbesitzer, Bäcker und Kornhändler mußten um ihr Leben fürchten. Der Neid wurde geschärft zwischen jenen, denen es gut ging, und der Überzahl derer, die darbten. Einkommen und Wohlstand wurden umverteilt, in knappen Jahren wie 1770-72, 1784-90 rasch und erbarmungslos, in den Zwischenzeiten der Erholung langsam und fast unmerklich. Auf der Gewinnerseite standen in den langen Mangelkrisen der Getreidehandel, die großen Landbesitzer, die Inhaber ländlicher und städtischer Pfründen, die ihre Deputate an Holz und Korn, soweit sie es selbst nicht aufbrauchten, zu steigenden Preisen am Markt absetzen konnten. Es gewannen Frachtführer, Hausspekulanten und die städtischen Nahrungsgewerbe wie Fleischer und Bäcker[...] Auf der Verliererseite fand sich die Riesenzahl der Eigentumslosen in Stadt und Land, fanden sich Kleinbauern und kleine Pächter, die zur Sicherung des Überlebens hinzukaufen mußten, fanden sich alle, die nichts als ihre Arbeitskraft zu verkaufen hatten, Gesellen, Arbeiter, Tagelöhner und die Menschen der knappen und mühseligen Hausindustrien"* (ebd., S. 276).

Angesichts des massenhaften Elends, des Niedergangs ganzer Gewerbezweige und der veralteten Anbaumethoden in der Landwirtschaft kann das Armutsproblem nicht mehr durch die Verteilung von Almosen bewältigt werden. So setzt denn nach 1770 eine lebhafte Diskussion darüber ein, wie Landwirtschaft und Handwerk zu reformieren seien. Im Gegensatz zu den westeuropäischen Staaten (Holland, Frankreich, England), die zu dieser Zeit bereits über frühkapitalistische Produktionsformen mit einem verbreiteten Manufaktur- und Verlagswesen und über ausgedehnte internationale Handelsbeziehungen verfügen, haben sich in den deutschen Staaten bis zur Wende zum 19. Jahrhundert die alten Produktionsformen des Handwerks und der Landwirtschaft gehalten. Zwei Drittel der Bevölkerung lebt als Bauer, Pächter oder Tagelöhner auf dem Land. Noch gibt es die zunftmäßig organisierten Handwerksbetriebe, die mit ein oder zwei Gesellen nur auf Bestellung für einen eng begrenzten heimischen Markt produzieren. Die expansive Wirtschaftspolitik Englands greift zwar schon mit dem Angebot billiger Waren in die heimischen Märkte ein und bringt z.B. die Tuchmacher mit billiger Manufakturware in Bedrängnis, aber mittels Schutzzöllen gelingt es zunächst noch, die ausländische Konkurrenz abzuwehren. Gegen Ende des Jahrhunderts aber hat der Niedergang der Zünfte viele Gesellen und auch Meister in Not und Armut gebracht.

Die wirtschaftliche Lage der niederen Stände verschlechtert sich auch durch periodisch auftretende Missernten, die stets eine Verknappung der Lebensmittel und steigende Preise zur Folge haben, so dass der größte Teil des Einkommens – wenn nicht gar das gesamte Einkommen und der Besitz – für die Ernährung verwendet werden muss. Sinkende Reallöhne bei steigenden Lebensmittelpreisen tragen dazu bei, das Heer der Armen zu vergrößern. In einer zeitgenössischen Schilderung der „*außerordentlichen Theuerung*" werden die Reichen angeklagt, das Getreide so lange zurückzuhalten, bis sie Höchstpreise erzielen könnten, und den Bäckern wird häufig Betrug vorgeworfen. „*Es ist zwar diese Betrügerey sowohl mit Geld als Gefängniß Straffe geahndet worden, hat aber darum nicht viel fruchten können, indeme das wenigste klagbar angebracht worden, und die Leute froh gewesen sind, wenn sie nur Brod bekommen haben, es mag so schlecht oder leicht gewesen sey, als es wolle. Der Arme hingegen sucht sich durch Betteln und Stehlen fortzubringen*" (zit. nach Stürmer 1979, S. 294).

Schon um die Mitte des Jahrhunderts werden die Zünfte als ein Hemmnis für die wirtschaftliche Entwicklung kritisiert und ihre Abschaffung gefordert. In der Kritik des Aufklärers Simon Cliquot de Blervache lässt sich unschwer erkennen, dass seine Kritik aus der Sicht des Merkantilismus erfolgt. Von der Abschaffung der Zünfte verspricht er sich folgende Vorteile: „*Handel und Wandel wären freier, der Wetteifer würde beflügelt, der Wettstreit lebhafter, die Künste weiter vervollkommnet. Nicht mehr der hätte das Recht, einen Beruf auszuüben, der ein Privileg kaufen kann; sondern derjenige, der dazu geeignet wäre; Kenntnisse und Geschicklichkeit würden unentbehrlich. Wenn der hohe Preis der Meisterrechte die Ansprüche und das Recht der geschickten Gesellen, auf eigene Rechnung zu arbeiten, nicht mehr ausschließt, dann wäre es der fähigste Arbeiter, der am meisten Zuspruch und Ansehen hätte; die talentierten Armen wären nicht mehr Sklaven und Lohnarbeiter: sie könnten der Bedürftigkeit entwachsen; Wohlstand wäre der Lohn ihres Schaffens*" (Cliquot 1757, zit. nach Stürmer 1979, S. 296). Aus dem Zitat wird deutlich, dass die zeitgenössischen Gelehrten zwar die Erstarrung des Zunftwesens erkennen, dass sie aber durchaus noch keine Vorstellung davon haben, welche neuen Unterdrückungen und Benachteiligungen die neuen Produktionsformen, die dann mit der Industrialisierung erst entstehen, mit sich bringen würden.

Im Unterschied zu England und Frankreich gibt es in den deutschen Staaten fast keine Großbetriebe; allerdings hat sich hier auch schon die Form der Verlags- und Hausindustrie herausgebildet. Das System des Verlagswesens beruht darauf, dass ein Unternehmer Aufträge an ortsansässige Handwerker vergibt, ihnen die Rohstoffe und z.T. auch die Werkzeuge zur Verfügung stellt, sie entlohnt und für den Absatz der Waren sorgt. Für den Verleger arbeiten aber nicht nur Handwerker, sondern auch Kleinbauern, deren Landbesitz zur Existenzsicherung nicht ausreicht, die also einen Nebenverdienst benötigen. Durch die Verbreitung des Verlagswesens erhöht sich die Nachfrage nach Arbeitskräften, die die Verleger u.a. auch dadurch befriedigen, dass sie Aufträge an die Zucht- und Waisenhäuser vergeben. Hier trifft sich nun das Interesse des Verlegers an billigen Arbeitskräften mit dem der Städte und Gemeinden nach einer Entlastung ihrer Armenkassen.

Die Ausbreitung des Verlagswesens und die Gründung von Manufakturen werden in Preußen auch durch wirtschaftspolitische Maßnahmen Friedrich des Großen unterstützt. Durch Steuerprivilegien und Zuschüsse fördert er die Gründung von Manufakturen und sucht den dadurch entstehenden Arbeitskräftemangel durch die Ansiedlung von Arbeitern zu beheben. Sein besonderes Interesse gilt der Seidenindustrie, die bis dahin in Preußen unbekannt ist und für die der Arbeitskräftemangel in besonderem Maße gilt. Sind bis dahin Flachs und Wolle zur Verarbeitung nach Sachsen gebracht worden, soll nunmehr im Sinne merkantilistischer Wirtschaftspolitik deren Verarbeitung im Lande selbst erfolgen. Allerdings fehlt es hierfür an entsprechend ausgebildeten Spinnern; andererseits ist aber durch den Rückgang der Tuchindustrie eine große Anzahl von Arbeitern beschäftigungslos, und diese müssen durch die Armenkasse unterstützt werden. Freie Arbeitsplätze in den Spinnereien können sie jedoch mangels entsprechender Kenntnisse und Fertigkeiten nicht annehmen.

Auf diese ökonomische und beschäftigungspolitische Tatsache reagiert nun die Industrieschule mit ihren pädagogischen Angeboten, d.h. hier wird erstmals in der Geschichte der Schule der Zusammenhang zwischen wirtschaftlichen Entwicklungen und bildungspolitischen Maßnahmen offenkundig. Wagemann, Göttinger Theologe und Förderer der Industrieschule, spielt auf diese wirtschaftlichen Entwicklungen an und leitet hieraus die Begründung für den Industrieunterricht ab: *„Dieser Vorfall brachte mich auf den Entschluß in meiner Industrieschule sofort die Spinnerei des Kammgarns einzuführen, und überhaupt so viel immer möglich Mannigfaltigkeit unter die Arbeiten der daselbst beschäftigten Jugend zu bringen, damit das kommende Geschlecht nicht so wie diese, wenn ähnliche Vorfälle eintreten, von allem Verdienst entblößt sein möge"* (Wagemann 1789, Bd. 1, S. 18).

Die Industrieschule reagiert also unmittelbar auf die Bedürfnisse der Wirtschaft und des Staates. Auch Koneffke sieht in der Entstehung der Industrieschulbewegung einen wirtschaftspolitischen Kompromiß zwischen dem Bürgertum und dem absolutistischen Staat. *„Das Hauptproblem scheint darin gelegen zu haben, dass es das zähe Festhalten der Bevölkerung an herkömmlichen Arbeitsgewohnheiten und an einer in den ständisch-mittelalterlichen Strukturen wurzelnden*

Wirtschaftsgesinnung war, das der Ausbreitung und Effektivierung der Verlagsindustrie im Wege stand.. .Breitere, einem an Intensität zunehmenden Enteignungsprozeß unterworfene Schichten unterpriviligierter Bevölkerung am Rande der gesellschaftlichen Entwicklung müssen, um verfügbar zu werden, in den Geist moderner Produktivität eingeführt werden. Dieser Geist aber ist als durchaus bürgerlich-kapitalistischer zu identifizieren" (Koneffke 1968, S. VIII).

Das sozialpädagogische Konzept der Industrieschule

Das zentrale pädagogische Ziel der Industrieschulbewegung ist die Erziehung des Menschen zur Industrie, und der „industriöse Mensch" gilt als Ideal der Zeit. Nun hat im 18. Jahrhundert der Begriff der Industrie noch keineswegs seine heutige Bedeutung erlangt, sondern man gebraucht ihn in enger Anlehnung an seine ursprüngliche, aus dem Lateinischen kommende Bedeutung: ‚industria' = der Fleiß.

Heinrich Philipp Sextro (1746-1838), ein lutherischer Theologe und Professor an der Göttinger Universität, entwickelte die theoretische Grundlage und die pädagogische Legitimation für die Industrieschule und regte deren Gründung an.

Nach seiner Definition heißt Industrie so viel wie *„Betriebsamkeit, Aemsigkeit, Arbeitsamkeit, Kunstfleiß"*. Außerdem spielt die Zeitökonomie, wie auch die Ökonomie der Kräfte nach diesem Verständnis eine besondere Rolle, wie aus dem folgenden Zitat deutlich wird:

„Industrie sey überhaupt anhaltende Thätigkeit, möglichste Uebung und schnelle Anwendung der Kräfte der Seele und des Körpers nicht an einem allein, sondern an mehreren und verschiedenen Gegenständen, zur wirklichen dauerhaften und edelsten Produktion, nicht blos zur Befriedigung der nöthigsten Lebensbedürfnisse, sondern auch in der Absicht, zur Bequemlichkeit und Annehmlichkeit des Lebens, zur Mittheilung und zum frohen Genuß, Etwas über zu gewinnen" (Sextro 1968 (1786), S. 34). Sextro grenzt die Begriffe „Industrie" und „Fleiß" voneinander ab: *„Der Fleiß gehet in Absicht der Art der Verrichtung seines Geschäfts die alte gebahnte Strasse, mit allen ihren Krümmungen, ganz geduldig und unbekümmert fort, wagt keinen neuen Weg, trauet selbst einer neuen Verbesserung nicht, wenn sie nicht anbefohlen wird, oder von hundert ändern schon Jahre lang mit größtem Vortheil versucht ist."* (ebd., S. 36).

Für eine statische Gesellschaftsform, in der das Zunftwesen und die Landwirtschaft die bestimmenden wirtschaftlichen Kräfte sind, genüge der „Fleiß", so jedenfalls könnte man Sextro interpretieren, wohingegen in einer sich wandelnden Gesellschaft mit ihren neuen Produktionsformen auch andere Einstellungen und Verhaltensweisen entwickelt werden müssen.

Die Industrieschulbewegung hat ihre Ziele weit gesteckt, denn es geht ihr nicht allein darum, die Armut zu bekämpfen, sondern sie will die gesamte Volkserziehung revolutionieren. Joachim Heinrich Campe, der den bildungspolitischen Anspruch der Industrieschulbewegung herausstreicht, kritisiert, dass die Fürsten zwar den Mangel an „*industriösen Unterthanen*" beklagten, aber nur wenig täten, ihm abzuhelfen. Notwendig sei es vielmehr, die ganze Nation umzuformen, und dies könne man nicht durch Verordnungen oder Belohnungen erreichen. „*In den Schulen oder nirgends kann eine Nation zur Industrie, wie zu jeder ändern moralischen und politischen Tugend gebildet werden. [...] in den Schulen oder nirgends muß man die Werkstatt anlegen, wenn man Menschen veredeln, Gewerbe, Künste und Wissenschaften befördern, und Nahrung und öffentlichen Wohlstand seines Landes erhöhen will*" (Campe 1969 (1786), S. 16f.).

Bereits in der ersten Hälfte des 18. Jahrhunderts haben einige Landesfürsten Volksschulordnungen erlassen, um den Bildungsstand und die Leistungsfähigkeit der Untertanen zu verbessern. Friedrich Wilhelm I. führt 1717 in Preußen die allgemeine Schulpflicht ein und ordnet an, dass die Eltern ihre Kinder im Winter täglich und im Sommer zumindest ein- oder zweimal wöchentlich in die Schule schicken sollen. Falls Eltern nicht imstande sind, das erforderliche Schulgeld zu zahlen, so sollen die örtlichen Armenkassen einspringen. 1736 erließ er die „*Principia Regulativa oder General-Schulen-Plan*", nach welchem das Landschulwesen im Königreich Preußen eingerichtet werden soll, ein Gesetz, durch das Schulgründungen erleichtert werden sollten. Hierin werden die Gemeinden zur Errichtung und Unterhaltung der Schulgebäude verpflichtet und das Einkommen der Lehrer geregelt, das sich aus dem von der Kirche und den Eltern aufzubringenden Schulgeld sowie den Naturalien (ein Morgen Land und Vieh) zusammensetzt. Durch diese gesetzlichen Regelungen und durch weitere finanzielle Unterstützung ist der Ausbau der Schulen auf dem Land gefördert worden.

Sein Sohn, Friedrich der Große, setzt diese Schulpolitik fort, aber erst nach Beendigung des dritten Schlesischen Krieges (1756-1763) veranlassten ihn die miserablen Schulverhältnisse auf dem Land, neue gesetzgeberische Aktivitäten zu entwickeln. 1763 erlässt er das „*General-Landschulreglement*", das das Volksschulwesen im ganzen preußischen Staat gesetzlich regelt. Er führt die Schulpflicht für alle Kinder vom 5. bis zum 13. Lebensjahr ein. Nun sind auch Bauern und Tagelöhner verpflichtet, ihre Kinder zu Schule zu schicken. Für diese Zielgruppe entstand das sog. niedere Schulwesen, ein Vorläufer der späteren Volksschule. Jedoch nimmt auch Friedrich der Große wie schon sein Vater Rücksicht auf die Belange der ländlichen Bevölkerung, die auf die Arbeit ihrer Kinder beim Viehhüten oder bei der Ernte angewiesen ist. Daher soll in den Schulen auf dem Land im Sommer nur an drei Tagen der Woche Unterricht erteilt werden.

I Die Industrieschule im 18. und 19. Jahrhundert

Wie man sich den damaligen Unterricht vorzustellen hat, geht aus der folgenden kritischen zeitgenössischen Schilderung über das niedere Schulwesen hervor:

Die Anzahl der Kinder in einer solchen Schule war je nach der Größe der Gemeinden verschieden und betrug z.b. in Niedersachen und Westphale zwischen 50 bis 300 Schüler.

Die didaktischen Fähigkeiten der Schulmeister waren meist sehr mangelhaft, der Unterricht wenig kindgemäß. Der Unterricht besteht vor allem im *„Lesen, Hersagen, Lernen und Behalten der Religionssprüche, Gebete, Katechismusfragen und Antworten"* (Sextro 1785, S. 66). Es werden also die Gedächtnisleistungen geübt, anstatt *„den regen muntern Kräften dieser hier versammelten Kinder"* eine angemessene und mannigfaltige Bildung zu geben. *„Dazu kommt, daß der Lehrer einen so grossen Hauffen Kinder, als gewöhnlich in einer solchen Schule sich versammeln, nicht immer auf einmahl übersehen, und wegen Verschiedenheit der Jahre und Fähigkeiten nicht auf einmahl nach seiner Manier vornehmen kann. Er theilt sie daher gemeiniglich in drey Classen: in die Buchstaben, Buchstabier und Lese- oder Katechismusklasse. Jede Klasse nimmt er besonders vor. Während dieser Zeit sitzen die andern müssig. Um das Lernen bekümmert sich auch der Lehrer im Ernst so sehr nicht; aber ruhig stille müssen doch die andern seyn, wenn er mit der Klasse, die er besonders unterrichtet, etwas ausrichten will. Wer daher nur stille, ruhig d.i. müssig sitzt, mit dem ist der Lehrer zufrieden. [...] Will aber das Lob nicht wirken, so werden andre durch Zwang, Drohungen, Beschimpfungen, Schläge zu solchem Stillesitzen genöthiget. [...] Wenn das zarte Kind auch sonst nichts lernt, sprechen einige, so lernt es doch Stillesitzen"* (ebd., S. 66 ff.).

Trotz der gesetzlich angedrohten Zwangsmittel gelingt es nicht, den Schulbesuch aller Kinder durchzusetzen. Der Anteil der Kinder, die eine Schule besuchen, ist vor allem in Schlesien und Westpreußen sehr gering und die Zahl der Analphabeten daher außerordentlich hoch. Um 1760 besuchen dort nur etwa 5% aller schulpflichtigen Kinder eine Schule (Schorn 1917, S. 143).

Im 18. Jahrhundert, in der Zeit der Aufklärung, breitete sich die pädagogische Reformbewegung des Philantropismus aus, deren Lehre von der Erziehung zur Natürlichkeit, Vernunft und Menschenfreundschaft großen Einfluss auf das Bildungswesen hatte. Unter dem Einfluss des Philantropismus setzte sich in dieser Zeit auch ein Wandel in der Auffassung der Armenpflege durch, *„derzufolge die von der Religion gebotene Liebestätigkeit nicht mehr die Form bloßen Almosengebens annehmen, sondern in dem unablässigen Bemühen ihren Ausdruck finden sollte, den Armen zur Arbeit fähig zu machen, Arbeitsmöglichkeiten für ihn bereitzustellen und so seine Kräfte zur Selbsthilfe zu mobilisieren"* (Alt 1982 (1948), S. 77). Man beschäftigt sich mit den Ursachen der Armut und sieht sie u.a. in der unzulänglichen Bildung und Erziehung der Kinder, die in Scharen bettelnd durchs Land ziehen und die Schule, wenn überhaupt, dann nur sehr unregelmäßig besuchen, obgleich in den meisten deutschen Staaten der Schulbesuch gesetzlich vorgeschrieben ist.

Aber nicht nur dort, überall sind die armen Familien darauf angewiesen, dass ihre Kinder durch Arbeit oder Betteln zum Unterhalt beitragen, und diese Familien können sich selbst den kostenlosen Besuch der Armenschule oft nicht leisten. Den unregelmäßigen Schulbesuch führt Wagemann darauf zurück, dass die Armenschulen auf diese Notwendigkeit nicht eingehen, weshalb die Kinder „*selbst die wenigen Schulstunden kaum besuchen, aller angedrohten Strafen ohngeachtet 6 bis 8 Wochen in einem Vierteljahr versäumen und dafür scharenweise auf den umliegenden Dörfern betteln gehen. Diesem Übel ist nicht durch Strafen der Eltern – denn was ist mit den armen Leuten anzufangen – sondern allein dadurch am besten abzuhelfen, dass den ganz armen Kindern nicht bloß Unterricht, sondern auch eine Art Beschäftigung verschafft wird, wodurch sie etwas verdienen*" (Wagemann 1802, S. 129).

Die Industrieschulen werden vielfach von der Armenpflege ins Leben gerufen, deren Maßnahmen auch auf die Weiterentwicklung des Schulwesens zielen. „*Die bessere Bildung der Jugend ist Hauptaugenmerk der Armenversorgung, und dieses Geschäft umfaßt dreierlei: nämlich die Sorge für ihren Unterricht und Bildung ihres Charakters, dann für ihre Verpflegung und endlich für ihr künftiges Fortkommen*" (Wagemann 1789, S. 374). Die von Wagemann beschriebenen Industrieschulen werden vorrangig von Armenkindern besucht, die im Anschluss an den Schulunterricht von 16 bis 21 Uhr noch im Werkhaus arbeiten. Um diese Kinder am Betteln zu hindern und ihren Schulbesuch zu erzwingen, wird den Eltern der Arbeitslohn nur dann ausgezahlt, wenn ihre Kinder die Schule regelmäßig besuchen. Aus dem folgenden Zitat tritt die kontrollierende und disziplinierende Absicht der Industrieschule deutlich zutage:

„*Was sie in der Spinnerei verdienen, wird ihren Eltern am Schluß der Woche ausgezahlt, versäumet aber das eine oder andere Kind die Schule oder machet sich der Bettelei schuldig, so bekommen die Eltern für das, was es auch die übrigen Tage der Woche gesponnen hat, gar nichts; dies hat die gute Wirkung, dass die Eltern selbst auf ihre Kinder achten, und zur Aufrechterhaltung dieser Einrichtung ihre Hand bieten*" (ebd., S. 13). An anderen Orten bestraft man Schulversäumnisse dadurch, dass den Eltern die Armenunterstützung entzogen wird.

Ganz offensichtlich ist es die gesellschaftliche Funktion der Industrieschule, die Entstehung neuer Randgruppen zu verhindern, bzw. die Armen zu disziplinieren. Wagemann betont den gesellschaftlichen Nutzen, den die Errichtung von Industrieschulen mit sich bringt: „*Sünde und Laster wird verhütet, und der Wohlstand der menschlichen Gesellschaft befördert, denn die Jugend wird dadurch a) von dem schädlichen und sträflichen Müßiggang abgehalten, zur Arbeit frühzeitig gewöhnt, durch moralische Erzählungen und lehrreiche Lieder zur Tugend gebildet, die Armut der Kinder und Eltern vermieden, das Armeninstitut unterstützt, die Bettelei aus der Wurzel gehoben"* (ebd., S. 296).

Nach Wagemann lernt das Kind in der Göttinger Industrieschule im ersten Schuljahr Strumpfstricken, im vierten Schuljahr Flachsspinnen und im sechsten Schuljahr Kammgarn- oder Baumwollspinnen, verdient folglich in diesen dem Lernen gewidmeten Jahren nichts. Ausgehend von einer achtjährigen Schulpflicht, wie sie dem Gesetz nach in Preußen schon besteht, können die Kinder die erworbenen Fertigkeiten insgesamt fünf Jahre zu Erwerbszwecken ausüben.

Wagemann versucht mit diesem Konzept einen für die Armenverwaltung und die Eltern tragfähigen Kompromiss zu finden, ohne den Bildungsanspruch ganz aufgeben zu müssen. Für arbeitslose Jugendliche zwischen 14 und 18 Jahren führt Wagemann die Gartenarbeit ein, so dass diese Jugendlichen ein notdürftiges Auskommen erhielten.

Wagemann hebt auch die positiven Wirkungen hervor, die der Wechsel zwischen Lernen und Arbeiten mit sich bringt. *„Das Vergnügen entstand für die Jugend a) aus der Abwechslung der Lehr- mit Arbeitsstunden, b) aus der Gesellschaft, in welcher sie, sich selbst zur Arbeitszeit überlassen, sich auch nach ihrer Bequemlichkeit mit Gesprächen und anmutigen Gesängen unterhalten, c) aus dem Gewinn, den sie wöchentlich aus ihrer Arbeit ziehen, d) aus der Beschenkung der wohlmeinenden Eltern und patriotischen Vorgesetzten"* (ebd., S. 293). Finanzielle Vorteile ergeben sich durch die Einführung der Industrieschule auch für den Lehrer, wenn seine Frau den Arbeitsunterricht erteilt.

Entgegen ihrem Anspruch, eine allgemeine Volksschule zu sein, werden die Industrieschulen vorwiegend von Armenkindern besucht, da nach Wagemann Vorurteile gegenüber diesen Einrichtungen bestehen. Jedoch scheint hier im Laufe der Jahre ein Wandel eingetreten zu sein: *„Schon nach einiger Zeit hatte ich es deutlich bemerken können, dass die Kinder, welche nach beendigten Lektionen in das Arbeitszimmer gingen, von den zurückbleibenden fast beneidet wurden[...]"*. Nach und nach erhielten auch die Bürgerkinder von ihren Eltern die Erlaubnis, die Arbeitsschule zu besuchen. *„Und in wenigen Tagen hatte ich 150 Bürgerkinder im Arbeitssaal, welche mit fröhlichem Dank die Wohltat schätzten, von den Fesseln der Untätigkeit erlöst zu sein"* (ebd., S. 258).

Die Industrieschulbewegung versteht sich als Alternative zum niederen Schulwesen und intendiert seine Reform. Besonders deutlich ist ihr Einfluss auf das Schulwesen im Königreich Böhmen. 1775 beauftragt Kaiserin Maria Theresia eine Schulkommission mit der Neuorganisation des Schulwesens und beruft zum Leiter dieser Kommission Ferdinand Kindermann, der als Pfarrer und Leiter einer

Industrieschule schon hervorgetreten war. Ihm kommt das Verdienst zu, die Entwicklung und Verbreitung der Industrieschulen in Böhmen gefördert zu haben. Von dort aus haben sich die Industrieschulen nach 1780 in ganz Deutschland verbreitet. Koneffke hat über ihre Verbreitung folgende Zahlen ermittelt:

„1786 finden sich in Böhmen mehr als 100, schon 1787 gegen 200 Industrieschulen, 1798 weist Böhmen 674 Industrieschulen auf. In Baden-Durlach werden 1783 nur noch drei Gemeinden ohne Industrieschulen gezählt. In Bayern arbeiten 1807/08 450, in Württemberg noch 1822 342 Industrieschulen. In den einzelnen deutschen Staaten setzt sich die Bewegung ungleichmäßig durch, obgleich fast alle Regierungen sie durch Erlasse zu fördern versuchen. In Westfalen gab es 231, in Lippe-Detmold bis 1809 26, in Göttingen und Umgebung nur 20, obwohl gerade dieses Zentrum mit Sextros Fragment und vor allem dem „Göttingischen Magazin" der Brüder Wagemann ein erhebliches Gewicht in der Bewegung besaß" (Koneffke 1968, S. IX).

Anders als in den Spinnschulen, in denen der Bildungsgedanke nur notdürftig die ökonomischen Motive kaschiert, beanspruchten die Industrieschulen in erster Linie Bildungsanstalten zu sein. Die Arbeitsgegenstände sollen nicht allein nach ökonomischen, sondern vor allem nach pädagogischen Gesichtspunkten ausgewählt werden. Als Lachmann 1802 eine Übersicht über die Entwicklung des Industrieschulwesens veröffentlichte, stellte er fest, dass die einzelnen Industrieschulen nach sehr unterschiedlichen Konzeptionen arbeiten. Als *„unächte Schwestern"* bezeichnet er jene Einrichtungen, die sich zwar Industrieschulen nennen, in denen der Industrieunterricht aber lediglich dem Erwerb dient. Um die vielfältigen Formen, die das Industrieschulwesen bis 1800 entwickelt hat, zu fassen, ordnet es Lachmann nach folgenden Kriterien:

1. Schulen, denen eine Arbeitsanstalt angegliedert ist, in denen die Kinder nur arbeiten, um Geld zu verdienen. Häufig unterstehen diese Arbeitsanstalten einem Fabrikanten, *„welcher sich an die vorhandenen Erziehungsverhältnisse anschmiegte, um von den Kindern für einen geringen Arbeitslohn wo möglich eben so viel Arbeit verfertigt zu sehen, als Erwachsene für höheren Lohn verrichten"* (Lachmann 1973 (1802), S. 55).
2. Schulen, denen eine Arbeitsanstalt angegliedert ist, die jedoch der Schule untersteht. Die Industrieschulen *„bemühen sich von Anfang an, die Arbeiten der Kinder ihren Kräften angemessen zu wählen"* (ebd., S. 59). Lernen und Arbeiten erfolgt in diesen Schulen meist in einem stündlichen Wechsel, was dem Bewegungsbedürfnis der Kinder entgegenkomme. Zugleich verdienen sie einen Teil ihres Unterhalts und erhalten eine erste berufsbezogene Vorbildung.

3. Industrieschulen, in denen die Handarbeit mit dem Unterricht verbunden ist, d.h. die Kinder sind, während sie durch den Lehrer belehrt werden, zugleich mit Handarbeiten beschäftigt. Industrieschulen, die nach diesem Prinzip arbeiten, kommen dem von Lachmann aufgestellten Ideal am nächsten. *„Wird Handarbeit während aller Belehrungen und Geistesübungen, bei welchen die Hände müßig sind, psychologisch richtig betrieben, so hebt sie die Einförmigkeit, und erheitert die Gemüther, ohne zu zerstreuen! Sie weckt die Aufmerksamkeit, vermehrt die Theilnehmung und die Gegenwart des Geistes stärkt das Nachdenken, macht in jedlichem Augenblick empfänglich zum Lernen und Empfinden, übt zugleich die Sinne und die Hände, den Leib und die Seele.[...] Sie bringt endlich noch baren Gewinn ein, den der Mensch von Kind auf mitnehmen und gebrauchen lernen muß[...]"* (ebd., S. 70).

Nach Lachmann sind die meisten Industrieschulen nach der unter 2. beschriebenen Art organisiert, wobei allerdings zu berücksichtigen ist, dass er die unter 1. genannten Schulen eigentlich nicht als Industrieschulen gelten lässt. Eine zentrale Forderung der Industrieschulbewegung ist die Abschaffung der Armen- und Freischulen. An ihre Stelle soll eine gemeinsame Nationalerziehung aller Stände treten, wobei in den von Campe und Sextro entwickelten Konzeptionen die oberen Stände hiervon ausgenommen sind. Auch Lachmann entwirft die Industrieschulen für *„die Menschen aller erwerbenden Stände"* (ebd., S. 64).

Die Industrieschulbewegung versteht sich als Teil des sich emanzipierenden Bürgertums, wobei sich diejenigen, die der Aufklärung zuzurechnen sind, um die Integration der niederen Stände bemühen. Vor allem Lachmann plädiert für die Abschaffung der Armenschulen und setzt sich für einen gemeinsamen Unterricht aller Kinder in der Industrieschule ein.

In der Industrieschulbewegung können wir die ambivalente Funktion, die die Sozialarbeit bis heute hat, deutlich erkennen. Einerseits will sie – ganz im Sinne moderner Sozialarbeit – Hilfe zur Selbsthilfe geben, andererseits ist auch ihre kontrollierende Funktion nicht zu übersehen. In gleicher Weise ambivalent ist ihr Bildungskonzept, das zum einen den Bedürfnissen und Erfordernissen des Arbeitsmarktes folgt, zum anderen aber auch das Ziel des über sich selbst bestimmenden Menschen setzt. Dieser Widerspruch ist den Vertretern der Industrieschulbewegung wohl nur zum Teil bewusst gewesen. Der aufklärerische Gedanke (vgl. Koneffke 1968) schmiegt sich einem realistischen Konzept an: es verspricht eine Lösung des Armenproblems, nämlich eine Gesellschaftsreform ohne Revolution. Die Industrieschule genießt daher das Wohlwollen der Obrigkeit, denn spätestens seit der Französischen Revolution ist allen klar, dass eine Revolution nicht nur in Frankreich, sondern auch in den anderen europäischen Feudalstaaten denkbar ist.

Dennoch birgt das Industrieschulkonzept insofern einen utopischen, über die ständische Gesellschaft hinausweisenden, demokratischen Kern, als es den über sein eigenes Schicksal verfügenden Bürger will und damit eine rationale Gesellschaft voraussetzt.

Ihrer Konzeption nach ist die Industrieschule eine sozialpädagogische Schule, in der sozialpädagogische und schulpädagogische Intentionen zu einer Funktionseinheit verschmolzen sind (vgl. Reyer 1984), aber Anspruch und Realität klaffen weit auseinander und Schulen, die diesem Anspruch gerecht werden, müssen schwer um ihre Existenz kämpfen. Der Staat ist nicht bereit, auch nur die notwendigsten Kosten zu übernehmen, sondern erwartet, dass durch die Produktivität der Kinder die Schule wie ein mit Gewinn geführtes Unternehmen zu verwirklichen sei. So wird notwendigerweise der Gesichtspunkt des Erwerbs vorrangig und die nackte Not hat auch die Lehrer vielfach hierzu gedrängt, so dass die pädagogischen Aspekte in den Hintergrund treten, die Bildung der Kinder hinter deren Arbeitsleistung zurücksteht. Ökonomisch wird die Industrieschule in dem Moment obsolet, als sich herausstellt, dass durch die Industrialisierung die vielseitig gebildete Arbeitskraft im Produktionsprozess nicht (mehr) notwendig ist und dass die Ware Arbeit schneller und vor allem kostengünstiger in den sog. Fabrikschulen hergestellt werden kann.

Zusammenfassung

Sozialpädagogische Aspekte, die Bildung, Erziehung und Fürsorge miteinander verbinden, entstehen erstmals im ausgehenden 18. Jahrhundert, als unter dem Einfluss des Philantropismus sich ein Wandel in der Armenpflege durchsetzt. Armut wird nicht mehr als ein gottgewollter Zustand hingenommen; man sieht vielmehr Armut als eine Folge unzulänglicher Bildung und Erziehung an. Folglich gründen die Philantropen „Industrie- und Arbeitsschulen, in denen die Kinder unterrichtet werden, die zugleich aber auch Beschäftigungen bieten, durch die sie etwas verdienen.

Mit dem Begriff der Industrieschulen (lat. ‚industria' = der Fleiß) verbinden sich weit über den ursprünglichen Wortsinn hinausgehende Vorstellungen. Man meint damit auch die Bereitschaft und Fähigkeit, sich auf neue Gegebenheiten einzustellen und mit seiner Zeit und Kraft sparsam umzugehen. Die Industrieschulen dienen der Herstellung des Arbeitsvermögens, d.h. sie sollen manuelle Fertigkeiten vermitteln, wie sie für die Ausübung eines Handwerks oder die Arbeit in Manufakturen nützlich sind, aber auch Einstellungen wie Fleiß, Sparsamkeit, Sauberkeit und Ordnungssinn fördern. Daneben nimmt die sittlich-religiöse Unterweisung breiten Raum ein.

Es ist die gesellschaftliche Funktion der Industrieschule, soziale Krisenherde zu befrieden, die Gesellschaft vor der Verwahrlosung der Kinder zu schützen und eine soziale Randgruppe, nämlich die Armenkinder und deren Eltern zu disziplinieren.

Andererseits zeigen sich auf der pädagogischen Ebene fortschrittliche sozialpädagogische Ansätze im Konzept der Industrieschule. Insbesondere die enge Verbindung von Lernen und Arbeiten ermöglicht neue, kindgemäße Formen des Unterrichts. Bei der Gründung der Industrieschule glaubte man, dass für deren Unterhalt keine zusätzlichen Mittel erforderlich wären, dass die Schule zugleich Produktionsstätte sein und finanziell sich selbst tragen könnte. Diese Hoffnung erfüllte sich nicht, und daher bestanden die Industrieschulen, in denen der Erziehungs- und Bildungsgedanke das Konzept bestimmte nur kurze Zeit.

Die Fabrikschulen hingegen, in denen die Arbeitskraft der Kinder ausgebeutet wurde, bestanden noch längere Zeit. Erst die Arbeiterschutzgesetze von 1891, die die Beschäftigung von Kindern in den Fabriken verboten, führten zur Schließung der Fabrikschulen.

Die Entstehung der Schulkinderfürsorge in der zweiten Hälfte des 19. Jahrhunderts   II

Kinderarbeit und Kinderschutz

Zum besseren Verständnis der sich in der zweiten Hälfte des 19. Jahrhunderts entwickelnden Schulkinderfürsorge möchte ich den sozialen Kontext, in dem sie entstanden ist, das Kinderelend, auf das sie reagierte, in Erinnerung rufen. Später als in England setzte die Industrialisierung in den deutschen Staaten ein und mit ihr die schrankenlose Ausbeutung der Arbeiter. Unter den kapitalistischen Produktionsbedingungen litten insbesondere die Kinder, die oft vom 6. Lebensjahr an bis zur Erschöpfung in den Fabriken arbeiteten. Die soziale Lage dieser Kinder wurde erstmals durch den preußischen Minister v. Altenstein einer breiten Öffentlichkeit bekannt, als er 1823 die Zustände in einer rheinischen Fabrik aufdeckte, in der Kinder von 6 Jahren an in Tag- und Nachtschichten unmenschlich ausgebeutet wurden. Nach einschlägigen Berichten war dies kein Ausnahmefall.

Das Maß der Ausbeutung möge das folgende Zitat verdeutlichen: *„Im Kreise Olpe arbeiteten Kinder in den Wolltuch-, Zeug- und Tabakfabriken, in Eslohe in der Wollspinnerei und der Bleierzaufbereitungsanstalt, in Brilon in Knopfnadelfabriken, in Siegen in Baumwollfabriken, Poch- und Walzwerken – überall von sechs, acht, zehn Jahren an täglich 12, 14, 16 Stunden und mehr"* (Rühle (1930) 1971, Bd. 1, S. 155). Allein in Düsseldorf sind zu dieser Zeit 3.300 Kinder vom 6. Lebensjahr an in der Textilindustrie beschäftigt. *„Alle wiesen, bleiche Gesichter, matte und entzündete Augen, aufgeschwollene Leiber, aufgedunsene Backen, geschwollene Lippen und Nasenflügel, Drüsenanschwellungen, Hautausschläge und asthmatische Anfälle auf"* (Rühle 1971 (1930), Bd. 1, S. 156).

V. Altensteins Bemühungen, einen gesetzlichen Kinderschutz durchzusetzen, wären vermutlich gescheitert, wenn nicht auch die Militärbehörde ein Interesse daran gehabt hätte. Durch die frühe und rücksichtslose Ausbeutung war die Gesundheit vieler Jugendlicher derart geschädigt, dass der Prozentsatz der für den Militärdienst als tauglich befundenen jungen Männer auffallend rückläufig war. Eine Order des Königs, in dem sich dieser besorgt über den schlechten Gesundheitszustand der jungen Generation äußert, gibt den Anstoß zur gesetzlichen Regelung des Kinderschutzes. Dennoch ist der Widerstand der Fabrikherren gegen einen gesetzlichen Kinderschutz so erheblich, dass ein entsprechendes Gesetz erst fünfzehn Jahre später, 1839, erlassen werden kann. Dieses *„Regulativ über die Beschäftigung jugendlicher Arbeiter in den Fabriken"* verbietet die Fabrikarbeit für Kinder unter neun Jahren und beschränkt sie bis zum 16. Lebensjahr auf täglich 10 Stunden. Jedoch bleibt das Gesetz faktisch wirkungslos, da eine effektive Kontrolle nicht durchgeführt wird, die Fabrikanten mit allerlei Tricks das Gesetz zu umgehen suchen und auch die Eltern, die auf den Verdienst der Kinder angewiesen sind, sich über die gesetzlichen Bestimmungen hinwegsetzen.

1853 verschärft die Regierung das Regulativ, setzt das zulässige Arbeitsalter auf 12 Jahre herauf und begrenzt die Arbeitszeit auf sieben Stunden. Gegen diese Bestimmungen opponieren die Unternehmer, und Rühle zitiert einen Industriellen, der seine Ausbeutungsinteressen scheinheilig mit der Not der Arbeiterfamilien legitimiert:

> *„Es gibt doch Tausende von Eltern, die nicht ausreichende Arbeitskraft besitzen oder die nicht ausreichende Arbeit finden, bei denen die Kinder einen Teil des Lebensunterhalts miterwerben helfen. Würde es nicht mehr als hart sein, wenn man diesen verweigern wollte, die Arbeitskraft der Kinder zu benutzen? Und es gibt andere Tausende, wo der Ernährer ganz fehlt, wo der Witwe nichts geblieben ist als die zurückgelassenen Kinder, die zu ernähren sie nicht allein vermag. Wäre es nicht grausam, auch diesen Witwen zu sagen: Ihr dürft die Kinder nicht in die Fabriken schicken und keine Unterstützung durch ihre Arbeit verlangen? Hat der Staat das Recht, so muß er andererseits auch die Pflicht anerkennen, dem Arbeitslosen Arbeit und dem Arbeitsunfähigen Unterhalt zu geben. Das aber kann der Staat nicht"* (ebd., S. 158).

Der Staat setzt Fabrikinspektoren ein, die die Einhaltung der Kinderschutzgesetze kontrollieren sollen. Jedoch erweist sich auch diese Kontrolle als ziemlich unwirksam; die Fabrikherren entziehen sich auf vielfältige Weise den Kontrollen, oder sie erschweren die Arbeit der Fabrikinspektoren, wo immer sie können. Auch Kuczynski (Kuczynski 1947, S. 132) hebt hervor, dass die Kinderschutzgesetze nur sehr unzulänglich durchgesetzt werden können. Der faktische Rückgang der

Arbeitszeit und der Beschäftigung von Kindern sei nicht auf die Wirksamkeit der Gesetze, sondern auf Entwicklungen im Produktionsbereich zurückzuführen. Die komplizierter werdenden Maschinen können nicht mehr von ungelernten Arbeitern bedient werden, so dass die Unternehmer zunehmend auf die Beschäftigung von Kindern verzichten.

Auch in der Gewerbeordnung von 1869 und in deren Novelle von 1878 wird das Kinderarbeitsverbot in Fabriken für Kinder unter 12 Jahren festgesetzt. Das Arbeiterschutzgesetz von 1891, das seine Ausführungsbestimmungen in der Novelle zur Gewerbeordnung von 1908 erhält, bestimmt, dass Kinder unter 13 Jahren überhaupt nicht und Kinder über 13 Jahren nur dann beschäftigt werden dürfen, wenn sie nicht mehr zum Besuch der Volksschule verpflichtet sind. Die Arbeitszeit für Kinder unter 14 Jahren darf sechs Stunden nicht übersteigen. Der größte Mangel dieses Gesetzes ist, dass es lediglich für die Fabriken, nicht aber für die im Gewerbe und in der Heimindustrie beschäftigten Kinder gilt. 1903 regelt erstmals das Kinderschutzgesetz die Kinderarbeit in gewerblichen Betrieben.

Das Kinderschutzgesetz verbot Kinderarbeit nicht generell, sondern schränkte sie nur ein. Es untersagte die Beschäftigung von Kindern in einer Reihe von Betrieben, wie z.B. in den Werkstätten von Steinmetzen wegen starker Staubentwicklung und in Spiegelbelegereien, in denen Quecksilber verwendet wird. Ebenso ist die Beschäftigung von Kindern in Betrieben, die Feuerwerkskörper oder Zündhölzer herstellen, wegen der Explosionsgefahr untersagt. (Kinderschutzgesetz von 1903, S. 121)

Da das Kinderschutzgesetz seine Entstehung der lebhaften und tatkräftigen Anteilnahme der Volksschullehrer verdankte, untersagte es in erster Linie die Beschäftigung vor dem Vormittagsunterricht, bestimmte die Einhaltung einer mindestens zweistündigen Mittagspause und erlaubte die Beschäftigung am Nachmittag erst eine Stunde nach beendetem Unterricht. Da die Einhaltung der gesetzlichen Bestimmungen nicht hinreichend kontrolliert wurde, bestand das Problem der Kinderarbeit weiterhin. Überhaupt nicht eingeschränkt von gesetzlichen Regelungen war zudem noch immer die Kinderarbeit in der Land- und Hauswirtschaft. Auf Druck der Lehrerschaft veranlasste die Reichsregierung 1897 eine Untersuchung, aus der hervorging, dass 532.283 Kinder unter 14 Jahren – das heißt 6% aller Schulkinder – im gewerblichen Bereich beschäftigt waren Für 1% dieser Kinder fiel der Beginn ihrer Arbeit auf das 6. Lebensjahr (Willmann/Roloff 1913, Bd. 2, Sp. 1226; Rühle 1971 (1930), Bd. 1, S. 161). Doch hatte der amtliche Bericht nur die Spitze eines Eisberges sichtbar gemacht; die nur wenig später vorgelegte Enquête der Lehrer gab ein viel größeres Ausmaß der Kinderarbeit an: *„So stellte die Lehrerenquête für Großstädte 10 bis 13 % der Knaben und 6 bis 9 % der Mädchen, für Industriestädte 30 bis 50 %, für Industriedörfer bis zu 80 % fest"* (Rühle 1971, Bd. 1, S. 162).

1903 beschloss der Reichstag einstimmig, eine Erhebung über die Lohnbeschäftigung von Schülern im Haushalt und in der Landwirtschaft an allen öffentlichen Volksschulen durchzuführen. Es sollten der Umfang der Kinderarbeit auf dem Land, ihre Verteilung im Reich, die Arten der Beschäftigung, Alter und Geschlecht der beschäftigten Kinder sowie die Arbeitszeiten ermittelt werden. Die Erhebung wird 1904 ordnungsgemäß durchgeführt, ihre Ergebnisse vom Kaiserlichen Statistischen Amt in einer Denkschrift zusammengefasst, aber sie werden nicht veröffentlicht, weil, so vermutete Helene Simon, die Ergebnisse *„den Interessenvertretern der Landwirtschaft nicht genehm"* sind (Simon o.J., S. 12). Erst etwa 20 Jahre später, nachdem der Kinderschutz-Verband eine neue Umfrage zur Kinderarbeit auf dem Land durchgeführt hat, greift man auch auf die Ergebnisse der alten Erhebung zurück, die damit erstmalig veröffentlicht werden.

Bei der Erhebung von 1904 hat man nur solche Kinder erfasst, die gegen Lohn, auch Naturallohn, im Haushalt oder in der Landwirtschaft halfen. Unberücksichtigt blieben also Kinder, die im elterlichen Betrieb oder bei Verwandten arbeiteten. Dies ist bei der Bewertung der Ergebnisse unbedingt zu berücksichtigen. Von den 9,3 Millionen Volksschülern unter 14 Jahre arbeiteten 1,7 Millionen (19%) in der Land- und Forstwirtschaft. Davon waren 717.000 über 12 Jahre, 607.000 waren 10 bis 12 Jahre alt und 445.000 jünger als 10 Jahre. Ob durch die Lohnarbeit die geistige, körperliche und seelische Entwicklung beeinträchtigt und der Schulerfolg gefährdet war, hing sowohl von den Arten der Beschäftigung wie auch deren zeitlicher Dauer ab. Annähernd eine halbe Million Schüler arbeiteten auch außerhalb der Ferien zeitweilig mehr als sechs Stunden täglich. Diese Gruppe arbeitete

„bis zu 4 Wochen 153 829 = 34,5%
bis zu 13 Wochen 126 943 = 28,4%
bis zu 26 Wochen 116 492 = 26,1%
über 26 Wochen 49 311 = 11%" (Simon o.J., S. 18).

Kinder waren an allen in der Landwirtschaft anfallenden Arbeiten beteiligt, zu einem erheblichen Teil auch an den Arbeiten, die für sie eigentlich zu schwer sind.

1922 führte der Kinderschutz-Verband eine Umfrage zur Kinderlandarbeit durch. Dabei wurden erstmals nicht nur die fremden Kinder erfasst, die gegen Entgelt arbeiteten, sondern auch die im elterlichen Betrieb arbeitenden eignen Kinder. Anders als bei der Untersuchung von 1904, die durch die Befragung aller Volksschullehrer eine Totalerhebung darstellte, wurden bei der Befragung von 1922 Gutachtern ausgewählt. Daher hat diese Befragung einige erhebliche methodische Mängel, die die Einschätzung und Bewertung der Ergebnisse erschweren. Die Mängel liegen zum einen darin, dass die Auswahl der Gutachter nicht repräsentativ ist, dass die Rücklaufquote der Fragebogen verhältnismäßig gering ist (von 10.000 verschickten Fragebögen sind nur 4000 zurückgekommen), und dass schließlich durch die mangelhafte Präzision der Fragen, die Antworten z.T. ungenau und vage sind. Dennoch gibt uns die Untersuchung Aufschluss über die Lage der Kinder auf dem Land und zeigt, dass Fragen des Kinderschutzes durch bestehende Interessengegensätze kontrovers diskutiert werden. Die befragten Gutachter sind Arbeitgeber und Arbeitnehmer, Landrats-, Gemeinde- und Wohlfahrtsämter, Krankenkassen, Kreisärzte, Gewerbeaufsicht, Geistliche, Lehrer und Vertreter der Freien Wohlfahrtspflege.

Nur 2717 der zurückgesandten Fragebögen enthalten brauchbares Zahlenmaterial, das Aufschluss über den Umfang der in der Landwirtschaft beschäftigten Kinder unter 14 Jahren gibt. Danach sind 500.000 Kinder gegen Entgelt in der Landwirtschaft beschäftigt; eine Zahl die bei weitem zu niedrig erscheint. Die Urteile über die Auswirkungen der Kinderlandarbeit sind sehr widersprüchlich. Ein Teil der Gutachter leugnet überhaupt, dass sie sich auf die Entwicklung der Kinder ungünstig auswirkt, u.a. mit folgenden Begründungen: *„Stadtkinder kräftigen und erholen sich bei der Landwirtschaft; – die Kinder werden früh selbständig und lernen sich an Pflichten gewöhnen, werden von dummen Streichen abgehalten; – Keine Schule kann nachholen, was die Kinder im Elternhaus beim Kleinbetrieb lernen; – Günstig für die Gesundheit, wenn die Kinder nicht überanstrengt oder im Schlaf beeinträchtigt werden (früh morgens); – Bleichsüchtige und nervöse Kinder erholen sich vielfach während der Ferien bei umschichtiger Feldarbeit, Muskulatur wird gekräftigt"* (zitiert nach Simon o.J., S. 106).

Gutachter, die die Kinderlandarbeit überwiegend ungünstig beurteilen, weisen auf folgende Gefahren hin: *„Arbeit bei Gluthitze im Sommer, bei Nässe und Kälte im Frühjahr und Herbst, Umherkriechen auf feuchter und kalter Erde, dauernd gebückte Stellung. Verbunden mit Überanstrengung bei oft ungenügender Ernährung sind sie Ursachen von Krankheiten, Verkümmerung und körperlicher Mißbildung: Erkrankung der Atmungsorgane, des Darms, des Herzens, Rheumatismus, Zurückbleiben im Wachstum, Steifheit der Glieder, krummer Rücken oder Rückgratverkrümmung"* (zitiert nach ebd., S. 340).

Die von den Gutachtern gemachten Vorschläge zur gesetzlichen Regelung des Kinderarbeitsschutzes auf dem Land plädieren im Großen und Ganzen für eine Einschränkung derselben und sprechen sich gegen ein totales Verbot aus. In den Stellungnahmen wird immer wieder zum Ausdruck gebracht, dass, mit Maßen betrieben, die Kinderlandarbeit auch pädagogisch positiv zu bewerten sei, dass zudem viele Eltern auf die Mitarbeit der Kinder angewiesen seien, dass insgesamt betrachtet der Arbeitskräftemangel auf dem Land nur durch die Kinderarbeit ausgeglichen werden könne. Auch die überwiegende Zahl der Lehrer hält ein generelles Verbot der Kinderlandarbeit für undurchführbar, da es den Interessen der Landwirtschaft und auch der Eltern zuwider ist. Jedoch sprechen sich insbesondere die Lehrer für Einschränkungen aus, weil zahlreiche Schulbefreiungen, die Reduzierung des Unterrichts in den Sommermonaten und extensives „Schulschwänzen" einen geregelten Unterricht behindern.

In ihrem Resümée versucht Helene Simon eine Einschätzung der in sich oft widersprüchlichen Ergebnisse der Befragung: *„Zusammenfassend überwiegen nach den Gutachten die Vorzüge der Kinderlandarbeit ihre Gefahren. Es bedarf nur der Beseitigung der geschilderten Mißstände, um die günstigen Einflüsse auf Gesundheit und Sittlichkeit wirksam zu machen, und auch mit den Schulforderungen ein erträgliches Verhältnis herzustellen"* (ebd., S. 341). Diese Auffassung teilte Helene Simon nicht, da sie die ausbeuterischen Zustände verharmlosen würde.

Betrachten wir die Entwicklung der Kinderarbeit, so fällt auf, dass frühzeitig bereits Anstrengungen unternommen wurden, Fabrikarbeit zu unterbinden, auch wenn sie sich als unzureichend, ja ohnmächtig gegenüber den Ausbeutungsinteressen des Kapitals erweisen; die Kontrolle in den gewerblichen Betrieben jedoch und insbesondere in der Heimarbeitsindustrie wird zunächst gar nicht versucht. Jedoch hat sich durch das Verbot der Fabrikarbeit die Kinderarbeit auf diese besonders schwer kontrollierbaren Bereiche verlagert. Welches Ausmaß die Kinderarbeit dort noch 1925 hat, macht ein Bericht von Kanitz deutlich:

„Sehr arg ist es in manchen Gegenden Deutschböhmens um die gewerbliche Kinderarbeit bestellt. Im Erzgebirge gibt es wenig Kinder, die 8 Jahre alt sind und noch nicht klöppeln können. Man sagt, die Kinder können sich ja in der Schule ‚ausruhen'. Am Abend klöppeln die Kleinen bis 9 oder 10 Uhr, die größeren bis 11 Uhr. Nicht selten müssen Schulkinder eine Nacht durcharbeiten. 80-90% der 12jährigen, 40-50% der 6-10jährigen Kinder müssen in den Dörfern des Erzgebirges arbeiten.

Ein Arbeiter aus dem Erzgebirge schreibt in einem Brief u. a., dass Kinder im zartesten Alter in der Blumenindustrie arbeiten, z.B. die roten Nelken, welche unsere Genossen am 1. Mai als Zeichen des Protestes tragen, werden meistens von Kindern um einen ganz geringen Lohn verfertigt. ‚Der Sozialdemokrat' (Prag) berichtet am 14. Februar 1925 über Kinderarbeit im Adlergebirge. Dort gibt es u. a. 3000 Handschachtelmacher, darunter 1000 schulpflichtige Kinder. Es wird täglich 14 bis 16 Stunden gearbeitet und, die Kinder müssen schon im vierten Lebensjahr mithelfen" (Kanitz 1925, S. 21).

So eindrucksvoll die Statistiken und Berichte über Kinderarbeit auch sind, so zeigen sie dennoch nicht den gesamten Lebenszusammenhang, sondern begnügen sich mit einem Ausschnitt. Kanitz hingegen versucht, den gesamten Lebenszusammenhang des proletarischen Kindes zu analysieren, das heißt, er betrachtet sowohl seine Stellung im Wirtschaftsleben als auch in der Familie und im Recht. Erst dadurch wird das Ausmaß der Unterdrückung sichtbar, unter dem das Proletarierkind leidet. In der Familie haben Frau und Kinder gegenüber dem Mann eine untergeordnete Position. *„Aber auch noch innerhalb der Kinder [...] gibt es Herrschende (ältere, stärkere) und Beherrschte"* (ebd., S. 48). Zu der Unterdrückung der jüngeren durch die älteren Geschwister tritt die Unterdrückung des Mädchens als ein *„Spezialfall häuslicher Unterdrückung"* (Kanitz 1925, S. 50). *„Obgleich die Mädchen in den frühen Jahren ihrer Kindheit den Jungen sogar geistig voraus sind, werden sie oft als dümmer als unintelligenter angesehen. Man gibt sich mit ihnen nicht so viel Mühe wie mit den Jungen. Frühzeitig werden sie zu häuslichen Arbeiten herangezogen. Frühzeitig lernen sie den ihnen von der bürgerlichen Gesellschaft zugedachten Beruf: Dienerin und Geschlechtsobjekt der Männer zu sein, kennen"* (ebd., S. 50).

Erst in der Zusammenschau aller Lebensbereiche kann die Situation und Arbeitsbelastung des Arbeiterkindes realistisch eingeschätzt werden. *„Schularbeit, Erwerbsarbeit und häusliche Arbeit: das ist die dreifache Arbeitsleistung und auch die dreifache Ausbeutung vieler Proletarierkinder [...]. Und diese dreifache Arbeitsleistung ist gar nicht so selten [...]. Die Österreichische Erhebung von 1908 stellt fest, dass bei 2% aller Jungen, bei 4% aller Mädchen eine Kombination von häuslicher Arbeit und industrieller Erwerbsarbeit stattgefunden hat. Diese Zahl erhöht sich aber gewaltig, wenn man auch die weitaus häufigere Kombination zwischen Heimarbeit und Hauswirtschaft, Kleinhandwerk und Hauswirtschaft, vor allem aber Landwirtschaft und Hauswirtschaft in Betracht zieht. Wichtig ist aber bei der oben erwähnten Angabe, dass mehr als doppelt soviel Mädchen in dreifacher Arbeitsleistung stehen als Jungen"* (ebd., S. 29).

Kanitz macht durch seinen die gesamte Lebenssituation und Sozialisation umfassenden theoretischen Ansatz deutlich, dass gesetzliche Regelungen zum Schutz des Kindes nicht ausreichen, um Kindern die für ihre Entwicklung notwendigen Lebensbedingungen zu schaffen, zumal die Durchführung und Kontrolle der Kinderschutzgesetze, die der Gewerbeaufsicht und der Polizei obliegen, sehr wenig bewirken.

An der Durchführung des Kinderschutzgesetzes ist die Schulaufsichtsbehörde mit beratender Stimme beteiligt, und sie ist bei der Zulassung gewisser Ausnahmen anzuhören. Trotz dieser nur sehr begrenzten gesetzlichen Mitwirkung der Schule hat die Lehrerschaft eine bedeutende Rolle bei der Durchsetzung der Kinderschutzgesetze erlangt. Da die an sich vorgeschriebene Meldung durch den Arbeitgeber sich als ein unzulängliches Mittel der Kontrolle erweist, beginnt man, *„die Schule dem polizeilichen Erfassungsdienst dienstbar zu machen. Der Lehrer hat* *großes Interesse daran, dass die Kinder nicht durch übermäßige Ausnutzung ihrer Arbeitskraft außerstande gesetzt werden, seinem Unterricht zu folgen. Er sieht die Kinder täglich vor sich, weiß, wer müde und verschlafen zur Schule kommt. Das Vertrauensverhältnis und die Autorität, die er genießt, gestatten ihm, durch Nachfragen sich genaue Kenntnis von den häuslichen Verhältnissen und der Beschäftigung des Kindes zu verschaffen. Auf dieser Erkenntnis fußend, kam man zu dem System der Schullisten in den meisten deutschen Staaten. Sie bilden, wie in allen Gewerbeaufsichtsberichten betont wird, das wichtigste, tatsächlich sogar das einzige Mittel zur Erfassung der arbeitenden Kinder"* (Wehn 1946, S. 7).

Wehn kritisiert jedoch diese Praxis, die dem Lehrer die Kontrolle aufbürdet. *„Die Aufstellung von Listen im Dienste der Polizei ist überhaupt nicht ohne Bedenken, da das Vertrauensverhältnis zwischen Schule und Haus notleiden muß, wenn aufgrund der Schullisten die Polizei oder Gewerbeinspektion Strafanzeige gegen die Eltern erstatten"* (ebd., S. 24).

Jedoch gibt es auch eine Reihe von Lehrern, die aus anderen Gründen ihre Mitarbeit bei der Durchführung des Kinderschutzgesetzes verweigern. Sie meinen, dass dies ein unzulässiger Eingriff in das Elternrecht sei. Der Schulvorstand eines größeren Ortes im Kreise Alzey erklärt, dass den Lehrern bei der Durchführung des Kinderschutzgesetzes zusätzlich Arbeit aufgebürdet würde, deren praktischer Wert nicht anerkannt werden kann. Die kleinen Arbeiten *„helfen bei Zeiten, die Kinder auf den Ernst des Lebens hinzuweisen, auch bewahren sie das junge unschuldige Gemüt vor dem Glauben, als sei der Staat der allein berufene Faktor, der für sein künftiges körperliches Wohl sorgen muß"* (ebd., S. 94).

Wehn meint, dass die Kinderarbeit nicht allein auf materielle Not zurückgeführt werden könne, sondern auch einen Erziehungsnotstand signalisiere. Die Form der Entlohnung (z.B. 1/2 Schoppen „Roten" oder Bier für Kegeljungen) und die Verwendung des Geldes (Kauf von Süßigkeiten, Kinobesuche, Schundromane) zeige, dass nicht in allen Fällen eine wirtschaftliche Unterstützung der Familie durch den Arbeitslohn des Kindes erfolgt. Aus diesen Gründen muss die polizeiliche Kontrolle unwirksam bleiben, weil sie weder die wirtschaftliche Not noch den Erziehungsnotstand beseitigen kann. Wirksame Hilfe gegen die schädigende Erwerbstätigkeit von Kindern können nach Wehn allein die Maßnahmen der Fürsorge sein, wie z.B. der Hort, die Schulpflege oder auch die Schulspeisung.

„Die engen Zusammenhänge, die direkt zwischen Kinderarbeit und Schulspeisung bestehen, werden klar, wenn man bedenkt, dass die Kinder bei ihrer Arbeit oft mit Essen entlohnt werden, das bei einer Einstellung der Arbeit wegfällt" (ebd., S. 58). Schon 1909 hat Helene Simon auf die Bedeutung der Schulspeisung bei der Bekämpfung der Kinderarbeit hingewiesen, denn mit der Schulspeisung sei ein Mittel gegeben, *„die Härten des Arbeitsverbots zu mildern"* (Simon 1909, S. 18).

Die katastrophal schlechten Ernährungsverhältnisse deckt eine Untersuchung der Zentralstelle für Volkswohlfahrt auf, die eine Erhebung über die bestehenden „Schulspeisungseinrichtungen" sowie die Ernährungsverhältnisse von Schulkindern in den Städten im Jahre 1908 durchführt. Die Notwendigkeit einer umfassenden Untersuchung ist durch Einzeluntersuchungen Berliner Schulärzte deutlich geworden, die festgestellt haben, dass allein in Berlin im Winter 1907/08 9.000 Kinder speisungsbedürftig waren, dass jedoch der „Verein der Kindervolksküchen Berlin" nur etwa die Hälfte dieser Kinder beköstigen kann. Die Erhebung sollte klären, wie viele Kinder tatsächlich bedürftig sind. Erwartungsgemäß zeigen sich relativ große regionale Unterschiede. So war die häusliche Ernährung der Kinder in Industriestädten besonders schlecht.

Zur Lebenssituation der Kinder in Preußen um 1900

In Preußen erhalten in Städten mit 10-20.000 Einwohnern durchschnittlich 1,1% aller Kinder kein Frühstück, 5,4% lediglich ein kaltes Mittagessen und 0,3% kein Abendessen. Diese Zahlen erscheinen nun nicht besonders alarmierend. Wenn man jedoch Zahlen einzelner Städte im Detail betrachtet, gewinnt die Ernährungsfrage eine andere Brisanz. Ich greife im Folgenden einige Zahlen heraus: In Zehlendorf z.B. erhalten 23,8% aller Kinder nur ein kaltes Mittagessen; in einem Armenviertel in Gießen sind es sogar 49,5%, in Blankenburg 17%, in Berlin 8,5%, in Hamburg 13,8%; in Berlin erhalten 2,9% der Schüler weder ein warmes Mittagnoch ein warmes Abendessen (Simon 1909, S. 41).

Aber nicht nur in den kompensierenden Maßnahmen der Wohlfahrt sieht man Möglichkeiten, die Kinderarbeit zu bekämpfen, sondern auch in einer Schulreform, die auf die Bedürfnisse der Kinder zugeschnitten ist. „*Auf diesem Gebiet der Bekämpfung schädlicher Kinderarbeit berührt sich die Fürsorge schließlich mit ihren Forderungen mit denen der Schulreformer, die die Ersetzung der heutigen, allein auf intellektuelle Bildung eingestellten Schule durch die Arbeitsschule mit angegliedertem Werkstättenunterricht und landwirtschaftlichen Übungskursen verlangen*" (Wehn 1946, S. 63 f.).

Wie wenig kindgemäß schon die Schulgebäude zur Kaiserzeit waren, wird aus der folgenden Schilderung deutlich:

> „*Ernst und verschlossen liegen die heutige Schulkasernen in dem Gewimmel der Straßen und Häuser da. Man sieht es ihnen von außen und von weitem an, daß sie im Innern strotzen von Ordnung, Würde und Weisheit, und daß alle leichten Dinge des Lebens, Spiel, Tanz und Scherz, keine Stätte bei ihnen finden.*

Zur bestimmten Minute dreht sich knarrend der Schlüssel im Schloß, die Pforte öffnet sich und herein strömen mit vorsichtigem Schriff und in vorgeschriebener Ordnung, um in den verschiedenen Klassen für einige Stunden des Tages Worte der Weisheit und Belehrung entgegenzunehmen. [...]. Keines Kindes Fuß darf sie außerhalb der Schulstunden betreten, und selbst auf dem großen Spielplatz darf sich kein Kind aufhalten." (Schulz 1919, S. 129).

Nach dem verlorenen Ersten Weltkrieg und der Gründung der Weimarer Republik wollen fortschrittliche Pädagogen und die Sozialdemokraten ihre Reformpläne umsetzen:

„*Die Einheitsschule der Zukunft wird mit dieser Zurückhaltung, Abgeschlossenheit und gespreizten Würde des Schulhauses brechen. [...] Das Schulhaus der Zukunft wird eine wirkliche Erziehungsstätte, ein behagliches Heim für die Kinder sein. Seine Tore werden zu jeder Zeit weit offen stehen, und zu jeder Zeit wird es den Kindern Freude, Anregung, Belehrung, Spiel, Gesellschaft und liebevolle Aufsicht bieten*" (ebd.). Aber bis zur Realisierung einer kindgerechten Schule sollten noch Jahrzehnte vergehen.

In dem folgenden Kapitel soll aufgezeigt werden, welche Formen der Kooperation sich zwischen Schule und Jugendwohlfahrt vom ausgehenden 19. Jahrhundert bis in die zwanziger Jahre unseres Jahrhunderts entwickelt haben.

Der Hort

Eine gezielte Schulkinderfürsorge entsteht als eine Reaktion auf das Kinderelend, dessen Ursachen man in der Erwerbstätigkeit beider Eltern, zum Teil auch der Kinder, sowie in der vor allem in Großstädten herrschenden Wohnungsnot sieht. Da in Deutschland – im Gegensatz zu den angelsächsischen Ländern – die Volksschule keine Ganztagsschule ist, sind die Kinder erwerbstätiger Eltern den unterrichtsfreien Teil des Tages, in der Regel also nachmittags, als sog. „Schlüsselkinder" sich selbst überlassen. Hierdurch entsteht die Notwendigkeit, „*Schutzeinrichtungen für aufsichtslose schulpflichtige Kinder während der schulfreien Zeit*" (Willmann/Roloff 1913, Bd. 2, Sp. 1203) zu schaffen. Wohltätige Vereine gründen z.B. Mittagshorte, in denen unversorgte Schulkinder zwar ein Mittagessen, jedoch keine weitere Betreuung erhalten. „*Eine Anzahl von Kinderhorten – die sog. Beschäftigungsanstalten – wollen den Kindern mit der Beaufsichtigung zugleich Gelegenheit zu einem kleinen Erwerb geben durch Dütenkleben, Holzspalten, Strümpfestricken usw.*" (Willmann/Roloff 1913, Bd. 2, Sp. 1203).

Die Maßnahmen der Schulkinderfürsorge zielen zunächst auf die Linderung und Beseitigung der materiellen Not. Jedoch setzt sich allmählich die Erkenntnis durch, dass sowohl materielle als auch pädagogische Hilfen unumgänglich sind. Folglich entstehen im Rahmen der Schulkinderfürsorge nacheinander der Hort, die Schulgesundheitspflege und schließlich die Schulpflege. Auf Entstehungsbedingungen, Selbstverständnis, Funktion dieser Einrichtungen und insbesondere ihr Verhältnis zur Schule will ich im Folgenden eingehen.

Die pädagogischen Ansätze der Industrieschulen sind im Verlauf des 19. Jahrhunderts gänzlich aufgegeben worden, und die als Beschäftigungsanstalten fortbestehenden Einrichtungen dienen lediglich der Kindererwerbstätigkeit. Die Gründung des ersten deutschen Kinderhorts als einer pädagogischen Einrichtung wird auf Franz Xaver Schmidt-Schwarzenberg (1819-1883), Professor für Pädagogik an der Universität Erlangen, zurückgeführt. In seinem 1871 gegründeten Knabenhort „Sonnenblume" soll nicht die Erwerbsarbeit, sondern die Erziehung der Kinder im Mittelpunkt stehen. Diesen Hort mit Garten, Spiel- und Turnplatz besuchten etwa 60 Knaben. *„Nach der Hausordnung erhalten die Zöglinge um 3 Uhr Brot, fertigen selbständig ihre Hausarbeiten für die Schule, werden im Garten beschäftigt oder spazieren geführt, sodann wird geturnt, gesungen, gezeichnet, aus Jugendzeitschriften vorgelesen, erzählt und nacherzählt; nach 6 Uhr werden die Kinder entlassen. Körperliche Züchtigung ist ausgeschlossen."* (Falckenberg 1890, S. 661-662) Nach diesem Vorbild werden u.a. auch in Augsburg (1878) und in München (1881) Horte eingerichtet. Danach verbreiten sich die Horte rasch in allen Großstädten.

Nach einer Umfrage des Berliner Vereins „Mädchenhort" (1905) gibt es in 90 größeren Städten 438 Horte mit etwa 26.000 Kindern. Da sich nicht alle befragten Städte an der Umfrage beteiligt haben, gilt diese Zahl als zu niedrig. Zuverlässiger ist jene Statistik, die 1911 die „Deutsche Zentrale für Jugendfürsorge" erstellt hat, der zufolge es damals 950 Horte gibt (Willmann/Roloff 1913, Bd. 2, Sp. 1204). Nach Anna v. Gierke gibt es 1912 in Preußen 631 Kinderhorte, die 40.000 bis 50.000 Kinder betreuen. Das deckt bei weitem nicht den Bedarf. Bei der Errechnung des Bedarfs geht man davon aus, dass in den Großstädten ca. 10 % der Kinder einer familienergänzenden Erziehung und Betreuung bedürfen. In Preußen wären das 250.000 Kinder. Jedoch fehlen die Mittel für eine so große Anzahl von Horten.

Einen maßgeblichen Anteil an der Hortarbeit hat die erste deutsche Frauenbewegung, wie aus einem Bericht von Alice Salomon hervorgeht: *„In Deutschland bestehen jetzt etwa in 60 Städten Kinderhorte, deren Zahl aber hinter dem Bedürfnis weit zurückbleibt. Sie sind fast ausschließlich von Frauenvereinen oder von Vereinen, denen überwiegend Frauen als Mitglieder angehören, ins Leben* *gerufen. Eine durch Frau Bieber-Böhm veranlaßte Petition des Bundes deutscher Frauenvereine um Einrichtung von Kinderhorten durch die städtischen Behörden hat bisher keinen nennenswerten Erfolg gehabt. Die Erziehungs- und Aufsichtsthätigkeit in den Mädchenhorten wird fast ausschließlich durch berufsmäßig thätige Frauen, durch Lehrerinnen und Kindergärtnerinnen ausgeübt, die gewöhnlich durch freiwillige Hilfskräfte unterstützt werden; die Knabenhorte werden in der Regel durch Lehrer geleitet. In letzter Zeit sind verschiedentlich Versuche gemacht worden, Knaben und Mädchen in gemischten „Kinderhorten" zu vereinigen und sie der Aufsicht von Leiterinnen und weiblichen Hilfskräften zu unterstellen, so im Hort des Vereins Jugendschutz und den Horten des Pestalozzi-Fröbel-Hauses in Berlin"* (Salomon 1901, S. 96).

Lida Gustava Heymann (1868 – 1943), Vertreterin der deutschen und internationalen Frauenbewegung, berichtet in ihren Memoiren über ihre ersten Erfahrungen in der sozialen Arbeit: *„Kaum war pekuniäre Unabhängigkeit gewonnen, als es mich aus dem Hamburger Höheren-Töchterdasein im goldenen Käfig mit seinem unbefriedigenden Leben hinaus in die Freiheit zu nützlicher Betätigung drängte. Für mich handelte es sich darum, den unterdrückten Frauen und den Kindern Fürsorge und Hilfe angedeihen zu lassen[...] Inmitten der besten Geschäftsgegend Hamburgs, Rathhausstr. 9, wurde 1896 eine dritte Etage gemietet und eine Art Settlement errichtet: Mittagstisch für arbeitende Frauen zu 35 Pf. und ein Kinderhort. Was diesen von den in Hamburg bestehenden Kinderhorten unterschied, war, dass Mädchen und Knaben denselben gemeinsam besuchten. Arbeit und Spiel erfolgten in Gemeinschaft. Anfangs gab es ständig Kampf mit den Knaben, die sich alle einbildeten, vor den Mädchen eo ipso bevorrechtet zu sein, es z.B. unter ihrer Würde hielten, ebenso wie die Mädchen ihre Strümpfe zu stopfen, was ihnen aber schnell beigebracht wurde"* (Heymann 1977, S. 38f.). Auch Alice Salomon arbeitet als junges Mädchen in einem Kinderhort und sammelt dort ihre ersten Eindrücke und Erfahrungen in der sozialen Arbeit. In ihren Lebenserinnerungen schreibt sie rückblickend: *„Die Arbeit war charakteristisch für den niedrigen Standard der Wohlfahrtsaktivitäten während der 90er Jahre [1890er Jahre; Anm. der Verf.]. Es wurden nur solche Kinder betreut, deren Mütter entweder verwitwet oder von ihren Ehemännern verlassen waren. Das Verlassen diente bei den armen Leuten gleichsam als Ersatz für Scheidung; und da die Mütter arbeiten mußten, wurden die Kinder vernachlässigt. Sie kamen nach der Schule und blieben bis sieben – und hatten also einen recht langen Tag. Nichts wurde getan, um die intellektuellen oder Knabensaal einer Kinderbeschäftigungsanstalt um 1890. Die Beaufsichtigung der Kinder bei den Hausaufgaben galt als wichtigste Aufgabe des Hortes, zumal die kärglich ausgestatteten Räume – viele Horte waren in Klassenzimmern untergebracht – kaum freizeitpä-*

dagogische Angebote erlaubten. Nichts wurde getan, um die intellektuellen oder künstlerischen Fähigkeiten der Kinder zu entwickeln. Sie mußten ihre Hausaufgaben machen und danach wurden sie belohnt (oder bestraft), indem sie stricken mußten. Wir, die Mitglieder der Gruppen, halfen ihnen bei den Hausaufgaben, damit niemand von ihnen schlechte Noten in der Schule bekam. Das war der Ehrgeiz unserer Vorgesetzten, einer älteren, gutmütigen Frau, die Näherin gewesen war. Sie hatte natürlich kein Verständnis für die hier auftretenden Erziehungsprobleme. Bis sechs Uhr nachmittags herrschte Stille. Dann spielten die Kinder, bis sie nach Hause gingen, meistens indem sie sich im Kreis bewegten und kindische Verse sangen" (Salomon 1983, S. 30).

Trotz der Pädagogisierung der Hortarbeit versteht dieser sich als eine sozialfürsorgerische Einrichtung, die nur jenen Kindern offenstehen soll, deren Mütter erwerbstätig oder krank sind, in gesundheitsgefährdenden Wohnungen leben oder sich nicht genügend um das Kind kümmern können. Stünde der Hort allen offen, wäre nach der Auffassung von Harnack und von Gierke zu befürchten, dass dies ein Anreiz für Eltern sei, *„sich bequem aus der Verantwortung für ihre Kinder zu stehlen"* (v. Gierke 1929, S. 56).

Damals wie heute ist die Frage der Hausaufgaben ein strittiger Punkt zwischen Hort und Schule. Lehrer glauben – so sieht es jedenfalls Anna v. Gierke – dass es die Hauptaufgabe des Hortes sei, nicht nur für die Erledigung der Hausaufgaben zu sorgen, sondern darüber hinaus auch Nachhilfe zu leisten. Sie weist diesen Anspruch an die Horterziehung entschieden zurück und meint, dass der Hort nicht mehr tun könne, als Gelegenheit zu geben, die Hausaufgaben in Ruhe anzufertigen. Mehr sei aufgrund der Personalsituation nicht zu leisten. Sie gibt ferner zu bedenken, dass es gerade im Hinblick auf die lernschwachen Kinder wichtiger sei, *„sie in den praktischen Dingen des Lebens zu fördern"* (ebd.). Paul Samuleit fasst die Ziele und Aufgaben des Hortes wie folgt zusammen: *„Er will in Industriestädten, wo das Kind nach Schulabschluß oft ein verschlossenes oder von Vater und Mutter verlassenes Heim findet, zunächst wieder Bewahrung bieten vor den Gefahren und bösen Lockungen der Straße, will eine Gelegenheit zum Fertigen der Schularbeiten bereitstellen, will und muß aber – schon um die Zeit auszufüllen – darüberhinaus auch selbständige Maßnahmen zur Beschäftigung und Erziehung der Jugendlichen treffen"* (Samuleit 1921, S. 225). Aus diesem Grund wird die Zusammenarbeit mit der Schule gefordert, die jedoch nicht zustande kommt, weil der Hort sich in erster Linie als eine Einrichtung versteht, die die ausfallenden Funktionen der Familie ersetzen will und sich daher von der Schule und ihren Arbeitsformen distanziert. Allerdings sieht man auch Vorteile in der räumlichen Nähe zur Schule, denn durch die Volksschulpflicht entstehen *„für die Kinder Mittelpunkte ihres Aufenthalts, an denen sie durch die Erziehungsbehörde*

Jugendamt am ehesten auch für die Zeit außerhalb des Unterrichts erfaßt werden können" (v. Gierke 1922, S. 155). Folglich sollen auch die Horte räumlich mit der Schule verbunden sein. *„Durch diese Verbindung ist es gleichzeitig möglich, dass die Angestellten der Horte[...] mit den Lehrerinnen und Lehrern der Kinder, die diese Einrichtung benutzen sollen, über ihre geistigen und charakterlichen Entwicklungen sich besprechen und von ihnen auf bestimmte Vorgänge und Vorfälle aufmerksam gemacht werden"* (ebenda). Ganz offensichtlich sollte dies der umfassenderen Kontrolle der Kinder dienen.

In welch traditionellen und konservativen Bahnen sich die Hortpädagogik oftmals bewegte, zeigen auch die folgenden Erziehungsziele: *„Einwandfrei hygienische Einrichtung, Sauberkeit und Ordnung sind die Grundlage auch des Hortwesens und Erziehung zu Gehorsam, Zucht und Achtung vor Menschen und Dingen, wie ein warmer, auf das Gemüt des Kindes eingestellter Ton müssen von den Hortnerinnen und Hortleiterinnen gefordert werden"* (Blaum u.a. 1921, S. 190). Ein Wandel in der Funktionsbestimmung des Hortes zeichnet sich in der Darstellung Blaums allenfalls dahingehend ab, dass er in der mangelhaften Erledigung der Hausaufgaben ein zusätzliches Aufnahmekriterium sieht. Dennoch meint auch Blaum, dass der Hort das Elternhaus, nicht aber die Schule ersetzen soll.

Aus sozialdemokratischer Sicht kritisiert Heinrich Schulz, nach 1918 Staatssekretär beim Reichsministerium des Innern, schon 1911 die sozialfürsorgerische Seite des Hortwesens: *„Leider haftet diesen Instituten mehr oder weniger jenes gewisse Etwas an, das den klassenbewußten Arbeiter vor der Benutzung solcher „Wohlfahrtsanstalten" zurückschreckt"*. Und mit scharfer Polemik fährt er fort: *„Arbeiter können es nicht ertragen, dass wohlwollende bürgerliche Damen und Herren auftreten und mit salbungsvoller Miene erklären: weil ihr selbst es nicht könnt, wollen wir eure Kinder vor der Verwahrlosung schützen. Der sozialdemokratische Arbeiter sagt anders: wenn eine Gesellschaftsordnung die Familien auseinanderreißt, wenn sie die Mutter in die Fabrik zwingt, statt sie am häuslichen Herd zu lassen, so hat eine solche Gesellschaft auch die Pflicht, Einrichtungen zu schaffen, durch die gefährliche Folgen derartiger sozialer Umwälzungen verhindert werden; wir wollen das nicht als Wohltätigkeit, sondern verlangen es als unser Recht"* (Schulz 1919 (1911), S. 130). Träger der Horte waren in der Regel wohltätige Vereine und Schulz forderte deshalb eine Kommunalisierung des Hortwesens und eine grundlegende Reform der Schule.

Bevor verbindliche Regelungen für den Hort als Teil der Jugendwohlfahrt durch das Reichsjugendwohlfahrtsgesetz 1922 erlassen wurden, gründete man auch Einrichtungen, die unmittelbar an die Schule angebunden waren und neben der Fürsorge auch andere Funktionen erfüllten, vornehmlich solche der sozialpädagogischen Qualifizierung des Lehrers. Zwar hat es sie offensichtlich nur vereinzelt gegeben, aber dennoch erscheinen diese Ansätze im Hinblick auf die heutige Diskussion zur Schulsozialarbeit von besonderem Interesse.

Im Folgenden soll das Konzept des Jugendheims am Herzog Ernst-Seminar in Gotha dargestellt werden, das in enger Verbindung mit der Schule arbeitet (vgl. Witzmann 1913, S. 492-502).

Das Jugendheim hat sich in den Jahren 1907-1910 aus Konfirmandenabenden entwickelt und ist organisatorisch, räumlich und personell der Schule angegliedert. Zum pädagogischen Programm gehören: Anfertigung der Schularbeiten, Lektüre, Musizieren, Ausflüge, Vorbereitung von Festen. Die Mehrzahl der Kinder, die das Jugendheim freiwillig besuchen, gehören den unteren Schichten an. Meist arbeiten beide Eltern und oftmals sind die Wohnverhältnisse unzulänglich. Folglich verbrachten die Kinder einen großen Teil ihrer freien Zeit auf der Straße. Dies hatte zahlreiche Anzeigen wegen Bagatelldelikten zur Folge: *„Betreten der Rasenflächen, Abrupfen der Blätter von Bäumen und Sträuchern. Spielen auf den Straßen mit Kreisel, Ball oder Steinchen, Naschen von Obst, Werfen in Kastanienbäumen, Laufen auf Brunnenrändern, Schneeball werfen, Rodeln auf verbotenen Plätzen und dergl."* (ebd., S. 494). Schule und Unterricht leiden unter den ungünstigen häuslichen Verhältnissen: *„Die Schularbeiten werden nicht oder nicht ordentlich angefertigt, und die Kinder gewöhnen sich an allerlei Unfug, den sie auf der Straße treiben; infolgedessen kommen sie häufig nur allzu früh mit der Polizei oder gar dem Strafrichter in Berührung"* (ebd., S. 494).

Witzmann betont, dass die Mitarbeit des Lehrers in der Jugendpflege ein wichtiger Teil der Lehrerausbildung sei und dass diesem Ziel auch die Mitarbeit der in der Ausbildung befindlichen Lehrer im Jugendheim diene. *„Das Jugendheim ist für die Seminaristen das Anschauungsgebiet, das Arbeitsfeld, die Lehrwerkstatt der Jugendpflege. Hier sollen sie die Ziele, die Arbeitsmethoden, die Hilfsmittel, die Schwierigkeiten der Jugendpflege an einem klar umgrenzten Einzelgebiet durch eigne Anschauung und Erfahrung kennenlernen"* (ebd., S. 497).

Die Mitarbeit der angehenden Lehrer ist freiwillig. *„Sie fühlen eben, dass sie in der Beschäftigung im Jugendheim ebenso gut, in mancher Hinsicht noch bessere Gelegenheiten zur pädagogischen Ausbildung finden, als im schulmäßigen Unterricht. Die Kinder geben sich hier freier als während der Unterrichtsstunden, Erzieher und Zögling kommen einander leichter und innerlich näher, die Kenntnis der häuslichen Verhältnisse, die für die Beurteilung der Kinder so umgehend wichtig ist, wächst und damit wächst das Interesse an den Kindern [...] Bei der Arbeit im Jugendheim ist für die Seminaristen ferner der Umstand sehr wichtig, dass sie hier praktisch lernen, sozial tätig zu sein und ohne Aussicht auf Lohn im Dienst von anderen, die der Fürsorge bedürfen, zu arbeiten. So werden die künftigen Lehrer zu sozialer Gesinnung erzogen"* (ebd., S. 499).

An diesem Konzept kritisiert man, dass durch die Anbindung an die Schule die Gefahr der „Verschulung" der Jugendpflegearbeit bestünde. Witzmann verteidigt sich gegen diesen Vorwurf, indem er zwar zugibt, dass die Gefahr der Verschulung bestehe, dass man sich aber durch die Mitarbeit außerschulischer Helfer dagegen zu schützen suche. *„Alle derartigen Einrichtungen gedeihen nun einmal, so meint man, am besten unter dem Himmel völlig freier Liebestätigkeit; das eigentliche schulmäßige lege sich leicht wie ein Mehltau auf derartige Bestrebungen, die Kinder kämen nicht gern in den Hort, es müßte deshalb mehr oder weniger Zwang angewendet werden.. ..Die Verschulung ist in der Tat eine große Gefahr und wo sie eintritt, da leidet gewiß die ganze Einrichtung Schaden; aber sie ist keine notwendige Folge der Angliederung an die Schule"* (ebd., S. 496). Voraussetzung der sozialpädagogischen Arbeit sei, dass der Lehrer bereit und fähig sei, den „Schulmeister" abzulegen.

Es ist nicht Aufgabe dieses Kapitels, die gesamte Entwicklung des Hortes nachzuzeichnen. Hier können wir nur Schlaglichter auf seine Konzeption und sein Selbstverständnis werfen und dabei insbesondere seine Verbindung zur bzw. Abgrenzung von der Schule thematisieren.

Bei der Hortentwicklung können wir drei Phasen seiner Institutionalisierung unterscheiden. Die erste Phase bis etwa 1910 ist dadurch charakterisiert, dass sich der Hort als eine Einrichtung der Schulkinderfürsorge in unterschiedlicher Trägerschaft institutionalisiert. Dabei erschwert insbesondere die Zersplitterung in Frühstücks-, Mittags- und Nachmittagshorte eine planvolle, aufeinander abgestimmte Arbeit. Die überwiegende Mehrzahl der Horte wird von Lehrern und Lehrerinnen geleitet, wobei wir am Beispiel des Jugendheims sehen, dass eine Einbindung außerschulischer Jugendarbeit in die Lehrerbildung intendiert ist. Mit der Konsolidierung des Hortwesens, die mit der ersten Kinderhortkonferenz 1911 und der Gründung des Verbandes der Kinderhorte 1912 vollzogen wird, entwickelt sich auch das spezielle Berufsbild der Hortnerin. Schulz fordert noch recht vage und allgemein, dass im Hort *„liebevolle, verständige Pädagogen mit einem Pestalozziherz"* (Schulz 1919 (1911), S. 131 f.) arbeiten sollen. Im gleichen Jahr (1911) jedoch erlässt das preußische Kultusministerium Vorschriften für die Ausbildung der Jugendleiterin in Kursen, die der Frauenfachschule angegliedert werden sollen; damit wird akzeptiert, dass die Tätigkeit im Hort eine qualifizierte pädagogische Ausbildung erfordert.

In der zweiten Phase der Hortentwicklung steht im Mittelpunkt die Weiterentwicklung des Berufsbildes und der Institution als eine von der Schule getrennte und selbständig arbeitende Einrichtung der Jugendwohlfahrt. Folglich scheiden nach und nach die Lehrer aus der Hortarbeit aus und eine Verbindung und Zusammenarbeit mit der Schule findet kaum mehr statt. Wie rasch die Professionalisierung und Spezialisierung der pädagogischen Berufe fortschreitet, zeigt eine

Befragung von 112 Horten im Regierungsbezirk Düsseldorf 1919. Von 106 Leiterinnen hatten nur sieben eine Ausbildung als Lehrerin gegenüber 14 Hortnerinnen, sieben Jugendleiterinnen und 21 Kindergärtnerinnen. Mehr als die Hälfte aller Mitarbeiterinnen hatte überhaupt keine fachliche Qualifikation. Jetzt sieht man die Ausbildung des Lehrers als ebenso fachfremd und unspezifisch an wie die der Kinderpflegerin oder Krankenschwester. Als Fachkräfte mit vorschriftsmäßiger Ausbildung gelten von nun an die Hortnerinnen, Jugendleiterinnen und mit Einschränkungen die Kindergärtnerinnen.

Die dritte Phase der Entwicklung des Kinderhortes bringt keine neuen inhaltlichen Konzeptionen, sondern eine organisatorische Neuordnung, in der die Zersplitterung aufgehoben wird. Diesem Ziel dient auch die Vereinheitlichung der Jugendhilfe durch das neue Reichjugendwohlfahrtsgesetz (RJWG). Anna v. Gierke kritisierte, dass ein planloses Nebeneinander von außerschulischen Einrichtungen bestünde. *„Wenn, wie es jetzt fast überall geschieht, Hort, Speisungen, Nähschulen nebeneinander, ohne Verbindung miteinander arbeiten und sie alle denselben Kindern ihre Tore öffnen, so wird nur zu leicht der erzieherische Wert der Arbeit ganz aufgehoben. Auch aus äußeren Gründen ist ein einheitliches Zusammenfassen erforderlich. Kommt es doch z.B. vor, dass die Schule um 12 Uhr schließt, die Kinder aber um 1 Uhr zur Schulspeisung, um 3 Uhr zum Hort kommen dürfen. [...] So ist zunächst zu fordern, dass die Schulkinderpflegeeinrichtungen, z.B. Schulspeisung und Hort, planmäßig ineinandergreifen, womöglich sich zu Tagesheimen vereinigen"* (v. Gierke 1914, S. 9).

Ähnlich wie Anna v. Gierke argumentiert auch Erna Corte: *„Will man die Gesamtentwicklung der Schulkinderpflege im Laufe der letzten Jahre charakterisieren, so muß man auf die Bestrebungen hinweisen, die der Vereinheitlichung und Zusammenfassung dienen. Die planmäßige Jugendwohlfahrtspflege lehnt das Kurieren an Symptomen und die Einzelarbeit auf kurze Sicht ab. Sie will verhindern, dass Kinder an einer Stelle schulisch betreut, an einer anderen ärztlich behandelt, an einer dritten während ihrer Freistunden untergebracht, von einer vierten aus gespeist und schließlich noch von weiteren Stellen befürsorgt werden, ohne dass diese Stellen voneinander wissen, geschweige denn nach einem einheitlichen Plan arbeiten. Deswegen strebt man zur Familienfürsorge, die die Kenntnis von Umwelt und Zustand der Gesamtfamilien als Voraussetzung für jede Einzelbetreuung ansieht; aus dem gleichen Grunde fordert man die Zusammenarbeit aller verschiedenen Fürsorge-Einrichtungen, und ebenfalls deswegen ist man um eine möglichst frühzeitige Erfassung des in irgendeiner Weise gefährdeten Kindes bemüht. Denn je eher dem ersten Gefährdungsfaktor entgegengearbeitet werden kann, um so sicherer vermag man auch weiteren Gefahren-Momenten vorzubeugen"* (Corte 1928, S. 262).

Die von Erna Corte und Anna v. Gierke gleichermaßen kritisierte organisatorische Zersplitterung kann allmählich überwunden werden, und der Hort als Tagesheim setzt sich durch. Jedoch werden fast nur in den größeren Städten Horte eingerichtet, wohingegen sie in ländlichen Bereichen weitgehend fehlen. Obgleich ein Ausbau des Hortwesens gelingt, das Berufsbild der Hortnerin deutlichere Konturen aufweist als zu Beginn des Jahrhunderts, bleibt die Funktion dieser Einrichtung jedoch unverändert. Dies beweisen auch die 1927 vorgelegten Hort-Richtlinien, die festlegen, dass nur Kinder aufgenommen werden sollen, die folgende Kriterien erfüllen:

„1. Kinder, deren Mütter erwerbstätig oder krank sind,
2. wo die Wohnverhältnisse schwere gesundheitliche Gefahren für das Kind in sich bergen,
3. wo die Mutter wegen Kinderreichtum der Erziehung des Einzelkindes sich nicht genügend widmen kann,
4. wo dem Kinde allgemeine sittliche Verwahrlosung droht" (Albers 1927, S. 26).

Die für den Hort geltenden Aufnahmekriterien führen zu einer negativen Selektion, so dass den Hortkindern das Stigma der Bedürftigkeit und der sozialen Auffälligkeit von vornherein anhaftet. Trotz aller Bemühungen, den Förderungscharakter des Hortes zu betonen, hat er seine bewahrende und sozialfürsorgerische Funktion bis heute nicht überwinden können.

Die Schulpflege

Im Gegensatz zum Hort, der eine eigenständige sozialpädagogische Einrichtung ist, arbeitet die Schulpflege in enger Verbindung mit der Schule. In ihr sehen wir einen Vorläufer jener Ansätze von Schulsozialarbeit, die sich an den Gesichtspunkten der Jugendhilfe orientieren und auf die ich an späterer Stelle eingehen werde. Zunächst aber sollen die Entstehung, Verbreitung und Funktion der Schulpflege dargestellt werden. Die Schulpflege als ein selbständiges Gebiet der Jugendhilfe entsteht in einem Differenzierungsprozess aus der Schulgesundheitspflege heraus. Deshalb möchte ich zunächst die Entstehung der gesundheitlichen Fürsorge für die schulpflichtige Jugend skizzieren.

Im ausgehenden 19. Jahrhundert werden erstmals gezielt Maßnahmen zur gesundheitlichen Fürsorge von Schulkindern getroffen. Der Aufbau eines schulärztlichen Dienstes war eine sozialpolitische Reaktion auf die Tatsache, dass die ärztliche Versorgung in den Arbeiterwohnvierteln wesentlich schlechter war als in den sog. guten Wohnvierteln. So kamen in den Arbeiterwohnbezirken in Berlin 1925 ein Arzt auf je 2000 Einwohner, wohingegen in den bürgerlichen Bezirken bis zu sieben Ärzten für 2000 Einwohner zur Verfügung standen (Landesjugendamt Berlin o.J.).

Die ersten Schulärzte werden ca. 1880 im Nebenamt eingestellt. Seitens der Schulleitungen, die sich kontrolliert fühlen, herrschen Vorbehalte und Vorurteile gegenüber den Schulärzten. Es dauert zehn Jahre bis die Vorurteile überwunden sind und der schulärztliche Dienst sich ausbreiten kann. 1896 wird z.B. in Wiesbaden der erste Schularzt eingestellt. 1915 schätzt man die Anzahl der nebenamtlichen Schulärzte auf 800 und die der hauptamtlichen auf lediglich 30. Sachsen ist das erste Land, das den Einsatz von Schulärzten gesetzlich regelt. Das Volksschulgesetz vom 22.7.1919 verleiht dem Schularzt Sitz und Stimme in der Schulverwaltung und das Schulbedarfsgesetz ordnet an, dass für jede Schule ein Schularzt zu bestimmen sei (Fischer-Defoy 1926, S. 42-89).

Anfangs konzentrieren sich die Aufgaben des Schularztes auf Reihenuntersuchungen zu statistischen Zwecken und auf die hygienische Kontrolle des Schulgebäudes und seiner Einrichtung. Allmählich erweitern sich die Aufgaben, und ihm wird die gesundheitliche Fürsorge der schulpflichtigen Jugend übertragen. Zwar übernimmt der Schularzt die Behandlung erkrankter Kinder nicht selbst, sondern überlässt dies den niedergelassenen Ärzten, aber er kann im Falle besonderer Bedürftigkeit die Übernahme der Kosten beim Armenamt beantragen.

Zu seinen Obliegenheiten gehört es auch, bei der Auswahl erholungsbedürftiger Kinder mitzuwirken und unterernährte Kinder für die Schulspeisung vorzuschlagen. So überschneiden sich die gesundheitliche und soziale Fürsorge, und man erwartet folglich vom Schularzt sozialhygienisches Interesse und eine soziale Veranlagung (Drigalski 1926). Neben Wilhelm von Drigalski hält auch Schlesinger die „*fürsorgerische Seite der schulärztlichen Tätigkeit*" für besonders wertvoll; „*in Gemeinschaft und im Einvernehmen mit den Lehrern wählt der Schularzt die Schüler für die Sonder- und Fürsorgeeinrichtungen aus*" (Schlesinger 1921, S. 166).

Zur Unterstützung der schulärztlichen Tätigkeit werden häufig Schulschwestern eingestellt, die bei Reihenuntersuchungen assistieren und die Einhaltung der ärztlichen Vorschriften kontrollieren sollen. Graetzer-Hepner, Schulärztin in Mannheim, schreibt: „*So gab es vor dem Krieg Schulschwestern in Barmen, Berlin-Schöneberg, Breslau, Charlottenburg, Düsseldorf, Elberfeld, Essen, Fürth, Hannover, Karlsruhe, Mannheim, Nürnberg, Ohligs, Solingen, Stuttgart, Weimar, Wiesbaden. Als Vorbildung wird in manchen Städten eine Schwesternausbildung verlangt, während andere Städte nur eine höhere Mädchenbildung fordern und die eigentliche Vorbereitung für den Beruf den Schulärzten überlassen. Die Schul-*

schwester ist Gehilfin des Schularztes bei seinen Untersuchungen in den Schulen, sie hilft beim Ausziehen der Kinder und trägt die Befunde in die Personalbogen ein. Daneben vermittelt sie in größerem Umfang den Verkehr des Schularztes mit dem Hause. Sie macht Hausbesuche, wenn entgegen der ärztlichen Aufforderung eine Behandlung unterblieb oder wenn der Schularzt sich ein genaueres Bild von den häuslichen Verhältnissen schaffen will. Ein ausgedehntes Feld der Tätigkeit findet die Schulschwester in der Ungezieferbekämpfung, die gerade während der letzten Kriegsjahre eine gewaltige Bedeutung gewonnen hat" (Graetzer-Hepner 1919, S. 44f.).

Hierbei erweist sich eine Erweiterung des Arbeitsfeldes als außerordentlich notwendig, so dass neben die gesundheitliche Fürsorge die erzieherische und soziale Fürsorge hinzutreten. Zur Wahrnehmung der erzieherischen und sozialen Aufgaben mangelt es der Schulschwester an der geeigneten Vorbildung, so dass man an manchen Orten der Schulpflegerin vor der Schulschwester den Vorzug gibt. Wie notwendig die Einbeziehung sozialarbeiterischer Aspekte in die gesundheitliche Fürsorge ist, betont Fischer-Defoy aus seiner Erfahrung als Schularzt:

„Die Fürsorge [des Arztes für den Schüler; Anm. d. Verf.] muß vielfach auf die häuslichen Verhältnisse des Schülers zurückgreifen, es sind Ermittlungen anzustellen, es ist nicht nur mit dem Elternhaus, sondern oft genug auch mit anderen Behörden, mit dem Jugend-, dem Wohlfahrtsamte, mit dem Vormundschafts- oder Jugendgericht, mit der Polizei eine Verbindung herzustellen, wozu der Lehrer nicht in der Lage ist. Hier setzt die Tätigkeit der Schulpflegerin ein. Ursprünglich glaubte man, den Hauptwert bei der Schulfürsorge auf die Krankenpflege legen zu müssen und schuf deshalb die Stellung einer Schulschwester; bald aber ergab sich, dass der Schwerpunkt in der Fürsorge besteht[...]" (Fischer-Defoy 1926, S. 46f.).

Auch Graetzer-Hepner meint, dass die gesundheitliche und soziale Fürsorge nicht voneinander zu trennen seien, und dass daher die Schulpflegerin, deren Aufgabengebiet breiter angelegt ist als das der Schulschwester, deren Aufgaben mit übernehmen könne. Goebel hingegen (Stadtschulrat in Frankfurt), hält beide Berufsgruppen für notwendig, denn es erscheint ihm fraglich, *„ob in der Großstadt mit ihren ungesunden sozialen und wirtschaftlichen Verhältnissen die fürsorgerische und hygienische Arbeit der Schulpflege von einer Person bewältigt werden könne. Man werde daher für die Großstadt die hygienische vorgebildete Schulschwester als Gehilfin des Schularztes und die Schulpflegerin für die eigentliche soziale Arbeit in Ergänzung der Schule fordern müssen"* (Goebel 1922, S. 56).

Als 1915 das Jugendamt der Stadt Frankfurt die Einstellung einer Schulpflegerin beantragt, wird dieser Antrag wie folgt begründet: *„Die Tätigkeit der Schulärzte ist vielfach nur von geringem Erfolge begleitet, weil die Eltern ihre Anord-*

II Die Entstehung der Schulkinderfürsorge... 41

nungen nicht befolgen können oder wollen. Sie bedarf der Ergänzung durch eine pflegerische Tätigkeit, welche der Familie mit Rat und Tat zur Seite steht und über die Ausführung der Anordnungen wacht. Für diese ergänzende Tätigkeit sind in vielen Städten Schulpflegerinnen angestellt, und wir schlagen vor, hier ebenfalls einen Versuch mit dieser Einrichtung zu machen" (Mitteilungen des Armen-Amtes und des Jugendamtes 1915).

Für die Tätigkeit der Schulpflegerin wird eine Dienstanweisung erlassen, in der ihre Tätigkeit sowie ihr Verhältnis zu den Wohlfahrtseinrichtungen, der Schule, dem Schularzt und den Eltern geregelt wird. Aus dieser sehr detaillierten Dienstanweisung werde ich im Folgenden auszugsweise zitieren, da sich hierin das Berufs- und Tätigkeitsfeld der Schulpflegerin spiegelt:

„§ 1. Schulpflegerinnen werden nach Bedarf vom Jugend-Amt angestellt; dienstlich unterstehen sie dem Schulinspektor, der dem JugendAmt angehört.

§ 2. Als berufsmäßige Vermittlerin zwischen Schule, Schularzt und Jugend-Amt einerseits und dem Elternhause andererseits hat die Schulpflegerin die Aufgabe, die Fürsorge für bedürftige, kranke, vernachlässigte, verwahrloste und minderbegabte Volksschulkinder unter Inanspruchnahme der öffentlichen und privaten Wohlfahrtseinrichtungen möglichst wirksam zu gestalten. […]

§ 4. Bei aller fürsorgenden Tätigkeit ist stets daran festzuhalten, dass in erster Linie die Eltern oder deren Stellvertreter verpflichtet sind, für die leibliche und geistige Gesundheit ihrer Kinder zu sorgen. Nur wenn sich ein selbständiges Eingreifen der Eltern durch Belehrung und sonstige Einwirkung nicht erreichen läßt, oder wenn ein tatsächliches Unvermögen der Eltern vorliegt, soll die weitere Tätigkeit der Schulpflegerin einsetzen. […]

§ 6. Ist festgestellt, dass die Eltern durch Krankheit oder andere Umstände gehindert sind, den Kindern die nötige Hilfe, besonders in gesundheitlicher (ärztlicher) Hinsicht angedeihen zu lassen, so hat die Schulpflegerin ihre unentgeltliche Stellvertretung für diesen Zweck anzubieten. […]

§ 8. Nimmt die Schulpflegerin bei ihren Hausbesuchen Mißstände hinsichtlich der Körperpflege, Ernährung, Kleidung, Schlafgelegenheit, Beschäftigung usw. wahr oder erfährt sie von solchen Mißständen, so hat sie die Eltern darauf aufmerksam zu machen und auf Abstellung hinzuwirken. Insbesondere soll sie die Bedeutung der körperlichen Reinlichkeit und des Badens sowie reiner Luft in Wohn- und Schlafräumen und die Schädlichkeit des Alkoholgenusses für Kinder gebührend betonen. Unter Umständen soll sie die sachgemäße Behandlung der mit Kopfläusen behafteten Kinder selbst ausführen und vorkommenden Falles nichts unterlassen, damit eine mit Ungeziefer behaftete Wohnung gründlich gereinigt wird.

§ 9. Erhält die Schulpflegerin auf Grund ihrer Erkundungen in der Schule oder auf anderem Wege Mitteilung von unregelmäßigem Schulbesuch, schlechten Leistungen oder von Übermüdung eines Kindes, so hat sie den Ursachen nachzugehen und auf Abstellung hinzuwirken.

§ 10. Sind in den Fällen §§ 8 und 9 Ermahnungen fruchtlos, so hat die Schulpflegerin dem Schulinspektor Vorlage zu machen; dieser entscheidet im Einvernehmen mit dem Jugend-Amt, welche Maßnahmen ergriffen werden sollen, insbesondere ob Anträge an das Jugend-Amt, Wohnungs-Amt oder an private Wohlfahrtseinrichtungen zu richten sind. Der Schulpflegerin wird ein taktvolles, harmonisches Zusammenarbeiten mit allen beteiligten Ämtern, Vereinen und Personen zur besonderen Pflicht gemacht. [...]

§ 12. Die Schulpflegerin hat als Ausweis über ihre Tätigkeit für jedes überwiesene Kind eine Personalkarte nach Formular zu führen, auf Grund deren sie den Schulleiter, gegebenenfalls auch den Schularzt von den Ergebnissen ihrer Tätigkeit benachrichtigt" (Mitteilungen des Armen-Amtes und des Jugendamtes 1915).

Aus dieser Dienstanweisung geht hervor, dass die Schulpflegerin eng an das Jugendamt gebunden ist, dass der Spielraum ihrer Tätigkeit begrenzt wird durch die Interessen der Wohlfahrtsverbände einerseits und der Schule andererseits.

Sieben Jahre später berichtet Stadtschulrat Goebel über die Tätigkeit der Schulpflege in Frankfurt und beklagt die unzulängliche personelle Ausstattung, denn für jeweils fünf Schulen ist nur eine Schulpflegerin vorhanden; wünschenswert wäre eine für jede Schule. Die Schulpflegerin müsste sich deshalb *„geeignete freiwillige Hilfskräfte sichern, z.B. aus den Elternbeiräten, um ihrer Aufgabe gerecht werden zu können"* (Goebel 1922, S. 54). Dies sei jedoch nur an einigen Schulen geglückt und Goebel nimmt an, dass die Einbeziehung ehrenamtlicher Hilfskräfte an den Konkurrenzängsten der Schulpflegerinnen gescheitert sei, die er für unberechtigt hält.

Goebel wünscht die Zusammenarbeit der Schulpflegerin mit dem Klassenlehrer, zugleich aber warnt er seinerseits den Klassenlehrer, Kinder an andere Institutionen abzuschieben; *„auch der Schulpflegerin soll er nur gewisse Fälle übergeben"*. Der Klassenlehrer *„soll selbst wissen, wie er seinen Schützlingen Rat und Hilfe erteilen kann."* (Goebel 1922, S. 55)

Goebel kritisiert, dass im § 9 der Dienstanweisung der Schulpflegerin zu viel zugemutet wird. *„Bei ihrem ohnehin großen Maß an Arbeit kann sie sich unmöglich noch um die Ursachen von unregelmäßigem Schulbesuch, schlechten Leistungen, Übermüdung des Kindes, Mängel in der Erziehung usw. kümmern. Bei Schulschwänzen muß der Lehrer eingreifen"* (ebd., S. 55). Trotz der unzulänglichen Ausstattung und der einengenden Vorschriften stellt man an die Schulpflegerin hohe Ansprüche hinsichtlich der Aufgaben, die sie übernehmen und der Funktionen, die sie erfüllen soll. In erster Linie hofft man, dass sie eine vorbeugende Sozialarbeit leisten wird. *„Dem Grundwesen der Schulpflege entspricht es, dass nicht erst der tatsächlich eingetretene Notstand, sondern im Sinne der Vorbeugung alle erkennbaren, das körperliche, geistige und sittliche Wachstum der Kinder hemmenden Schädigungen als Gegenstand des Hilfs- und Rettungsdienstes der Schulpflegerin in Betracht kommen"* (Hösle 1917, S. 23).

Hösle, Schulinspektor in Augsburg, unterscheidet drei Aufgabenfelder, in denen die Schulpflegerin tätig werden soll: *„Fürsorge für das kranke Kind, Fürsorge für den sachlichen Notbedarf, pädagogische Fürsorge"* (ebd., S. 24). Im ersten Aufgabenbereich soll die Schulpflegerin eng mit dem Schularzt Zusammenarbeiten, d.h. sie tritt in die Aufgaben der Schulschwester ein. Das zweite Aufgabenfeld enthält originäre fürsorgerische Tätigkeiten, wie die *„Ernährungs- und Bekleidungshilfe für bedürftige Kinder, Beratung der Eltern in Fragen der Wohnungspflege und des Sachbedarfs für die Körperpflege"* (ebd., S. 26). Hier ist die enge Zusammenarbeit mit dem Wohlfahrtsamt notwendig. *„Im Sinne der pädagogischen Fürsorge erscheinen jene Kinder hilfsbedürftig, deren geistiger Notbedarf, Erziehung, Unterricht und Ausbildung, mangelt oder gefährdet ist"* (ebd., S. 27). Hösle weist darauf hin, dass die gesamte soziale Umwelt auf die Persönlichkeitsentwicklung des Kindes weit mehr Einfluss hat als die Schule. *„Diese Freiheit des Kindes außerhalb der Schule soll auch künftig nicht angetastet werden"*, jedoch verlangt Hösle, *„dass die Schulpflegerin eine Art pädagogischer ‚Schutzmann' wird, aber nicht mit Seitengewehr und Strafanzeige, sondern als Wächterin und Helferin jener unglücklichen Kinder, die als Bettler und Streuner ihre Lebensbahn beginnen. [...] Daneben kann die Schulpflegerin die Beaufsichtigung der Kinderspielplätze, die Überwachung der im Fürsorgeverfahren in Familienpflege untergebrachten Kinder und Familienbesuche im Aufträge des Schulamtes in besonderen Angelegenheiten der Erziehung und des Unterrichts übernehmen. So fallen ihr alle jene pädagogischen Aufgaben zu, mit welchen einerseits das Lehrpersonal nicht belastet werden kann und welche andererseits unzureichend gebildeten Kräften nicht übertragen werden können. Wir denken an die Überwachung und Beschäftigung von Kindern in den Schulspeiseanstalten und Ferienhorten, Veranstaltung von Jugendnachmittagen für anderweitig nicht gesammelte im Erwerbsleben stehende Mädchen, Abhaltung von Vorträgen in den Sonntag- und Abendheimen für Jugendliche, Unterstützung der Eltern bei der Berufswahl für nicht vollsinnige, geistig minderwertig und antisoziale Kinder"* (ebd., S. 27f.). Kaum vorstellbar, dass die Schulpflegerin diesen umfangreichen Aufgabenkatalog leisten kann. Sie soll also „Mädchen für alles" sein, d.h. ihr Tätigkeitsfeld wird von den Defiziten sowohl der Familie als auch der Schule her definiert.

Zuordnung der Schulpflege

Schon vor dem Ersten Weltkrieg ist die Neuorganisation des Bildungswesens und Reform der sozialen Arbeit Gegenstand zahlreicher Diskussionen. Durch den Krieg stockt jedoch die Reform und wird erst in der Weimarer Republik wirklich begonnen. So sind in diesen Jahren noch eine Reihe von Optionen offen, für welche Aufgaben die Jugendhilfe bzw. die Schule zuständig sein soll. Vergleichbar der heutigen Diskussion zur Trägerschaft von Schulsozialarbeit gibt es auch damals unterschiedliche Positionen bei der Frage, ob die Schulpflege dem Schulamt oder dem Jugendamt unterstellt werden soll, oder ob sie ein Aufgabenfeld der Freien Wohlfahrtspflege ist. Hösle äußert sich detailliert zu dieser Frage und plädiert dafür, die Schulpflege dem Schulamt zu unterstellen. Um *„die Objektivität des Handelns der Schulpflegerin und eine angemessene Abgrenzung ihres Wirkungskreises"* (Hösle 1917, S. 21) von dem der Freien Wohlfahrtsverbände, mit denen sie Konflikte unbedingt vermeiden müsse, zu sichern, sollen Schulamt oder Schulleiter allein weisungsbefugt sein. *„Ihr Handeln ist vom kulturellen und sozialpolitischen Standpunkt derart verantwortungsvoll und weittragend, dass wir unbedingt für eine Bindung der Schulpflegerin an Beamtenrechte und -pflichten sowie an die Disziplinvorschriften ihres Auftraggebers eintreten müssen"* (ebd., S. 37).

Hinsichtlich der Trägerschaft und der organisatorischen Verankerung der Schulpflege ist damals keine verbindliche Regelung getroffen worden, so dass es – ähnlich wie bei den heutigen Projekten der Schulsozialarbeit – unterschiedliche Organisationsformen gibt, was auf die inhaltliche Arbeit durchaus Auswirkungen hat. Als beispielhaft gelten die Einrichtungen der Schulpflege in Berlin-Charlottenburg, wo Schulpflegerinnen nicht nur an Volksschulen, sondern auch an Fortbildungsschulen, – das sind die Vorläufer der heutigen Berufsschulen, – arbeiten.

In der dort praktizierten Konzeption spielt die Mädchenarbeit eine wichtige Rolle. Dort sollen sich die Schulpflegerinnen besonders jenen Mädchen zuwenden, *„die elternlos oder von auswärts nach Berlin gekommen sind und daher, in der Großstadt allein auf sich angewiesen, eines besonderen Schutzes bedürfen. Sie hat ferner alles zu versuchen, was der wirtschaftlichen und beruflichen Förderung der Schützlinge dienen kann, so z.B. eine Verbindung zwischen Schule und Lehrherrn herzustellen, Ausbildungsbeiträge für unbemittelte Schülerinnen zu beschaffen usw. Die Schulpflegerin soll sich aber auch bemühen, ihre Schützlinge erzieherisch zu beeinflussen durch Veranstaltung von Jugendabenden, Bildung von Vereinsgruppen, Veranstaltung von Jugendspielen und Wanderungen"* (Zeitschrift für Kinderschutz und Jugendfürsorge XI, 2, 1919, S. 46).

In der Dienstanweisung werden entsprechend den Erfordernissen der Fortbildungsschule die Aufgaben des Schulpflegers und der Schulpflegerin wie folgt umrissen: *"Fällt ein Schüler dem Klassenlehrer in gesundheitlicher oder auch in sittlicher Beziehung auf, so hat auf Anweisung des Schulleiters der Schulpfleger die entsprechenden Nachforschungen vorzunehmen und dem Schulleiter Bericht zu erstatten[...] Er hat die Wohnungs- und Arbeitsverhältnisse der Jugendlichen nachzuprüfen (Schutzbestimmungen der Gewerbeordnung), wenn der Gesundheitszustand eines Schülers einen Verdacht nach dieser Richtung erweckt, und geeignete Maßnahmen mit dem Schulärzte, den Eltern und den Lehrherren zu beraten. Bei unregelmäßiger und ungenügender Ernährung sind entsprechende Maßnahmen einzuleiten. In gegebenen Fällen hat er die Unterbringung in anständigen Familien oder Ledigenheimen zu veranlassen. Besondere Aufmerksamkeit ist denjenigen Schülern zuzuwenden, die den Verdacht frühen, bzw. übermäßigen Tabak-, Alkohol- und Geschlechtsgenusses erregen"* (ebd.).

Mit dem Gesagten wird deutlich, dass sich in dem Berufsbild der Schulpflegerin Jugendfürsorge und Jugendpflege verbinden, denn zu ihren Aufgaben zählt die Freizeitpädagogik ebenso wie Beratung in allen das Leben der Jugendlichen betreffenden Fragen. Nach diesem umfassenden sozialarbeiterischen und sozialpädagogischen Ansatz können wir durchaus davon sprechen, dass hier Jugendhilfe im heutigen Sinne betrieben werden sollte.

Ein weiterer beachtenswerter Versuch, die Jugendpflege mit der Fortbildungsschule zu verbinden, wird von Leipziger Lehrerinnen unternommen. In freiwillig besuchten Kursen für berufstätige Mädchen bieten sie Themen zur Lebenshilfe und Selbsterziehung an, deren Zielsetzung sie selbst so formulieren: *" [...] wir wollten: eine Beratung der Mädchen, wie sie im schweren Alltagsleben gesund bleiben, tüchtig, achtbar und froh werden können"* (Sander 1923, S. V). Als 1923 die dritte Auflage des zitierten Lehrbuchs erscheint, blicken die Verfasserinnen auf eine achtjährige Erfahrung zurück. Auf der Grundlage dieser Erfahrung beschreiben sie das Verhältnis von Jugendpflege und Berufsschule: *"Die Berufsschule kann die Aufgabe, Jugendpflege zu treiben, unter keinen Umständen von sich weisen; sie ist die gegebene Stelle und erfüllt damit eine selbstverständliche Pflicht. Sie hat eine doppelte Aufgabe: Einmal soll sie die Verbindung mit den bestehenden Einrichtungen am Orte herstellen[...] Zum anderen hat sie selbständige Tätigkeit zu entfalten"* (Prinzhorn 1923, S. 1214).

Der besondere Wert dieses Konzepts liegt sicherlich nicht so sehr in den gebotenen Inhalten, denn diese spiegeln den Kanon jugendpflegerischer Arbeit wider, wie sie auch anderswo betrieben wird. Die Besonderheit der dort geleisteten Arbeit besteht vor allen darin, dass sie organisatorisch, räumlich und personell mit der Berufsschule verbunden ist und dadurch ein wesentlich besserer Zugang zur Zielgruppe gegeben ist, als dies in der außerschulischen Arbeit gewöhnlich der Fall ist.

Alle zitierten Stellungnahmen zur Schulpflege enthalten einen umfassenden Anforderungs- und Aufgabenkatalog. Dieser neuen Einrichtung wird aufgetragen, die Defizite von Schule und Familie zu kompensieren und die isoliert arbeitenden Ämter und Wohlfahrtsverbände zu koordinieren. Aber damit noch nicht genug, auch außerhalb der Schule im Freizeitbereich soll pädagogische Arbeit geleistet werden.

Jedoch klaffen die Erwartungen, die Schule und Jugendhilfe an die Schulpflegerin herantragen, und ihre Möglichkeiten, diese zu erfüllen, weit auseinander. Bedenken wir die geringe personelle Ausstattung sowie die in Dienstordnungen festgelegte Kontrolle und Einschränkung ihrer Arbeit, so konnte die Schulpflege diese Erwartungen mit Sicherheit nicht erfüllen. Hier drängt sich eine Parallele zur gegenwärtigen Situation von Schulsozialarbeit geradezu auf; auch heute finden wir im Gegensatz zu hohen pädagogischen Erwartungen eine geringe personelle Ausstattung der Projekte und zum Teil auch fehlende finanzielle Absicherung. Auch heute ist Schulsozialarbeit eine Reaktion auf schulische Defizite, auf den Funktionsverlust der Familie und des Stadtteils, auf die ich hier schon hinweisen möchte, auf die ich aber an anderer Stelle ausführlich eingehen werde.

Die Schulpflegerin – ein neuer Frauenberuf

In der zweiten Hälfte des 19. Jahrhunderts wird die Lage der alleinstehenden Frauen immer schwieriger, da die Familien nicht mehr bereit und in der Lage sind, für sie zu sorgen. Besonders hart betroffen sind Frauen aus den unteren sozialen Schichten, die sich ihren Lebensunterhalt als Fabrikarbeiterinnen verdienen müssen. Aber auch mehr und mehr bürgerliche Frauen müssen arbeiten, wenn sie nicht am Rande des Existenzminimums leben wollen. Folglich drängen immer mehr Frauen in die Berufswelt. Aber nicht nur wirtschaftliche Gesichtspunkte sind bei dem Wunsch der Frauen nach einer qualifizierten Ausbildung und der Ausübung eines entsprechenden Berufes ausschlaggebend; es ist auch die Forderung nach politischer und wirtschaftlicher Gleichberechtigung.

Welchen Widerständen sie dabei begegnen wird deutlich, wenn wir uns die Position des konservativen Sozialhistorikers Wilhelm Heinrich Riehl ansehen, dessen Auffassungen weit verbreitet gewesen sein dürften. Schon um die Mitte des 19. Jahrhunderts beklagt Riehl die Lage der *„vereinzelten, familienlosen Frauen“*: *„Was nützt aller Beweis, dass der Beruf des Weibes in der Familie gegeben sei, wenn tausende von Frauen keine Familie mehr finden können, die sie aufnimmt? Die Familie schließt sich, namentlich im wohlhabenden Bürgertum, immer enger ab; lieber mietet der moderne Hausvater drei wildfremde Mägde, als dass er ein* *einziges armes Bäschen in seine Familie aufnähme"* (Riehl 1925 (1854), S. 108). Riehl verurteilt als ein konservativer Kulturhistoriker die sich abzeichnende Entwicklung, dass nämlich immer mehr Frauen in die Berufstätigkeit drängen, dass insbesondere der Beruf der Lehrerin von vielen Frauen angestrebt wird. Dabei unterscheidet Riehl zwischen der erziehenden und belehrenden Tätigkeit in der Familie, die er ausdrücklich billigt und einer beruflichen Tätigkeit, die er entschieden ablehnt. *„Sie soll lehren in der Familie. Sowie sie öffentlich lehrt, treten dieselben Gefahren ein, wie bei der öffentlichen Kunstausübung der Frauen, und wenn die Frauen massenhaft dem Lehramt zuströmen, wenn es sich gleichsam von selbst versteht, dass jedes hässliche und nicht allzu reiche Mädchen aus guter Familie Lehrerin wird, dann ist damit bereits ein krankhafter Zug in der ganzen Physiognomie des weiblichen Geschlechts angelegt"* (ebd., S. 112).

Die Lösung des sozialen Problems sieht Riehl darin, dass die Familie gestärkt werden muss, dass sie zur Idee des *„ganzen Hauses"* zurückkehren sollte; dann würden die nicht verheirateten Frauen dort auch wieder ihren Platz finden. *„Mit dem Geist der Familienhaftigkeit werden Frauen nicht mehr fessellos und persönlich eigenherrisch ins Weite schweifen wollen; sie werden ihre Seligkeit wieder darin finden, zu Hause zu bleiben"* (ebd., S. 120f.).

Allen Widerständen zum Trotz erobern sich die Frauen nach und nach verschiedene Berufsfelder. Besonderen Anteil an dieser Entwicklung hat der „Allgemeine Deutsche Frauenverein", der von Louise Otto-Peters gemeinsam mit Auguste Schmidt und Henriette Goldschmidt nach 1865 gegründet wurde und sich nachdrücklich für das Recht der Frau auf Bildung und Arbeit einsetzt. Führende Vertreterinnen haben sozialpädagogische Ausbildungsstätten gegründet und damit zur Professionalisierung der sozialen Arbeit beigetragen. Die Ausbildung ist in der ersten Zeit ausschließlich für Frauen gedacht. Viele Frauen gehen damals von der Vorstellung aus, dass es spezifische, angeborene weibliche Eigenschaften gäbe, die die Frau in besonderer Weise zur sozialen Arbeit befähige, und dass der Ausbildung die Aufgabe zukomme, diese Eigenschaften durch die Vermittlung systematischer Kenntnisse zu ergänzen.

Auch der Beruf der Schulpflegerin gilt als typischer Frauenberuf, für den die Frau aufgrund der ihr zugeschriebenen Fähigkeiten besonders geeignet erscheint. Um den an sie gestellten umfassenden Anforderungen gerecht zu werden, soll sie außerdem über eine fundierte berufliche Ausbildung verfügen, wie sie sich auch in anderen Tätigkeitsfeldern der sozialen Arbeit allmählich durchsetzt.

Hösle vertritt die Ansicht – und stand damit sicherlich nicht allein, – dass *„die psychische Organisation der Frau sie zum sozialen Hilfsdienst"* (Hösle 1917, S. 33) besonders geeignet mache. Er stützt sich hierbei auf die Erfahrungen im Ersten Weltkrieg, als in zahlreichen Berufen und Stellungen Frauen die Männer ersetzen müssen. *"Der Weltkrieg hat uns gelehrt, wieviel ungenützte Frauenkraft bisher brach lag. [...] Dabei hat die Frau bewiesen, dass die Triebkraft ihrer starken Gefühle sie gerade zu der bei der sozialen Arbeit so wichtigen Einstellung auf das Individuelle, auf die Kleinarbeit in hohem Grade befähigt"* (ebd., S. 13). Unkritisch wird auch von vielen bürgerlichen Frauen das hier skizzierte Fremdbild, das der „weiblichen Natur" spezifische Fähigkeiten zuschreibt, übernommen und zur Begründung herangezogen, warum Frauen in der sozialen Arbeit tätig sein wollen.

"Die Praxis hat bewiesen, dass die Frau mit ihrem Sinn für das Tatsächliche, mit ihrem Blick für Einzelheiten, mit ihrer moralischen Energie für die Arbeit unentbehrlich geworden ist" (ebd.). Intuition und Einfühlungsvermögen bestimmen demnach das Handeln der Frau, wohingegen der Mann sich vom Verstand leiten lässt und die soziale Arbeit bürokratisch organisiert.

Hösle fordert für die Schulpflegerin eine *„gehobene Allgemeinbildung"* (ebd., S. 33), d.h. Abschluss einer staatlich anerkannten höheren Mädchenschule oder des Lyceums. Eine fachliche Ausbildung fordert er in folgenden Fächern: Volkswirtschaftslehre, Rechtskunde, soziale Gesetzgebung und Verwaltung, Versicherungswesen, Psychologie, Grundzüge der Erziehungskunde und Unterrichtslehre. Hösle befürwortet die damals noch jungen „Sozialen Frauenschulen", auf denen diese Fächer gelehrt werden, und die darüber hinaus auch technische Fertigkeiten vermitteln: Kurzschrift, Maschinenschreiben, Kontortechnik, Anfertigung kindertümlicher Werkarbeiten, Technik der Arbeiterküche und der Näh- und Strickarbeiten im Arbeiterheim. Zusammenfassend plädiert Hösle für den Ausbau der Schulpflege: *"Einen neuen Frauenberuf haben wir den der Schulpflegerin genannt und glauben uns hierzu berechtigt, weil die zur Zeit in wenigen deutschen Städten wirkenden Schulschwestern in der Hauptsache ausschließlich Gehilfinnen der Schulärzte sind. Hier ist die Schulpflege auf einen breiteren Boden gestellt und hiermit eröffnet sich der deutschen Frau ein Tun auf dem Gebiet der sozialen Arbeit, [...] das sich engstens an die Begabung der weiblichen Seele anschließt"* (ebd., S. 40).

Entgegen den anfänglichen optimistischen Erwartungen, u.a. von Alexander Göbel, Alois Hösle, Gertrud Bäumer und Julius Ziehen, entwickelt sich die Schulpflege nicht weiter, ist im Gegenteil rückläufig. Da das Arbeitsgebiet der Schulpflegerin zwar am Schulkind ansetzt, sich aber häufig auf die gesamte Familie erstreckt, überschneidet es sich mit der Arbeit der Bezirksfürsorgerin, die nach dem Inkrafttreten des RJWG (Reichsjugendwohlfahrtsgesetz) überall eingesetzt wird. Daher ersetzen die Jugendämter die Schulpflegerin nach und nach durch die Bezirksfürsorgerin. Zwar ist auch diese für die Schulen ihres Bezirks zuständig, jedoch orientiert sie sich stärker an der Familie, so dass die Schulen und die Lehrerinnen und Lehrer mehr und mehr den Kontakt zur Jugendhilfe verlieren. Diese

Entwicklung hatte Gertrud Bäumer wohl vorausgesehen, als sie bereits 1922 in einem Diskussionsbeitrag sagte: *„ [...] und wenn die Jugendwohlfahrtspflege immer wieder von der Familie ausgehend behandelt, dann wird man dazu kommen, die Jugendwohlfahrtspflege so zu zentralisieren, dass sie ihren Ausgangspunkt in der Familienfürsorge findet. Damit steht die Schule in gewissem Sinne beiseite"* (Bäumer 1922, S. 157).

Schule als Lebensraum

Neue Ansätze zu Beginn des 20. Jahrhunderts

Im voranstehenden Kapitel haben wir die Aktivitäten, Initiativen und pädagogischen Konzepte der Jugendhilfe dargestellt, die sich darum bemühte, durch sozialpädagogische Hilfen die gesellschaftlich bedingten Defizite der familialen Erziehung auszugleichen. Insofern sie ihre Hilfemaßnahmen auf schulpflichtige Kinder richtet, muss sie sich notwendigerweise auch mit der Schule auseinandersetzen. Mit Ausnahme der Schulpflege sind dennoch Bemühungen um eine Kooperation mit den Lehrern kaum vorhanden. Das folgende Kapitel hat zum Ziel, sozialpädagogische Ansätze, wie sie von Lehrern in der Schule entwickelt wurden, darzustellen. Ausgangspunkt für die neue Pädagogik, die Pädagogik vom Kinde aus, die mit Beginn des 20. Jahrhunderts entsteht, ist die fundamentale Kritik an der Volksschule. Ich werde also zunächst diese Kritik an der Volksschule aus sozialpädagogischer Sicht darstellen.

Da es mir darum geht, unter dem Interesse an Schulsozialarbeit heute die geschichtliche Entwicklung einer sozialpädagogisch orientierten Schule zu untersuchen, musste ich aus dem reichen Material, das zu Fragen der Schulkritik und Schulreform vorliegt, eine Auswahl treffen. Diese Auswahl erfolgt nach folgenden Gesichtspunkten: Dargestellt werden jene Ansätze, die die Kommunikations- und Interaktionsformen der „alten" Schule kritisieren und sie verbessern wollen. Des Weiteren werde ich mich mit einigen der Modelle befassen, die das Verhältnis von Schule und Gesellschaft offener gestalten wollten. Unberücksichtigt bleiben alle im engeren Sinne schulpädagogischen, d.h. unterrichtsbezogene und curriculare Fragen.

In einem dritten und vierten Teil dieses Kapitels sollen die bildungspolitischen Entwicklungen anhand der Diskussion zum Reichsjugendwohlfahrtsgesetz

(RJWG) und auf der Reichsschulkonferenz analysiert werden, denn auf beiden Konferenzen wurden die Weichen hinsichtlich der Abgrenzung von Schule und Jugendhilfe gestellt, die bis in die jüngste Zeit wirksam geblieben sind.

Schulverhältnisse um 1900

Mit der fortschreitenden industriellen Entwicklung und dem Aufblühen der Wirtschaft im letzten Drittel des 19. Jahrhunderts erfährt die Volksschule eine neue Bewertung, denn die Nachfrage nach qualifizierten Arbeitskräften ist gestiegen. Hierdurch, wie auch durch die Kinderschutzgesetze, kann allmählich die Schulbesuchspflicht für alle Kinder durchgesetzt werden. Zwar besteht in Preußen schon zu Beginn des 19. Jahrhunderts die Verpflichtung jedes Bürgers, seine Kinder unterrichten zu lassen, dennoch bleibt ein großer Teil der Kinder ohne Unterricht. Nach Berechnungen von Marion Klewitz (1981) besucht um 1840 jedes dritte Berliner Kind selten oder nie die Schule. In den vierziger bis sechziger Jahren sinkt dieser Teil auf 10-20%. Hinzu kommt, dass etwa ein Drittel der Gemeindeschüler unregelmäßig oder nur zeitweise eine Schule besucht. Um 1910 erst sind so gut wie alle Kinder eingeschult.

Der Schulbesuch der Kinder, den Eltern als „Schulzwang" anprangern, wird mit Hilfe polizeilicher Sanktionen und Kontrollen durch die Schulbehörden durchgesetzt. Erst allmählich stellen sich Unterschichteltern darauf ein, *„die Schule als Bestandteil ihres Lebenszusammenhangs zu akzeptieren. Ob dies aus Einsicht in die Notwendigkeit allgemeiner Bildung geschah, oder in der Hoffnung auf (minimalen) sozialen Aufstieg der Kinder, ob es auf blindes Gehorchen oder auf widerstrebend entsprochenem sozialen Druck zurückging, ist schwer auszumachen"* (Klewitz 1981, S. 113).

Das folgende Zitat verweist vor allem auf staatliches Interesse an der Anhebung der Volksbildung: *„Das Wahlrecht in Staat und Gemeinde, besonders das allgemeine gleiche, fordert von den Staatsbürgern Einsicht in die öffentlichen Verhältnisse, aus der Opfersinn und Hingabe an Volk und Vaterland quellen [...]. Der wirtschaftliche Wettkampf im Innern und im Verkehr mit fremden Völkern macht die Ausnutzung aller Volkskräfte zur Notwendigkeit. Dasjenige Volk wird wirtschaftlich obsiegen, das über die größte Summe von geistigen Kräften und selbständigen Persönlichkeiten verfügt"* (Roloff 1917, Bd. 5, Sp. 589).

Zwar ist nunmehr die Beschränkung der Volksschulbildung auf ein niedriges Niveau nicht mehr zu legitimieren, jedoch sind die Volksschulen aufgrund ihrer unzureichenden personellen und sachlichen Ausstattung nicht in der Lage, diesen Erwartungen zu entsprechen. Der sprichwörtliche *„Volksschuljammer"* (Rühle

1911, S. 160) zeigt sich für Rühle auch darin, dass der Staat für den Volksschüler nur ein Drittel dessen ausgibt, was er für den höheren Schüler zu zahlen bereit ist (vgl. ebd., S. 162f.).

Eklatant ist vor allem der Lehrermangel; nach Rühle kommen im Deutschen Reich 1906 auf eine Lehrkraft 58 Schüler. Die Mehrzahl der Kinder besucht ein- oder zweiklassige Schulen, und nur für eine kleine Minderheit gibt es die voll ausgebaute achtklassige Volksschule. Die Klassen sind aufgrund des Lehrermangels in der Regel überfüllt, so dass in den einklassigen Schulen mehr als 70 Kinder in einer Klasse sitzen. Zum Vergleich führt Rühle an, dass 1904 in den Gymnasien die Lehrer-Schüler-Relation etwa 1 : 16 beträgt.

Schule im ersten Weltkrieg

Mit dem Beginn des Ersten Weltkrieges verschlechtern sich die Schulverhältnisse schlagartig. Nach einem Bericht des sächsischen Lehrervereins werden z.B. in Leipzig gleich bei Kriegsbeginn ein Drittel der Lehrer eingezogen. Nur in seltenen Fällen stehen Ersatzlehrer zur Verfügung. Die folgenden Beispiele, die willkürlich aus einer Fülle von Material herausgegriffen werden, mögen die Verhältnisse an den Volksschulen veranschaulichen: *„Die Krauseschule in Plauen zählte von einst 20 Lehrern 1915 noch 9, 1916 noch 6; der Dritteschule verblieben 19 Lehrer für 41 Klassen; an der Goetheschule wirkten 1916 bis 1918 statt 18 nur 6, von denen 4 auch schon Kriegsdienst geleistet hatten; von den 26 Lehrern der HerbartSchule wurden nach und nach alle eingezogen, die Zahl der hier tätigen sank bis auf 9, an der Reusaer Schule gar von 12 auf 3 [...]. Aus Pommern wird berichtet: für 172 Schüler ein Lehrer, ein sechzigjähriger, 2 1/2 Jahre hindurch. Er mutete sich 42 Wochenstunden zu, überdies Kirchendienst und im Winter sechs Fortbildungsschulstunden"* (Vorstand des sächsischen Lehrervereins 1925, S. 29f.).

Auswirkungen hatte der Krieg nicht nur hinsichtlich der personellen Ausstattung der Schule, sondern schon bald nach Kriegsbeginn stellte sich die Schule auf das Thema Krieg ein. *„Der Mobilmachung des Heeres folgte die Mobilmachung der Schule. In rascher Folge publizierten die ‚deutschen Schulmänner' Aufsätze, Broschüren und Bücher zum Thema ‚Schule und Krieg'. Flugs erklärten sie den Krieg zum besten Erzieher aller Zeiten, die Zeiten selbst als die größten und gemeinsam beschworen sie den neuen Geist: die Kriegspädagogik"* (Bendele 1981, S. 106).

Bendele belegt, dass nicht nur im weltanschaulichen Unterricht kriegsbezogene Themen dominierten, sondern dass das gesamte Schulleben vom Krieg durchdrungen war. Nicht nur für Deutsch und Religion, sondern auch für Physik, Chemie und

Mathematik erschienen neue Bücher mit kriegsorientierter Bearbeitung. Bücher wurden publiziert mit Titeln wie *„Der Physikunterricht im Dienst der Marine", „Die Chemie im Krieg", „Natur und Krieg", „Der große Krieg in Zahlen".*

Neben der schulischen Arbeit beanspruchen außerschulische Aufgaben den Lehrer. *„Der Lehrer half als Adressenschreiber für Feldpostbriefe und Päckchen, er war die rechte Hand der Gemeindeämter beim Errechnen und Auszahlen der mancherlei Unterstützungen, er wurde als Verteiler der Lebensmittelkarten angespannt, ordnete Kochkurse und Vorträge über Kriegsernährung an, war Vertrauensmann bei der Bestandsaufnahme von Kohlen, Kleidern, Schuhen, Klein- und Großvieh, Vorräten auf den Feldern und in den Scheunen, Heimen, Mühlen, Haushaltungen [...] Viele der Ehrenämter verloren mit dem Waffenstillstand und Friedensschluß nicht ihren Aufgabenkreis. Mit der steigenden Verarmung und Verelendung des Volkes wurde die Fürsorgetätigkeit immer umfangreicher"* (Vorstand des sächsischen Lehrervereins 1925, S. 30).

Nicht nur die Lehrer, auch die Schüler werden zu schulfremden Tätigkeiten herangezogen, was den Unterrichtsausfall noch verstärkt. Zu diesen Tätigkeiten zählen in erster Linie die diversen Sammlungen; aber auch der Arbeitskräftemangel in der Landwirtschaft soll durch die Mithilfe der Kinder ausgeglichen werden. Der sächsische Lehrerverein nennt folgende Aufgaben: *„Bergen der Ernte; Vernichtung der Nonne; amtlich verordnete Haus- und Straßensammlungen für das Rote Kreuz, die Kaiser-Wilhelm-Spende, den Heimatdank [...], das Einsammeln von Kastanien, Laubheu, Eicheln, Brennesseln, ölhaltigen Früchten, Wildgemüse, Zapfen, Glühbirnen, Frauenhaar, Filzhüten, Korken, Gummi und Lederabfällen, Altmetall, Flaschen, Zeitungspapier, Goldstücken [...] In Eibenstock schippten die Kinder während des letzten Kriegswinters vor den öffentlichen Gebäuden Schnee, in der günstigeren Jahreszeit entleerten sie Eisenbahnwagen – Dazu kam die Anfertigung von allerhand Gegenständen für die Zwecke des Jugend-, Volks-, Frauen und Heimatdankes, namentlich aber der Vertrieb von Kriegsanleihe"* (ebd., S. 24).

In den Jahren nach dem Krieg wächst die Not in der Bevölkerung, so dass den Eltern die Anschaffung von Heften und Büchern nicht mehr zugemutet werden kann, und selbst Schüler der höheren Klassen auf Schiefertafeln schreiben. Die Gemeindekassen sind ebenfalls leer, so dass die von fortschrittlichen Gemeinden nach 1918 verabschiedete Lernmittelfreiheit nicht durchgeführt werden kann. Sind schon vor 1914 die Arbeitsbedingungen für Lehrer und Schüler schlecht gewesen, so werden sie mit Kriegsbeginn katastrophal. Die politischen und sozialen Bedingungen der Kriegs- und Nachkriegsjahre wirken sich auf die Kinder und damit auch auf die Schule mittelbar aus:

- Der schlechte Gesundheits- und Ernährungszustand sehr vieler Kinder führt zu Schulversäumnissen und Konzentrationsschwächen.
- Der Verfall der Moral bei den Erwachsenen hat entsprechende Auswirkungen auf die Jugendlichen.
- Die Kinder wachsen zu einem großen Teil in unvollständigen Familien auf (Abwesenheit des Vaters während der Kriegsjahre, viele Väter im Krieg gefallen).

An den Schulen selbst ist ein geregelter Unterricht kaum noch möglich. Es fällt Unterricht aus, weil Lehrer als Soldaten eingezogen werden und weil der Schule zahlreiche schulfremde Aufgaben zugewiesen werden.

Schulkritik

Mit der Durchsetzung der allgemeinen Schulpflicht können Kinder aus der Unterschicht mehr Wissen erwerben als je zuvor. Dennoch ist Religion immer noch wichtigstes Unterrichtsfach. Genauso selbstverständlich ist die Erziehung zu Monarchie und Kaisertreue. Otto Rühle (1874-1943), der vor dem Ersten Weltkrieg ein bedeutender Schulpolitiker des linken Flügels der SPD und später Mitglied des Reichstages war, analysiert in seinen Schriften *„Das proletarische Kind"* (1911) und *„Die Seele des proletarischen Kindes "* (1925) sowie in zahlreichen Aufsätzen die Lebenssituation des Arbeiterkindes. Sein theoretischer Ansatz fußt zunächst auf dem dialektischen Materialismus. Durch seine Frau Alice Gerstel-Rühle kommt er in Kontakt mit der Individualpsychologie Alfred Adlers und erweitert seinen theoretischen Ansatz.

In seinem zweiten, in den zwanziger Jahren entwickelten sozialisationstheoretischen Ansatz untersucht er nicht nur die materiellen, sondern auch die psychischen Auswirkungen, die die autoritär strukturierte Umwelt auf das Kind hat. Hierbei kritisiert er auch die Volksschule, die dem Kind nicht genügend Entwicklungsmöglichkeiten gewähre. Er kritisiert die Bildungsziele und den Unterricht nicht in einer abgehobenen, wissenschaftlichen Sprache, sondern polemisch als ein mitfühlender Streiter für die Befreiung des Kindes. In seinen Schriften spürt man die Empörung und das Entsetzen über gesellschaftliche Verhältnisse, in denen Kinder unterdrückt und an der Entfaltung ihrer Persönlichkeit gehindert werden.

„Die Drillschule legt den Geist des Kindes in lähmende Fesseln. Jede freie und eigene Regung ist verpönt; selbständig zu sein gilt fast als Verbrechen. Eine Unmenge trockenen und toten Wissensstoffes stürmt schon vom ersten Schultag an auf den noch unentwickelten Intellekt ein, der völlig darunter begraben wird[...]

> *Zwischen den vier kahlen Wänden der Schulgefängnisse, in deren muffigen, stickigen Räumen die Sitzbänke wie aufgeklappte Kindersärge nebeneinander stehen, wird gepaukt und gedrillt, gefragt und geantwortet, vorgesagt und nachgeplappert, eingeprägt und aus dem Gedächtnis aufgesagt[...] Ob klug oder beschränkt, schnell oder langsam, phantasievoll oder nüchtern, intellektuell oder praktisch – jeder Schüler muß mit den übrigen in derselben Zeit dasselbe Quantum Wissen aufnehmen, dasselbe Pensum abhaspeln, dieselben Aufgaben lösen und dasselbe Ziel erreichen"* (Rühle 1911, S. 169f.).

Diese Lehrmethoden haben zur Folge, dass zahlreiche Kinder mit unzureichenden Lese-, Schreib- und Rechenfertigkeiten die Schule verlassen und dass Fächer, die wirklichkeitsbezogen sind, wie z.b. die von Rühle geforderte Gesundheitspflege sowie die Bürger- und Rechtskunde völlig fehlen. Für Rühle, der für die Selbstbestimmung des Menschen eintritt, sind die autoritären Verhältnisse an den Volksschulen besonders unerträglich, zumal er die sozialpsychologischen Mechanismen, die aus einem gehorsamen Schüler einen gehorsamen Untertanen machen, durchschaut.

Kaum ein anderer Autor hat zur damaligen Zeit die Problematik der Lehrerrolle so scharf analysiert wie Rühle dies aus seiner theoretischen Orientierung an der Individualpsychologie Alfred Adlers in Verbindung mit der marxistischen Theorie geleistet hat. *„Die Schule ist das Paradefeld der in der Lehrerpersönlichkeit verkörperten Staatsautorität. So übermächtig und erhaben steht kein Chef vor seinen Arbeitern, kein Offizier vor seinen Rekruten, wie der Lehrer vor seinen Kindern. Nicht nur, dass er Gehorsam und Respekt fordert, auf Vertrauen und Dankbarkeit Anspruch zu haben glaubt, er ist auch noch überzeugt davon, dass ihm das Schönste und das Beste gehört, das der Mensch zu geben fähig ist: Liebe. Denn er selbst hat durch eine Art ethischer Rückversicherung seinen Beruf, sein Amt, seinen Überlegenheitsdrang, seine Autoritätsgewalt in der schmeichelnden Selbsttäuschung, die sich Liebe nennt, verankert. Diese Selbsttäuschung mag ihm wertvoll und nützlich sein[...]; aber sie ändert nichts an der Tatsache, dass sein Verhältnis zum Kinde nichts anderes als ein Herrschaftsverhältnis ist"* (Rühle/ Rühle o.J., S. 14).

Mit der Verbreitung der Ideen der Jugendbewegung setzt sich allmählich die Überzeugung durch, dass bedeutsame Einflüsse auf die Persönlichkeitsentwicklung des Kindes nicht so sehr vom Unterricht, sondern von der Gemeinschaft der Jugendlichen, dem Schulleben ausgehen. Wesentliche Impulse für eine stärkere Beachtung, die man dem Schulleben in der Folge schenkt, gehen von Professor Peter Rein aus, der die Auffassung vertrat, dass sich die für den Bürger notwendigen Fähigkeiten nicht allein durch Unterricht und Wissensvermittlung erzielen lassen, dass diese folglich auch nicht mehr die Hauptaufgabe der Schule sein könnten.

III Schule als Lebensraum

"Unsere Schulen bieten viele Möglichkeiten zum Wissenserwerb, aber wenig Gelegenheit zum Handeln. Deshalb sind sie einseitige Anstalten und wenig wirksam im Dienst der Charakterbildung. Aber es ist die Frage, ob es so bleiben soll, es ist eine noch zu lösende Aufgabe, dass unsere Schulen zu Erziehungsanstalten umgewandelt werden, nicht nur dadurch, dass der Unterricht zu einem erziehenden organisiert wird, worauf die Didaktik hinzielt, sondern so, dass außer dem Unterricht Veranstaltungen getroffen werden, die mit dem selben Gewicht, wie die Unterweisung in den Schulstunden in die Entwicklung eingreifen. Unsere Schulen haben viel gesündigt, weil sie das Schulleben zu sehr vernachlässigt haben, so dass der Geist der Pietät und innigen Anhänglichkeit an die Stätten jugendlicher Arbeit und jugendlichen Frohsinns sich nicht zu entwickeln und zu stärken vermochte[...] Es hängt dies wohl damit zusammen, dass [...] die Macht der Bürokratie auf dem Schulgebiet stärker und stärker wurde und mehr und mehr zur Beschränkung der Freiheit führte[...] Je stärker der Wissenszwang mit Ausbildung der Prüfungen wurde, desto mehr sank die Liebe zu den Studien. Die Schularbeit nahm nicht selten den Charakter der Verdrossenheit, der Abneigung an und wurde als lästiger Zwang empfunden[...] Daher sind wir auf den Standpunkt gekommen, dass unsere Schulen unter dem Mangel eines frischen und freien Schullebens leiden und immer mehr zu bloßen Wissensfabriken erniedrigt werden, denen keine innere Anziehungskraft innewohnt" (Rein zit. nach Lassahn 1969, S. 107).

Betrachten wir die pädagogische Literatur seit der Jahrhundertwende, so beeindruckt die Breite und Vielfalt der damaligen Diskussion. Die Jugendbewegung, entstanden aus Kreisen der bürgerlichen Jugend, kämpft gegen eine *„in Autorität versteinerte Schule"*; der Jugendliche flieht aus der *„innerlich aufgelösten, äußerlich heilig gesprochenen, autoritativen Familie"* und aus der *„Unwahrheit der Gesellschaftsformen"* (Karsen 1921, S. 20). *„Von ihrer eigenen Not aus kämpft die bürgerliche Jugend für eine neue Familie, eine neue Erotik im Verhältnis der Geschlechter und eine neue Schule"* (ebd.). Das Recht des Kindes auf Entfaltung seiner individuellen Anlagen, die Berücksichtigung seiner Bedürfnisse und seines Entwicklungsstandes sind Forderungen und Gesichtspunkte, die in die reformpädagogischen Konzepte Eingang finden. Die Kunsterziehungsbewegung stellt die schöpferischen Begabungen des Kindes in den Mittelpunkt. In den Landerziehungsheimen sollen Kinder und Jugendliche in der Gemeinschaft und in enger Verbundenheit mit der Natur aufwachsen. Die Schule soll eine *„Stätte der Jugendkultur"* sein (ebd.). Das schulische Lernen soll durch die Arbeit im Garten und in den Werkstätten ergänzt werden. Das Gemeinschaftsleben in der Schule soll den jungen Menschen auf seine Aufgaben in Staat und Gesellschaft vorbereiten, ihn fähig machen zur Übernahme von Verantwortung.

Diese Zielsetzungen erfordern einen neuen Typ von Lehrerpersönlichkeit, der sich nach den Vorstellungen der Reformpädagogen stark an dem Bild des Jugendführers, wie ihn die Jugendbewegung hervorgebracht hat, orientieren soll. Nach Karsen sind sowohl von der Jugendbewegung als auch von der Landerziehungsheimbewegung wesentliche Anregungen für die pädagogische Entwicklung nach dem Ersten Weltkrieg ausgegangen, jedoch kritisiert er schon damals, dass die von diesen Bewegungen vorgeschlagenen Lösungen als Antwort auf die Realität und Not der damaligen Zeit nicht ausreichen, da die ins Leben gerufenen Schulen den Wohlhabenden vorbehalten seien.

Alfred Andreesen setzt sich mit dem Verhältnis von Schule und Wirtschaft in den Landerziehungsheimen auseinander. Er hebt die positiven pädagogischen Wirkungen des Gemeinschaftslebens hervor, kritisiert zugleich jedoch die Beschränkung der praktischen Arbeit auf landwirtschaftliche, gärtnerische und handwerkliche Bereiche: *„Ihre pädagogisch so wertvolle und zur Gemeinschaftsbildung zwingende isolierte ländliche Lage entwickelt nur die Formen einer landwirtschaftlich und gärtnerisch-handwerklichen Wirtschaft. Die eigenartige Welt der industriellen Wirtschaft mit ihrem besonderen sozialen Charakter, ihren Menschen und ihren Nöten, dringt kaum in diese Einsamkeit"* (Andreesen 1924, S. 262).

Viele der damals als neu und revolutionär empfundenen Vorschläge haben längst Eingang in unsere Schulen gefunden und sind Teil des schulischen Alltags, wie z.B. der Sportunterricht und der Werk- und Kunstunterricht. Jedoch sind sie als „Nebenfächer" von untergeordneter Bedeutung und vermögen es nicht, die Interaktions- und Kommunikationsstrukturen in der Schule zu verändern. Noch heute verfügen manche Schulen über die damals gegründeten Schullandheime, die es möglich machen, dass Kinder aus der Großstadt für eine begrenzte Zeit andere Lebensformen und das Leben in der Gemeinschaft der Gleichaltrigen kennenlernen. Auch die heute noch regelmäßig durchgeführten Wandertage lassen sich letztlich auf Forderungen der Jugendbewegung zurückführen.

Dennoch bleiben eine Reihe von Forderungen unerfüllt. Insbesondere die Verbindung von Lernen und Arbeiten, die Vorbereitung auf die Berufswahl und der Bezug der Schule zum Stadtteil bleiben unzureichend gelöst, obgleich mit den vom Bund entschiedener Schulreformer vorgelegten Konzepten hierzu eine Richtung, in der diese Fragen gelöst werden könnten, aufgezeigt wird. Auf diese pädagogischen Ansätze will ich im Folgenden eingehen.

Die „Neue Erziehung"

Die gesellschaftlichen Umwälzungen nach Beendigung des Krieges und der Gründung der ersten deutschen Republik haben der schon zuvor begonnenen bildungspolitischen Diskussion einen kaum vorstellbaren Aufschwung verliehen. In dem 1919 gegründeten „*Reichsbund entschiedener Schulreformer*" sammeln sich sozialistische Lehrer aller Schulformen sowie pädagogisch interessierte Eltern und Jugendliche, um die Humanisierung und Demokratisierung des Schulwesens voranzutreiben. Den Vorstand bilden die Reformpädagogen Paul Oestreich, Siegfried Kawerau und Franz Hilker.

Die vom Bund herausgegebene Zeitschrift „*Die neue Erziehung*" erscheint vierzehntäglich von 1919 bis zum Verbot durch die Nationalsozialisten 1934 und war ein wichtiges Forum für die Diskussion bildungspolitischer und pädagogischer Fragen. In ihr wurden programmatische Beiträge zur sozialistischen Erziehung u.a. von Paul Oestreich, Otto Rühle, Franz Hilker und Fritz Karsen publiziert, des weiteren Erfahrungsberichte mit dem Arbeitsunterricht, Schulversuchen und ausführliche Berichte über die Jahrestagungen des Bundes. In ihren Zielen greifen sie dabei auf die von Heinrich Schulz und Clara Zetkin auf dem Mannheimer Parteitag der Sozialdemokraten 1906 vorgelegten Leitsätze zurück, aus denen ich den hier interessierenden Abschnitt zitiere:

„Da der Sozialismus in der gesellschaftlichen Arbeit den Ursprung und die Grundlage der gesellschaftlichen Organisation erblickt, da er aus diesem Grunde den Gegensatz zwischen Handarbeit und Kopfarbeit, zwischen Praxis und Theorie aufhebt und damit die Arbeit aus der verachteten Niedrigkeit von heute erheben und zu einer Quelle des Glücks und der Freude gestalten will, so wird auch für die Erziehung in der sozialistischen Zukunft die ‚Arbeit' die Grundlage und zugleich das wertvollste, lebenerweckende und zu sozialer Gesinnung erziehende Element bilden.

In dem kindlichen Spiel der ersten Lebensjahre kommt der allgemeine menschliche Drang nach Betätigung zuerst zum Ausdruck. Die zukünftige öffentliche Erziehung wird daher – ohne die kindliche Lebensfreude zu beeinträchtigen – beim Spiel anknüpfen und von hier aus Knaben und Mädchen zu gemeinsamer Erziehung und in steter Anlehnung an den sozialen Arbeitsprozeß durch die Jahre körperlichen und geistigen Wachstums geleiten, bis sie als vollentwickelte Individuen und mit vollem Verantwortungsbewußtsein in die soziale Gemeinschaft eintreten, und zwar an die ihrer Individualität am besten entsprechende Stelle" (Schulz/ Zetkin 1906, zit. nach von Rüden/ Koszyk 1979, S. 37).

Zu den zentralen Forderungen der Sozialdemokraten gehören die Weltlichkeit und Einheitlichkeit des Schulwesens, Gleichberechtigung von Lehrern und Lehrerinnen sowie die Mitwirkung von Eltern und Lehrern bei der Schulverwaltung. Des Weiteren fordern sie Schulheime – wir würden heute Horte sagen – zur Betreuung der Kinder in der unterrichtsfreien Zeit. Nachdem die Gründung der Weimarer Republik erfolgt ist und die Sozialdemokraten die Führung übernommen haben, scheinen die gesellschaftlichen Voraussetzungen günstig, um diese Forderungen in die Praxis umzusetzen. Darüber hinaus misst man der „neuen Erziehung" bei der Verwirklichung eines demokratischen und sozialistischen Staates große Bedeutung bei. Die *„neue Schule sollte jedem Glied der Volksgemeinschaft die bestmögliche Entwicklung seiner Kräfte" gewährleisten und „durch ihre gesamte Organisation die Voraussetzung für das staatsbürgerliche Bewußtsein" schaffen, „auf das allein sich eine sozialistische Republik stützen kann. Das kann und soll natürlich nicht heißen, dass an die Stelle des religiösen und monarchistischen Drills nun ein solcher für Sozialismus und Demokratie trete, dass ein Dogma durch ein anderes ersetzt werden soll. Sozialisierung der Schule ist ein Prinzip, das sich mit den weitestgehenden Forderungen der Erziehung zur Selbständigkeit und Selbstbestimmung verträgt"* (Die neue Erziehung 1919, 1. Jg. Nr. 1, S. 1).

Der Bund entschiedener Schulreformer tritt für die konfessionsfreie Einheitsschule, die Koedukation und die Schülerselbstverwaltung ein. In der neuen Schule sollen manuelle und geistige Arbeit gleichermaßen gefördert werden. Das aus der Jugendbewegung übernommene Prinzip der Erziehung der Jugend durch die Jugend soll das ganze Schulleben verändern. Das heißt vor allem, dass eine andere Lehrerpersönlichkeit gefragt ist, nämlich ein Lehrer, der die Schüler nicht als Untertanen ansieht, sondern die Gestaltung des Unterrichts und Erarbeitung eines Stoffes als eine von Schülern und Lehrern gemeinsam zu leistende Aufgabe betrachtet.

Insbesondere Fritz Karsen betont die sozialpädagogischen Aspekte der Lehrerrolle: *„Er darf die Kinder nicht mehr als einzelne Objekte der Bearbeitung außerhalb ihrer gesamten Lebensverhältnisse sehen, sondern gerade im Zusammenhang mit diesen. Nur wenn er die häuslichen Verhältnisse, Eltern und gesamte Umwelt kennt und sich bemüht, auch außerhalb der Schule erzieherische Bedingungen für seine Schüler zu schaffen[...] erst als sozialer Lehrer wird er auch innerhalb der Schule erfolgreich wirken"* (Karsen 1921, S. 50).

Die Erziehung zur Demokratie kann nach Auffassung von Paul Oestreich nur verwirklicht werden, wenn der Lehrer selbst aus obrigkeitsstaatlicher Abhängigkeit befreit wird. Kollegiale Kontrolle und Beratung sollen an ihre Stelle treten, und der Schulleiter soll durch das Kollegium für eine bestimmte Periode gewählt werden (Oestreich 1919, S. 273-283).

Fast 50 Jahre später wurde ein solcher Versuch an der Frankfurter Ernst-Reuter-Gesamtschule realisiert. Durch einen entsprechenden Erlass ermöglichte das sozialdemokratisch geführte hessische Kultusministerium die Wahl der Schulleitung durch das Kollegium. 1981 hob es anlässlich der Umwandlung von einer Modellschule in eine Regelschule diesen Erlass wieder auf und setzte einen Schulleiter ohne Mitwirkung des Kollegiums ein. Gegen diesen Erlass protestierten die Mehrzahl der Lehrer und Lehrerinnen, viele Schüler und die Elternvertretung.

Um auch das Schulklima grundlegend zu verändern, verlangt der Bund entschiedener Schulreformer die Abschaffung der bis dahin praktizierten und durch Erlasse legalisierten Schulstrafen, z.B. die körperlichen Züchtigungen. Grundsätzlich lehnt der Bund jene Strafen ab, die der Aufrechterhaltung der Autorität, der Sühne im Sinne von Rache oder Abschreckung dienen sollen. Wo immer möglich, soll an die Stelle der Bestrafung die *„wohlwollende erzieherische Beeinflussung"* treten (Mitteilung des Bundes entschiedener Schulreformer 1922, S. 29). Im Einzelnen fordert der Bund das Verbot folgender Strafmittel und -methoden: die körperliche Züchtigung, den „Karzer", generalisierende Formen (z.B. Klassenarrest), Strafarbeiten in der Form sinnloser Schreibübungen sowie das Nichtbestehen von Prüfungen bei der Benutzung unerlaubter Hilfsmittel (stattdessen soll die Prüfung wiederholt werden). Des Weiteren lehnt der Bund den Schulverweis grundsätzlich als eine unpädagogische Maßnahme ab, durch die außerdem das Recht des Kindes auf Bildung missachtet werde. Nun ist auch der Bund nicht so weltfremd anzunehmen, dass unter den gegebenen gesellschaftlichen Bedingungen die Abschaffung jeglicher Art von Bestrafung möglich sein könnte. Ihm geht es darum, die unmenschlichen und erniedrigenden Strafen durch eine positive Gestaltung der Strafen zu ersetzen. Grundsätzlich jedoch soll möglichst selten gestraft werden. Vielmehr soll durch pädagogische Maßnahmen dem Fehlverhalten der Schüler vorgebeugt werden. *„Aufgabe der Schulzucht ist es, durch vorbeugende Maßnahmen wie menschenwürdige Behandlung, Wachsamkeit, Gewöhnung an Ordnung, fesselnden Unterricht und Anpassung der Forderungen an die Fassungskraft der Schüler, diese vor Verfehlungen zu bewahren"* (ebd., S. 30).

Die hier skizzierten pädagogischen Vorstellungen sollen in der *„flexiblen Einheitsschule"* (Oestreich) verwirklicht werden. Die Einheitsschule soll die Klassenschranken überwinden und die Kinder aller Schichten entsprechend ihrer Begabung fördern. Die zum Stadtteil bzw. zur Gemeinde hin offene Schule soll zum Mittelpunkt der Jugendpflege werden. Hierzu sollen *„außer Kindergarten und Tagesheim noch Badeanstalten, Turnplätze und Turnhallen, Bibliotheken und Lesesäle, Laboratorien, Werkstätten, Fabrikbetrieb, Landwirtschaft, wissenschaftliche und künstlerische Institute"* (Rühle 1919, S. 374) gehören. Wenn auch dieses umfassende Schulkonzept nicht Realität geworden ist, so hat es dennoch die pädagogische Diskussion angeregt und dazu geführt, dass an einzelnen Schulen die Umsetzung dieser Ideen in praktisches pädagogisches Handeln versucht wurde.

Schulversuche des Bundes entschiedener Schulreformer

Im Folgenden sollen einige der Schulversuche des Bundes entschiedener Schulreformer dargestellt werden. 1919 wird in Hamburg-Bergedorf die erste Heimschule eröffnet. Da fast alle dort aufgenommenen Fürsorgezöglinge zugleich Sitzenbleiber sind, ist das schulische Konzept auf diese Gruppe zugeschnitten. Durch diese neue Schulgattung soll also jenen Kindern geholfen werden, die in der Volksschule gescheitert sind. Dass dies insgesamt eine nicht unbeträchtliche Gruppe ist, wird zahlenmäßig belegt: von den in Hamburg 1914 entlassenen Volksschülern hat nur ein Drittel die Volksschule glatt durchlaufen, ein Drittel hat ein Schuljahr wiederholen müssen und das letzte Drittel ist wiederholt sitzengeblieben. Die Heimschule ist für diejenigen Kinder gedacht, *„denen alles was ‚Schule' ist zum Ekel wurde darum, weil der ganze herkömmliche Schulbetrieb ihrem Wesen zuwider, ihnen etwas Unnatürliches war"* (Krohn 1919, S. 763).

Um Zugang zu diesen schulgeschädigten Kindern zu gewinnen, vermeidet man alles, was an „normale" Schule erinnern könnte: *„[...] die Heimschule unterscheidet sich von sämtlichen bestehenden Schulen dadurch, dass sie ganz ohne schulmäßigen Unterricht ist. Sie kennt weder Schulstunden noch Schulfächer, hat keinen Stunden- und keinen Lehrplan. Es muß einmal gewagt werden, die vollgepfropften Schulbücher beiseite zu legen und das Leben selber das unerschöpfliche Lehrbuch sein zu lassen. Bei diesen Kindern ist es offensichtlich, dass ihnen mit dem Schulbuch nicht beizukommen ist, alle Nachhilfestunden, alle Ermahnungen, Schelte, Schläge, Tränen, alles umsonst"* (ebd., S. 766f.).

Zum pädagogischen Konzept der Heimschule gehört in erster Linie die Arbeit in den Werkstätten, Land- und Viehwirtschaft, Gartenbau und Hauswirtschaft. So notwendig der Beitrag der Kinder in der gesamten Wirtschaft des Heimes finanziell auch ist, so grenzen sich die Pädagogen scharf davon ab, dass diese der Kinderarbeit vergleichbar sei. *„Nicht auf Kinderarbeit ist alles eingestellt, als sei die Heimschule eine Kinderwirtschaft, Erwachsene sind überall die Arbeiter und die Fachkraft[...] Aber es gehört zur ‚Lebenswahrheit' des Heimschulbetriebes, dass in ihm die Arbeit der Kinder eine Notwendigkeit ist[...] Immer und überall müssen die Kinder mit der Gewissheit arbeiten, dass ohne sie nichts wäre und die ganze Wirtschaft zugrunde ginge"* (ebd., S. 765). Ähnlich wie in den Industrieschulen des 18. Jahrhunderts sollen in den *„Lebens- und Produktionsschulen"* Lernen und Arbeiten verbunden werden. Damit stellt sich zwangsläufig die Frage nach dem Stellenwert der Ökonomie in einer Bildungseinrichtung. Zwar hat man in manchen Landerziehungsheimen auch damit experimentiert, Schulen unter wirtschaftlichen Gesichtspunkten zu führen, jedoch spricht sich der Bund entschiedenen Schulreformer dagegen aus. Paul Oestreich vor allem meint, dass Arbeit im Zusammenhang mit Erziehung keine wirtschaftlichen Zwecke verfolge, sondern nur *„eine Gelegenheit mehr ist, durch Beobachtung und Tun zu lernen, ein Hilfsmittel der geistigen, technischen, sittlichen Menschenbildung"* (Oestreich 1925, S. 348).

Auf den grundsätzlichen Widerspruch zwischen Pädagogik und den Erfordernissen der Wirtschaft weist auch der Reformpädagoge Hermann Harless (1887-1961) in seinem Bericht über die Hamburger Heimschule hin: *„Das eigentliche ‚Produkt' einer Schule ist der Bildungs- und Reifezustand ihrer Kinder, also etwas wirtschaftlich nicht Faßbares und Berechenbares. Wirtschaftlich einwertbare Produktion muß also an der Schule ‚Nebenprodukt' sein. Hier stoßen zwei Welten aufeinander: das pädagogische ‚Produktive' ist wirtschaftlich häufig unproduktiv, das Produkt mit Wirtschaftswert dagegen häufig ohne pädagogische Bedeutung. Es kommt darauf an, den schmalen Streifen zu beackern, den die Welten der Erziehung und der Wirtschaft gemein haben"* (Harless 1924, S. 266).

Eine andere Position vertritt Johannes Liebe, der den Handwerksunterricht in der von bürgerlichen Kindern besuchten Landerziehungsheime mit der betrieblichen Lehrlingsausbildung vergleicht, die Unterprivilegierung der Arbeiterjugendlichen dabei kritisiert und schließlich andere Vorstellungen als Paul Oestreich zur Reform beider Ausbildungswege entwickelt. Johannes Liebe weist kritisch darauf hin, dass die handwerkliche Ausbildung der arbeitenden Jugend in den Betrieben ganz den betrieblichen Belangen untergeordnet wird, und er kritisiert, dass in diesem Bereich erzieherische Gesichtspunkte und Belange gänzlich vernachlässigt werden. Für die bürgerliche Jugend hingegen sei der Handwerksunterricht in den Landerziehungsheimen *„eine Reaktion gegen geistige Überkultur"* (Liebe 1924, S. 279). *„Die Väter, die ihren Kindern neben einer höheren Schulbildung auch noch Handwerksunterricht bieten können, denken dabei nicht im geringsten an die spätere berufliche Ausübung, die ja gewöhnlich die sozial niedrige Stellung eines Arbeiters bedeuten würde. Ihnen steht Fußball oder Klavierspiel oder ein wenig an Dreh- und Hobelbank arbeiten auf gleicher Stufe"* (ebd., S. 280).

Johannes Liebe vergleicht im Folgenden die Lehrlingsausbildung mit dem Handwerksunterricht an den Schulen: *„So finden wir denn heute einen schlechten Handwerksunterricht der entwickelsten Pädagogik im Bürgertum und einen sachgemäßen Handwerksunterricht bei schlechtester Erziehung im Proletariat"* (ebd., S. 280). Die Reformbestrebungen sowohl der Schule als auch der betrieblichen Lehrlingsausbildung können nach seiner Einschätzung weder die Benachteiligung der Arbeiterjugendlichen aufheben noch würde der Schulhandwerksunterricht seinen „Luxuscharakter" verlieren. Liebe schlägt vor, beide Reformen miteinander zu verbinden. Einen Weg hierzu sieht er im *„produktiven Handwerksunterricht"*, d.h. die Werkstätten müssen wirtschaftlich zumindest aber kostendeckend arbeiten. Einerseits würde damit ein Anreiz zu ernsthafter Arbeit gegeben, was pädagogisch wünschenswert ist – und das ist ihm das wichtigste – andererseits würde soziale Ungleichheit in der Praxis überwunden werden können: „*Die Handwerksschüler erlernen einen Brotberuf, haben aber gleichzeitig Bildungsmöglichkeiten, so dass das Arbeiterdasein nicht die einzige Zukunftsaussicht sein braucht*" (ebd., S. 281).

Die im Bund entschiedener Schulreformer engagierten Lehrer richten ihre Aufmerksamkeit insbesondere auf die in der Großstadt lebenden Kinder und setzen sich mit deren Lebensbedingungen intensiv auseinander. Der Lehrer soll die häusliche Situation seiner Schüler kennen und sich auch außerhalb der Schule für die Verbesserung der Spiel- und Lebensbedingungen einsetzen. Einen Ansatzpunkt, schulisches Lernen mit außerschulischen pädagogischen Angeboten zu verbinden, sehen sie in den „Gartenarbeitsschulen".

Zur Linderung der Not sind in den Kriegsjahren sog. „Kriegskolonien" gegründet worden. Damit soll in erster Linie der Mangel an Arbeitskräften in der Landwirtschaft ausgeglichen werden. So wird bereits 1914 den Neuköllner Volksschulen in Berlin zehn Morgen Ödland zur Kultivierung zur Verfügung gestellt: „*Zehn Morgen Ödland brachten wir unter den Spaten, mehr als 1000 Kinder aus den ärmsten Familien zogen sich hier unter sachkundiger, freiwilliger Anleitung ihr eigenes Gemüse und waren bei Arbeit und Spiel in der schulfreien Zeit am besten vor Verwahrlosigkeit geschützt, als immer mehr Väter zur Fahne eilten und die Mütter den schweren Gang zur Fabrik antreten mußten, um sich und die Kinder zu erhalten[...] In dieser Zeit wuchs in mir immer mehr das Verlangen, solche Gartenarbeitsschulen an unseren Schulen zu schaffen, allerdings mit unterrichtlichen und erzieherischen Hauptzielen. Während in unseren Kriegskolonien die Erzeugung von Lebensmitteln stark im Vordergrund stand, sollte später die Vermittlung naturwissenschaftlicher und überhaupt realer Kenntnisse und die Erziehung der Kinder zu praktischen, sozial denkenden und fühlenden Menschen erste Aufgabe sein*" (Heyn 1920, S. 100f.).

Jedes Kind soll bis zur Schulentlassung „*ein Stückchen Land*" sein eigen nennen. „*Daneben hat jede Klasse ein gemeinsames Übungsland, auch werden Baumschulen, kleine Kornfelder, Futter- und Heilkräuter sowie Kleinvieh nicht fehlen. Gegen Unwetter bieten Baracken Schutz, die gleichzeitig als Unterrichtsräume eingerichtet sind und auch zur Aufnahme der Sammlungen, Aquarien, Terrarien usw. dienen sollen. Natürlich fehlt auch der Spielplatz und die kleine Tischlerwerkstatt nicht*" (ebd., S. 103).

Die Stadt fördert dies Projekt, indem sie für sechs Gemeindeschulen sowie einige Klassen der höheren Schule das hierfür notwendige Land zur Verfügung stellt. Die Konzeption der Gartenarbeitsschule zeigt große Übereinstimmung mit den pädagogischen Grundzügen der Schullandheime. Die Gartenarbeitsschule stellt den

Versuch dar, reformpädagogische Ansätze den Lebens- und Arbeitsbedingungen großstädtischer Volksschulen anzupassen. Auch die Schulen auf dem Land sollen nach Vorstellungen des Bundes allmählich in Produktionsschulen umgewandelt werden. Fritz Weigelt beurteilt die Voraussetzungen hierfür als günstig, da die Schulen dort in der Regel über eigenes Land, Stallungen und Werkzeuge verfügen. Zunächst müsste allerdings der dort immer noch übliche Naturallohn des Lehrers abgeschafft werden. Das bislang dem Lehrer zur Bewirtschaftung überlassene Land soll künftig der Schulgemeinde übereignet werden, die damit die Möglichkeit bekäme, Produktionsschule zu sein. Ferner müssten Ausbildung und Einstellung der Lehrerschaft zur Landarbeit sich verändern: *„Allerdings müssen wir erst einsehen, dass die Bearbeitung des Ackers durchaus nicht entwürdigend für die Lehrerschaft ist, sondern den Schwerpunkt der gesamten Schularbeit auf dem Lande bildet"* (Weigelt 1924, S. 285). Allerdings sind auch diese konzeptionellen Vorstellungen zur Reform der Volksschulen auf dem Land nicht realisiert worden. Fassen wir im Folgenden die pädagogischen Zielvorstellungen des Bundes zusammen:

- Durch die Schaffung der „*flexiblen Einheitsschule*" sollen Bildungsprivilegien beseitigt werden;
- Ausgangspunkt aller pädagogischen Überlegungen ist die Lebenssituation des in der Großstadt lebenden Arbeiterkindes. Durch die soziale Schule sollen gesellschaftlich bedingte Defizite kompensiert werden;
- als notwendig erachtet wird ein auf die Bedürfnisse dieser Kinder reflektierender, wirklichkeitsnaher Unterricht. Durch Arbeits- und Produktionsschulen will man den Gegensatz von praktischem Tun und Lernen überwinden;
- die bewusste, pädagogische Gestaltung des Schullebens soll die Schule zu einem Ort der sozialen Erziehung machen.

Die praktischen Beispiele, die ich hier skizziert habe, haben jeweils anknüpfend an die realen Bedingungen, Teilaspekte der bildungspolitischen Vorstellungen des Bundes entschiedener Schulreformer realisiert. Das sehr viel umfassendere Konzept der „flexiblen Einheitsschule" konnte nicht verwirklicht werden. Angesichts zunehmender restaurativer Tendenzen wurde es für den Bund immer schwieriger, bildungspolitische Forderungen zu erheben und durchzusetzen.

Schon gegen Ende der zwanziger Jahre verschärfte sich das politische Klima und der Bund entschiedener Schulreformer muss sich mit dem aufkeimenden Nationalsozialismus in der Schülerschaft auseinandersetzen. Welches Ausmaß die Radikalisierung der Schüler schon Anfang 1930 erreicht hat, zeigt der Bericht von Paul Oestreich über eine Diskussionsveranstaltung des Bundes mit Vertretern der nationalsozialistischen Schüler:

„*Als ich am 27. Januar eine halbe Stunde vor Beginn der Verhandlungen die Aula betrat, war mir sofort klar, dass der Abend verloren sei. Schon waren etwa 100 junge Nationalsozialisten versammelt und ständig strömten geschlossene Trupps herein, denen man wirklich keinen Willen zu ideeller Klärung, sondern nur die Absicht zum Klamauk, zum ‚Siege' zutrauen konnte   Als ich um 8 Uhr eröffnete, waren etwa 450 Personen anwesend, etwa 400 von der ‚anderen Seite', vielleicht 50 von ‚uns', da wir nicht mobilisiert hatten.*" Es sprach dann etwa eine Stunde lang ein nationalsozialistischer Primaner. „*Es folgte tosender Beifall der 400 Nationalsozialisten. Dr. Lubinski* [Sekretär der jüdischen Jugendverbände, Anm. der Verf.]*, begreiflicherweise nervös gegenüber diesem höhnischen Heerhaufen, setzte ohne Schwung und Energie ein und fand sich gegenüber dem ersten Zwischenruf in seinen Notizen nicht zurecht. Sein minutenlanges Suchen machte die explosionsbereite Spannung im Saale geradezu fühlbar. Von vorneherein hatten antisemitische Bonmots einiger Rüpel – zunächst undeutlich – eingesetzt, jetzt – als Lubinski wieder begann – schlug ein Nationalsozialist auf einen jungen Juden ein[...]*". Oestreich schloss die Versammlung. Etwas anderes konnte er nicht tun. „*Nun gab es das übliche Gesinge und Gerufe: Deutschland erwache! Es wurden einige Stinkbomben geworfen (Marke alberner Pennäler) und nach einer Viertelstunde war die Kolonne abgezogen*" (Oestreich 1930, S. 184f.).

Trotz der Erfahrung, dass politische Diskussionen nicht durchführbar sind, spricht sich der Bund entschiedener Schulreformer gegen ein Verbot radikaler Schülerbünde aus, denn nach seiner Auffassung ist der nationalsozialistische Schüler „*ein gutgläubiger, verblendeter Junge*" (ebd., S. 186). Oestreich sieht in dem Zulauf, den die Nationalsozialisten durch die Jugend haben, in erster Linie ein Versagen der Bildungspolitiker und der Pädagogen. „*Die Zeit ist so krank, dass ihre Krankheit nicht verheimlicht werden darf! Lieber hier und da Tumulte in Kauf nehmen, als die Jugend in die Verschwörerkatakomben der Rathenaumörder verdrängen! Verbote verschlimmern alles! Aber was tun? Die Schule soll helfen!? Dann müßten die Lehrer erst einmal ganze Menschen sein. Sie sind in ihrer größten Mehrzahl müde, überlastete, zaghafte, autoritätssüchtige (Selbstschutz!) Leute, die froh sind, Konflikten aus dem Wege zu gehen*" (ebd., S. 187).

Nachdem die Nationalsozialisten die Macht im Staate übernommen haben, verbieten sie bereits 1933 den Bund entschiedener Schulreformer und dessen Zeitschrift „*Die neue Erziehung*".

Es ist eigentlich erstaunlich, dass weder bei der Reform des Bildungswesens nach 1945 noch bei der Einführung der Gesamtschulen in den 1960er Jahren auf das von den entschiedenen Schulreformern vorgelegte Konzept der „flexiblen Einheitsschule" Bezug genommen wird. Erstaunlich vor allem deshalb, weil einige der

Mitglieder des Bundes nach 1945 in entscheidenden Positionen am Aufbau eines demokratischen Bildungswesens mitgewirkt haben. Aber ihre Versuche, bei der Erneuerung des Bildungswesens an die Ideen des Bundes entschiedener Schulreformern anzuknüpfen, traf damals in der Adenauer-Ära auf wenig Resonanz.

So können wir erst jetzt im Nachhinein durch die „Wiederentdeckung" der pädagogischen Konzepte des Bundes entschiedener Schulreformer auf Gemeinsamkeiten zwischen der damals entwickelten „flexiblen Einheitsschule" und dem heutigen Modell der „integrierten Gesamtschule" hinweisen.

Eine detaillierte Untersuchung der Entwicklung des Bundes entschiedener Schulreformer hat Ingrid Neuner (1980) vorgelegt. Ist bislang in der wissenschaftlichen Diskussion das Konzept der flexiblen Einheitsschule als Werk von Paul Oestreich angesehen worden, so zeigt sie anhand von Briefen und Protokollen, entscheidende Einflüsse von anderen Mitgliedern des Bundes, die insbesondere von Karsen, Kawerau und Hilker ausgegangen sind. Neuner verfolgt die Entwicklung des Bundes, in dem Paul Oestreich eine zunehmend dominante Position einnimmt und in den Jahren 1923 bis 1925 sich mit mehr oder weniger allen profilierten Mitgliedern überwirft, was jene veranlasst, den Bund zu verlassen.

Damit verliert der Bund eine Reihe seiner engagiertesten und auch wissenschaftlich oder pädagogisch-praktisch ausgewiesensten Mitglieder, wie an der vom Bund herausgegebenen Zeitschrift deutlich ablesbar ist. Die Anzahl der Berichte mit schulpädagogischen Themen wird geringer, und es tritt überhaupt die schulreformerische Diskussion in den Hintergrund und wird von einer allgemeinen kulturpolitischen Debatte abgelöst.

Ingrid Neuner führt diese Entwicklung der Zeitschrift auf den Einfluss Oestreichs zurück. Die Konflikte Oestreichs mit anderen Vorstandsmitgliedern, die außerordentlich heftig und voller Emotionalität seitens Oestreichs ausgetragen werden, haben zum Kern immer wieder zwei Fragen, ob es, angesichts der Notwendigkeit, Kompromisse eingehen zu müssen, opportun ist, sich auf die Praxis überhaupt einzulassen, oder ob – und diese Position vertritt Oestreich hart und unnachgiebig – der Bund sich darauf beschränken soll, für seine Ideen und Konzepte zu agitieren. Die Konsequenz dieser Entwicklung ist, dass der Einfluss des Bundes auf die bildungspolitische Diskussion in der zweiten Hälfte der zwanziger Jahre deutlich zurückgeht.

Jugendhilfe und Schule in der Weimarer Republik (1918-1933)   IV

Die für die Entwicklung des Bildungswesens und der Jugendhilfe wohl wichtigsten Vorhaben in den zwanziger Jahren sind die Reform der Schule und die Schaffung eines einheitlichen Reichsjugendwohlfahrtsgesetzes (RJWG). Bei der Diskussion beider Reformvorhaben geht es u.a. auch um das künftige Verhältnis von Jugendhilfe und Schule, insbesondere um die Abgrenzung der jeweiligen Aufgaben und Kompetenzen. Obgleich ein inhaltlicher Zusammenhang zwischen beiden Reformvorhaben gegeben ist, sie auch etwa zur gleichen Zeit entwickelt werden, fehlt es weitgehend an Zusammenarbeit und Koordination. Im Folgenden werde ich zunächst die Schulreform, soweit dies für unsere Fragestellung von Bedeutung ist, darstellen. Im Anschluss daran soll die Entwicklung der Jugendhilfegesetzgebung, ebenfalls nur, soweit sie für unser Thema relevant ist, untersucht und diskutiert werden.

Die Reichsschulkonferenz

In der vor- und frühindustriellen Gesellschaft besuchen die Kinder von Anfang an verschieden eingerichtete und ungleich bewertete Schulen, deren Funktion es ist, die soziale Schichtung in Stände und Klassen zu festigen. Die Volksschulen sind die Schulen für die arbeitenden, besitzlosen und zugleich ungebildeten Volksschichten, wohingegen die dreijährige private Vorschule auf den Besuch des Gymnasiums vorbereitet und daher den Kindern des Bürgertums vorbehalten ist.

Mit der Gründung der Weimarer Republik wird die Demokratisierung des Bildungswesens in Angriff genommen. Von grundlegender Bedeutung für die weitere

Entwicklung des Schulwesens sind die Artikel 142 bis 150 in der Weimarer Verfassung (11. August 1919). Das gesamte Schulwesen wird unter staatliche Aufsicht gestellt (Art. 144), womit sich der Staat gegen die Kirchen durchsetzen kann. Die von fortschrittlichen Pädagogen des Bundes entschiedener Schulreformer geforderte Einführung der Einheitsschule und Abschaffung des dreigliedrigen Schulsystems jedoch scheitert am Widerstand konservativer Kreise. Nur deren unterste Stufe, die Grundschule, wird als gemeinsame Schule für alle Kinder durchgesetzt. Durch Artikel 147 werden die privaten Vorschulen abgeschafft; an ihre Stelle tritt die für alle gemeinsame Grundschule (Art. 146). *„Für die Aufnahme des Kindes in eine bestimmte Schule sind seine Anlage und Neigung nicht die wirtschaftliche und gesellschaftliche Stellung oder das Religionsbekenntnis seiner Eltern maßgebend"* (Weimarer Verfassung, Art. 146).

Dennoch behält die Grundschule, worauf Schwartz ausdrücklich hinweist, die Funktion der sozialen Selektion bis heute. Sie soll ihre Schülerinnen und Schüler auf den Besuch der weiterführenden Schulen, insbesondere des Gymnasiums vorbereiten: *„Die Veränderung der Organisationsform von der Vorschule zur Grundschule allein hebt die alten Benachteiligungen noch nicht auf. Lehrplan und Beurteilungskriterien in der Grundschule sind noch weithin an der Vorschule und an deren Vorbereitungsfunktion für ein auslesendes und sich verzweigendes Schulsystem orientiert"* (Schwartz 1969, S. 21). „Staatsbürgerkunde" und „Arbeitsunterricht" werden als reguläre Fächer eingeführt (Art. 148). Nach heftigen politischen Auseinandersetzungen sind diese Bestimmungen verabschiedet worden. Vor allem die gemeinsame Grundschule ist lange umstritten und die privaten Vorschulen der höheren Schulen werden erst 1934 endgültig aufgehoben.

Die entscheidenden Weichen für das Verhältnis von Schule und Sozialpädagogik werden 1920 auf der Reichsschulkonferenz gestellt. Um die Ziele der Kulturpolitik, insbesondere die Vereinheitlichung des deutschen Erziehungswesens zu diskutieren, lädt Staatssekretär Heinrich Schulz auf Anregung des Reichsministeriums des Innern Vertreter aller gesellschaftlich relevanten Gruppen zur Reichsschulkonferenz (1920) ein. Als dort die künftige Schulpolitik und die Vereinheitlichung des Schulwesens diskutiert und vorbereitet wird, erörtert man auch die Möglichkeiten der Zusammenarbeit bzw. Abgrenzung von Schule und Jugendwohlfahrt.

Zur eingehenden Beratung der einzelnen Fragen werden Ausschüsse gebildet und das uns interessierende Thema wird im 17. Ausschuss *„Jugendwohlfahrt und Schule"* bearbeitet. Die Leitung dieses Ausschusses übernimmt der Deutsche Städtetag und die stellvertretende Leitung das sächsische Kultusministerium. Dem aus 29 Personen bestehenden Ausschuss gehören als Berichterstatter die Professoren Christian Jasper Klumker (Frankfurt), Wilhelm Polligkeit (Frankfurt) und

IV Jugendhilfe und Schule in der Weimarer Republik (1918-1933)

Johannes Trüper (Jena) an; die weiteren Mitglieder sind u.a. Vertreter der Schule, der Jugendwohlfahrt und des preußischen Ministeriums für Handel und Gewerbe.
Im ersten Teil der Diskussion geht es um die Abgrenzung der Zuständigkeiten von Schule und Jugendwohlfahrt. Polligkeit fordert, dass die Schule den Nachweis führen soll, ob bestimmte Maßnahmen der Jugendwohlfahrtspflege notwendig zur Erreichung ihres Erziehungs- und Unterrichtszieles seien. Es soll geprüft werden, in wessen Zuständigkeitsbereich die folgenden Aufgaben fallen:

„A) Ausbildung von nicht vollsinnigen, geistig gebrechlichen und verkrüppelten Kindern.
B) Vorbereitung zur Schule durch pflichtmäßigen Besuch öffentlicher Kindergärten (?).
C) Die Schaffung von Schulhorten als ergänzende Einrichtungen des Schulunterrichts (Anfertigung der Hausaufgaben) (?).
D) Vorbereitung der Frau auf ihre Aufgaben als Hausfrau und Mutter.
E) Vorbereitung der Berufswahl.
F) Hebung der körperlichen Leistungsfähigkeit durch Leibesübungen (Turnen, Spielen, Wandern, Baden).
G) Schulärztliche Überwachung.
H) Schulspeisungen (?).
I) Gewährung von Erziehungsbeihilfen (?)"
(Reichsministerium des Innern 1920/21, S. 864).

Die mit Fragezeichen gekennzeichneten Punkte waren strittig und konnten daher nicht verabschiedet werden. Gesetzlich geregelt werden sollen auch die Kompetenzen der Einrichtungen, *„die gemeinsame Organe verschiedener Behörden der Jugendwohlfahrtspflege sind (Schularzt, Schulpflegerin, Schulschwester, Hortnerin)"* (ebd., S. 864). Zwar wird eine engere Verbindung von Schule und Jugendwohlfahrt von allen Ausschussmitgliedern gewünscht, dennoch warnt u.a. Klumker vor allzu viel staatlichen Einfluss auf die freie Jugendhilfe: *„Die Veranstaltungen freier Jugendfürsorge sind oft die Wiege neuer erzieherischer Erfahrungen gewesen und haben sie trotz jahrelanger Verkennung fortgebildet (Pestalozzi, Fröbel, Arbeitserziehung in den Rettungshäusern). Deshalb darf der Staat in ihre Entwicklung nur mit Vorsicht zur Durchführung äußerer Formvorschriften eingreifen. Er muß ihnen volle Freiheit lassen, im besonderen soll er ihnen die Anpassung der allgemeinen Schulvorschriften erleichtern, damit sie den Unterricht – gerade auch abweichend von der öffentlichen Schule – in ihren Erziehungsplan einordnen können"* (ebd., S. 866). Polligkeit hebt hervor, dass die Maßnahmen zur Förderung der Jugendwohlfahrt auf einem Grenzgebiet liegen, das sowohl *„in dem geplanten Reichsschulgesetz wie in dem vorliegenden ReichsjugendwohlfahrtsGesetz zu regeln sei"* (ebd., S.863).

In den Diskussionen im Ausschuss geht es vor allem um die Frage, ob die Schule nicht nur eine Unterrichtsanstalt, sondern zugleich Erziehungsraum sein könne. Klumker fordert, dass die Reform der Schule zur sozialpädagogischen Schule führen müsse, ist aber skeptisch, ob dies zu realisieren sei. *„Das Ziel der Entwicklung muß sein, die Jugendwohlfahrt mit der Schule auf das engste zu verbinden. Das ist nur möglich, wenn die Schule eine Erziehungs- und Lebensgemeinschaft wird, nicht eine Konstruktion, wie sie wahrscheinlich zunächst zur Herrschaft kommen wird"* (Reichsministerium des Innern (Hrsg.), S. 866). Der Reformoptimismus wird auch von dem Vertreter des sächsischen Kultusministers Wolf gebremst, der betont, *„Schulmaßnahmen gehen überall vor und dürfen nicht durch Jugendwohlfahrt eingeschränkt werden"* (ebd., S. 868).

Klumkers Einschätzung der Schulentwicklung sollte sich in den kommenden Jahren bewahrheiten. Die von ihm gewünschte engere Verbindung von Schule und Jugendhilfe lehnt die Mehrzahl der Ausschussmitglieder ab, und damit wird die Trennung von Schule und Jugendhilfe festgeschrieben. Das Ergebnis dieser Konferenz ist schließlich eine Bestätigung der Abgrenzung von Schule und Jugendhilfe, nicht aber eine Verstärkung der Kooperation.

Die Freien Wohlfahrtsverbände weisen eine organisierte Zusammenarbeit mit der staatlichen Schule zurück, weil sie den staatlichen Einfluss auf ihre Arbeit ablehnen. Auch die Vertreter der Schule sind an einer Ausgrenzung der Jugendwohlfahrtsmaßnahmen aus dem Schulwesen interessiert, so dass es schließlich lediglich zu einer Verständigung darüber kommt, wie die Arbeitsfelder zwischen Schule und Jugendhilfe zu verteilen sind. Dabei wird der Kindergarten und die Jugendpflege außerhalb der Schule der Jugendpflege zugeschlagen, wohingegen der Unterricht für lernbehinderte Kinder und die Leibeserziehung als Aufgabe des Bildungswesens anerkannt werden.

In der Folge hat sich die Mitwirkung der Schule bei der Jugendhilfe auf solche Gebiete beschränkt, bei denen Wohlfahrtsmaßnahmen direkt in der Schule durchgeführt werden müssen, wie z.B. die Schulspeisung. Wenn auch Vertreter beider Bereiche immer wieder den gemeinsamen Erziehungsauftrag, wie er sich im Entwurf des Reichsjugendwohlfahrtsgesetzes und auch in dem Entwurf des Reichsschulgesetzes niederschlägt, beschwören, so zieht man hieraus keinerlei pädagogisch-praktische oder politische Konsequenzen.

Das Reichsjugendwohlfahrtgesetz und die Schule

Die Vorbereitungen für das RJWG (Reichsjugendwohlfahrtsgesetz) lassen sich bis in die Zeit vor dem Ersten Weltkrieg zurückverfolgen. Während des Krieges wird es durch die Not der Familien, Kinder und Jugendlichen offensichtlich, dass die in viele Vereine und Behörden zersplitterte Kinder- und Jugendhilfe nicht imstande ist, wirkungsvoll Hilfe zu leisten. Max Rehm beschreibt anschaulich das Wirrwarr der Zuständigkeiten: *„Die Armenkinderpflege oblag den Orts- und Landarmenverbänden; die Kostkinderaufsicht der staatlichen und städtischen Polizei; Gerichte und Gemeinden versahen das Vormundschaftswesen; die Provinzen Fürsorgeerziehung, Taubstummen- und Blindenfürsorge; die Versicherungsanstalten zahlten Waisenrenten und leisteten Heilfürsorge;[...] Die Folge war eine kräftevergeudende Doppelarbeit, Reibungen der zuständigen Stellen"* (Rehm 1925, S. 454f.). Zunächst will man also das Nebeneinander von bislang unkoordinierten Fürsorgemaßnahmen beseitigen und für die Jugendhilfe eine einheitliche gesetzliche Basis schaffen.

Die Vereinheitlichung der Jugendwohlfahrts-Gesetzgebung wird schon auf dem Fürsorgetag 1918 gefordert, und dort wird die Grundrichtung des zu schaffenden Reichsjugendwohlfahrtgesetzes (RJWG) diskutiert und festgelegt. Jugendpflege und Jugendfürsorge sollen unter dem Begriff der Jugendhilfe zusammengefasst und als zentrale Instanz, die alle Bestrebungen koordinieren soll, das Jugendamt geschaffen werden. Die Sozialpädagogen damals hoffen, dass durch das Jugendamt eine entscheidende Verbesserung der Jugendhilfe möglich sein würde. Wie außerordentlich optimistisch damals diese Institution betrachtet wird, wird aus der Autobiographie von Elisabeth Siegel deutlich, die rückblickend schreibt: *„Wir glaubten an die große ‚sozialpädagogische Offensive', die mit den neuen Jugendämtern eingeleitet werden sollte. Wenn auch damals das Gesetz ein Torso blieb, weil die Arbeit sich auf die Mindestaufgaben gegenüber den gefährdeten Kindern und Jugendlichen beschränkte, hätte sich doch keiner von uns träumen lassen, dass sich das Jugendamt einst aus vielen Gründen als ‚Jugendverfolgungsbehörde', die zur Diskriminierung der von ihr Betreuten beiträgt, würde schmähen lassen müssen"* (Siegel 1981, S. 41).

Die leitende Körperschaft des Jugendamtes ist der Hauptausschuss (Jugendwohlfahrts-Ausschuss), dem Vertreter aller Gruppen, die mit der Jugendarbeit in Verbindung stehen, angehören sollen. Max Rehm fordert, dass in diesem Ausschuss auch Vertreter der Schule Sitz und Stimme erhalten sollen: *„Nicht der Kreisschulinspektor, dessen Tätigkeit ja hauptsächlich in der Überwachung des Unterrichtsverfahrens besteht, sondern am besten der Volksschullehrer selbst, der aus der unmittelbaren Berührung mit der Jugend auch über die Schulstun-*

den hinaus ihre Nöte kennt und mit tief eindringendem Blick am besten Wege zur Abhilfe finden und vorschlagen kann. Der Lehrerstand als der bisher ausschließliche Erzieherstand ist überhaupt ein guter und erprobter Bundesgenosse und Berater des Jugendamtes auf vielen ihm übertragenen Arbeitsfeldern. Auf dem ihm ureigenen Gebiet der Jugendfürsorge hat er sich als Mitarbeiter beim Entwurf des Kinderschutzgesetzes bewährt. Jugendamt und Schulgemeinde müssen Hand in Hand gehen. Mannigfaltige Berührungspunkte bestehen ja hier schon dadurch, dass die Jugend aus der Fürsorge des Jugendamtes durch Krippe, Kindergarten und Hort in die Betreuung der Schule gelangt und nach der Schulentlassung wieder in den Lehrlings- und Jugendheimen unter die ausschließliche Leitung des Jugendamtes zurückkehrt. Und wie reich ist das beiden gemeinsame Aufgabengebiet gerade in der Frage der Überwachung und erziehlichen Leitung der Schulkinder außerhalb der Schulzeit. Gerade der Volksschullehrer ist gehalten, den Fällen der Verwahrlosung, aller Kindernot, die ihm in seinem Beruf vor Augen kommt, nachzugehen und abzuhelfen. Die landesrechtlichen Ausführungsbestimmungen des Kinderschutzgesetzes haben die Lehrerschaft im Kampf gegen die Ausbeutung kindlicher Arbeitskraft in die vorderste Reihe gerufen. Auch im Feldzug gegen Schund und Schmutz stehen die Lehrervereine an der Spitze, an der Bekämpfung des Rauschgiftes und der Unsittlichkeit nehmen sie regen Anteil. Sie sind Träger der Jugendpflege" (Rehm 1925, S. 468).

Mit den Jugendämtern tritt neben die Schule ein zweites großes System der Erziehungsfürsorge, und man erwartete damals, dass sich dadurch auch eine Perspektive für die organisierte und kontinuierliche Zusammenarbeit von Schule und Jugendamt bilden werde. Bei der weiteren Beratung des Gesetzes zeigt es sich, dass organisatorische Veränderungen für die Errichtung einer wirksamen Jugendhilfe nicht ausreichen. Die Maßnahmen der Jugendhilfe stützen sich auf Art. 120 der Reichsverfassung, der die Erziehung des Nachwuchses zur leiblichen, geistigen und gesellschaftlichen Tüchtigkeit als Aufgabe und natürliches Recht der Eltern definiert. Die Familie ist also autonom und gegen Eingriffe des Staates geschützt.

Folglich kann die Jugendhilfe zum Schutz des Kindes erst dann eingreifen, wenn nachgewiesen ist, dass Eltern ihren Verpflichtungen nicht nachkommen, das heißt, wenn die Fehlentwicklung und Verwahrlosung des Kindes bereits eingetreten sind. Damit ist jede Form präventiver Erziehungsfürsorge erschwert bzw. unmöglich. *„Hier möchte das neue Reichsjugendwohlfahrtsgesetz eine neue Rechtsgrundlage schaffen. Ohne die verfassungsmäßig gewährleisteten Grundrechte der Eltern zur Erziehung der Kinder anzutasten, will es allen in ihrer Erziehung Not leidenden Kindern zu Hilfe kommen, unabhängig davon, ob der Erziehungsnotstand durch die Eltern verschuldet ist oder nicht"* (Polligkeit 1922, S. 9). Im RJWG soll nun der Anspruch des Kindes auf Erziehung gesetzlich verankert werden. Die Intention und Bedeutung des RJWG umreißt aus damaliger Sicht Polligkeit: *"Ähnlich wie die Schulgesetzgebung sich zum Ziel setzt, für jedes Kind ein Minimum an Bildung sicherzustellen, so will das R.J.W.G. für jedes deutsche Kind ein Mindestmaß an Erziehung gewährleisten, das den zeitgemäßen Anschauungen über die kulturellen Bedürfnisse einer Nation entspricht. Damit wird die Jugendwohlfahrtspflege in den Dienst der allgemeinen Volkserziehung gestellt und tritt so der Schule zur Seite"* (ebd.).

Die Konsequenz des § 1 RJWG besteht einerseits darin, dass erstmals der Anspruch des Kindes auf Erziehung in ein Gesetz aufgenommen wird, und dass die Jugendhilfe folglich sich nicht auf die notdürftige Absicherung der materiellen Lebensbedingungen beschränken, sondern auch Erziehungshilfen gewährleisten muss. *"Dem Staat wird durch den § 1 die doppelte Aufgabe ausdrücklich zugewiesen, nämlich 1. die Leistung der Familie im Sinne des Anspruchs des Kindes auf Erziehung zu überwachen und 2. dann einzuschreiten, wenn diese Leistung nicht ausreicht"* (Bäumer 1926, S. 51).

Reichsgesetz für Jugendwohlfahrt vom 9. Juli 1922

"§ 1 Jedes deutsche Kind hat ein Recht auf Erziehung zur leiblichen, seelischen und gesellschaftlichen Tüchtigkeit. Das Recht und die Pflicht der Eltern zur Erziehung werden durch dieses Gesetz nicht berührt. Gegen den Willen des Erziehungsberechtigten ist ein Eingreifen nur zulässig, wenn ein Gesetz es erlaubt. Insoweit der Anspruch des Kindes auf Erziehung von der Familie nicht erfüllt wird, tritt, unbeschadet der Mitarbeit freiwilliger Tätigkeit, öffentliche Jugendhilfe ein." (Deutsches Archiv für Jugendwohlfahrt 1926, S. 1)

Zwar war der Anspruch des Kindes, so wie er im § 1 formuliert ist, kein einklagbares Recht und seine praktische Bedeutung somit eingeschränkt; dennoch drückt sich in ihm die Programmatik des gesamten Gesetzes aus. Aussagen zum Verhältnis von Jugendhilfe und Schule finden wir lediglich in den §§ 2 und 4. § 2 bestimmt, dass die Jugendhilfe nicht in die gesetzliche Zuständigkeit der Schule eingreift und in § 4 heißt es, dass die Wohlfahrt der im schulpflichtigen Alter stehenden Jugend außerhalb des Unterrichts Angelegenheit der Jugendhilfe ist. Damit ist auch die Schulpflege als Einrichtung der Jugendhilfe auf den außerunterrichtlichen Bereich verwiesen.

Als 1920 das Reichsministerium des Innern Gertrud Bäumer, Abgeordnete im Deutschen Reichstag für die Demokratische Partei, als Ministerialrätin in die kulturpolitische Abteilung beruft, wo sie sowohl für das Bildungswesen als auch für die Jugendwohlfahrt zuständig ist, ist eine Frau in diese hohe Position gelangt, die aufgrund ihrer beruflichen Erfahrungen zunächst als Volksschullehrerin und dann ab 1917 als Leiterin der Sozialen Frauenschule in Hamburg zutiefst davon überzeugt ist, dass Schule und Jugendwohlfahrt miteinander verbunden werden müssten. Zu dem Zeitpunkt, als sie in das Reichsministerium eintritt, sind die Vorarbeiten zum RJWG fast abgeschlossen, so dass sie auf die gesetzliche Absicherung der Zusammenarbeit von Schule und Jugendwohlfahrt keinen Einfluss mehr nehmen kann. Zu ihren hauptsächlichen Dienstaufgaben gehört jedoch die Durchführung und Überwachung des Gesetzes. Über die Intention ihrer Arbeit schreibt sie rückblickend in ihrer Autobiographie: *„Auf dieser Linie lag für mich der Sinn des Gesetzes darin, dass neben der Schule und in engerer Verbindung mit ihr als das Gesetz selbst vorgesehen hatte, eine soziale Erziehungsfürsorge durchgeführt wurde, die sich mit der Schule zu einem großen einheitlichen nationalen System der Jugendführung verband. In dieser Richtung zu arbeiten, war durch den Standort des Referates Jugendwohlfahrt in der Schulabteilung des Reichsministeriums des Innern erleichtert"* (Bäumer 1933, S. 424f.).

In dem Umstand, dass es weder auf der Reichsschulkonferenz noch im RJWG gelungen ist, die Zusammenarbeit von Jugendwohlfahrt und Schule gesetzlich abzusichern, sieht Gertrud Bäumer einen entscheidenden Mangel, den sie herb kritisiert: *„Das Verhältnis der Jugendämter zur Schule, die Abgrenzung ihrer sozialpädagogischen Aufgabe von der Aufgabe der Schule ist bis heute ein höchst prekäres Kapitel. Die Tatsache, dass man zwei so mächtige, in ihrem Wesen so bedeutsame pädagogische Systeme wie Jugendamt und Schule gesetzlich in keine andere Beziehung zu bringen vermocht hat, als indem man ihre Kompetenz abgrenzt, eine reine und ganz unfruchtbare Ordnungsaufgabe, zeigt ja, wieviel hier noch zu tun bleibt"* (Bäumer 1931, S. 87).

Die Abgrenzung der Jugendhilfe von der Schule ist nur vor dem Hintergrund der damaligen politischen Auseinandersetzungen zwischen Staat und Kirche verständlich, in denen es um die Ausweitung des staatlichen Einflusses auf das Bildungswesen und das Zurückdrängen der Kirchen aus eben diesem Bereich ging.

Im Unterschied zu diesen politischen Interessenkonflikten gab es seitens der Pädagogen, sowohl der Lehrer als auch der Sozialpädagogen, ein lebhaftes Interesse an einer Zusammenarbeit, worauf ich im nächsten Abschnitt eingehen werde.

Lehrer und Jugendhilfe

Zwischen der Jugendhilfe und der Lehrerschaft gab es durch die aktive Mitarbeit zahlreicher Volksschullehrer in Einrichtungen der Jugendhilfe eine enge Verbindung. Ich habe schon darauf hingewiesen, dass Lehrer sich in der außerschulischen

Jugendarbeit engagierten, dass sie an der Durchsetzung des Kinderschutzgesetzes einen wesentlichen Anteil hatten und dass sie z.b. während des Ersten Weltkrieges zahlreiche soziale Aufgaben übernahmen.

Dies schlägt sich auch im Programm des Deutschen Lehrervereins nieder, der in Bezug auf die Wohlfahrt der Schuljugend fordert: *„Ausreichende Maßnahmen für die Gesundheitspflege in der Schule. Zweckmäßige Veranstaltungen zur Kräftigung und Heilung schwacher und kranker Schulkinder (Ferienkolonien, Kinderheilstätten), Ausbau der Kinderschutzgesetzgebungen, namentlich Beseitigung der durch gewerblich landwirtschaftliche Kinderarbeit bewirkten Schädigungen der Jugend. Pädagogische Behandlung der sittlich verwahrlosten, möglichst schon der sittlich gefährdeten Kinder und Jugendlichen. Jugendfürsorge in jeder notwendigen Form"* (Handbuch des Lehrervereins zu Frankfurt a.M. 1914, S. 103).

In welchem Umfang Lehrer Sozialarbeit betreiben, wird auch daran deutlich, dass sie 1910 den *„Jugendfürsorgeverband der Berliner Lehrerschaft"* gründeten, dessen Zweck es ist, *„Interesse und Verständnis für die Jugendfürsorge zu wecken"* (Zentrale für private Fürsorge 1910, S. 80). An mehr als 100 Gemeindeschulen bestehen Schulausschüsse, die sich aus dem Lehrerkollegium, den Vertretern der Schulkommission, des Waisenrates und der Armenkommission sowie den Mitgliedern der im Bezirk bereits bestehenden Jugendfürsorgevereine zusammensetzen. Diese Schulausschüsse haben zum einen die Funktion, die einzelnen Jugendhilfemaßnahmen im Stadtteil zu koordinieren, sie haben aber auch selbst Maßnahmen entwickelt und durchgeführt.

Auch Alfred Pottag, der die Aufgaben des Lehrers im Rahmen der Jugendwohlfahrt reflektiert, verweist auf diese Tradition: *„Aufgaben der Jugendwohlfahrt sind keine Fremdkörper, die in die Schule hineinwollen, sondern sie machen einen Teil ihrer Erziehungsarbeit aus. Dem Lehrer wird keine berufsfremde Last auferlegt sondern ein Tätigkeitsfeld eröffnet, das seinem Berufstyp entspricht, wenn man seine soziale Einstellung als etwas dem Lehrerberuf Wesentliches ansieht"* (Pottag 1926, S. 213). Die Aufgaben der Jugendwohlfahrt haben zugenommen und Pottag meint, dass sich auch der Lehrer diesen nicht entziehen dürfe. Er fordert den sozialen Lehrer, denn die Jugendwohlfahrt benötigt dringend seine Mitarbeit. Diesen Anforderungen des Lehrerberufes müsse auch die Ausbildung Rechnung tragen, die dem Lehrer Theorie und Praxis der Sozialpädagogik nahebringen soll.

Die Frage, wie Jugendhilfe und Schule zusammenarbeiten könnten, wird Anfang der zwanziger Jahre in Kreisen der Lehrerschaft lebhaft diskutiert. So veranstaltet 1922 die Centrale für Private Fürsorge eine Tagung zur *„Einführung des Lehrerschaft Hessen-Nassaus in das Reichsjugendwohlfahrtsgesetz"*, deren Ziel es ist, das Grenzgebiet zwischen Schule und Jugendwohlfahrtspflege sowie das Zusammenwirken von Schule und Jugendamt zu klären. Auch der Deutsche Lehrerverein beschließt, „*Jugendwohlfahrtspflege im Rahmen der Schulerziehung*" zum Thema der Deutschen Lehrerversammlung zu machen.

Der Optimismus, der sich dort in Referaten und Diskussionsbeiträgen zeigt, wird von Gertrud Bäumer nicht geteilt, die die Auseinanderentwicklung von Schule und Jugendhilfe, wie sie sich schon damals abzeichnet, skeptischer beurteilt. Jedoch fordert auch sie eine verstärkte Zusammenarbeit beider Bereiche. „*Es liegt auf der Hand, dass diese beiden einander ergänzenden Systeme sowohl in ihren sozialpädagogischen Grundgedanken wie auch in ihrem praktischen Zusammenwirken eine größere Einheit bilden müßten. Bis jetzt ist das aus Gründen der geschichtlichen Entwicklung keineswegs der Fall. Die Schule hat sich in viel stärkerem Maß zu einer Unterrichtsanstalt entwickelt als dies möglicherweise in der Natur ihrer Aufgabe gelegen hätte. Sie hätte werden können die Stelle, von der aus die gesamte Erziehungsfürsorge für das schulpflichtige Kind, sofern sie nicht von der Familie geleistet werden kann und geleistet wird, als eine einheitliche Aufgabe übernommen worden wäre. Tatsächlich schwebt es ihr zwar heute als Ideal wieder vor, eine soziale Lebensgemeinschaft darzustellen. Sie ist aber weit davon entfernt. Trotzdem die Schule als Mittelpunkt auch der Jugendfürsorge mannigfache Vorteile böte, hat es die Entwicklung mit sich gebracht, dass Jugendwohlfahrtsbehörden neben ihr ihre Aufgabe ausgestaltet haben, ohne dass die Aufgabe einer dauernden und systematischen Verständigung und Zusammenarbeit mit der Schule auch nur wirklich gestellt worden wäre*" (Bäumer 1926, S. 52f.).

Auch Georg Kerschensteiner, Begründer der Arbeitsschule, einem Vorläufer der heutigen Berufsschule, befasste sich mit dem Verhältnis von Schule und Jugendamt. In seinem Aufsatz „*Die Schule als Organ der Schulkinderfürsorge*" entfaltet er seine Ideen, wie Schule und Jugendamt zum Wohle des Kindes zusammen arbeiten können und müssen. Dabei geht er von zwei Fragen aus: 1. Welche notwendigen Einrichtungen müssen neben der Schule geschaffen werden und 2. wie sollen diese Einrichtungen selbst am besten mit dem Wirken der Schule verbunden werden, um die gesamte Schulkinderwohlfahrtspflege in die rechten Bahnen zu leiten (vgl. Kerschensteiner 1922, S. 139). Kerschensteiner geht hier – wie auch Rehm und Bäumer – von den Gemeinsamkeiten von Jugendwohlfahrt und Schule aus: „*Neben die Schule tritt das Jugendamt im Kampfe mit der Erziehungsnot der Schulkinder. Die Pflichten beider sind die gleichen: Die Förderung des körperlichen, geistigen und sittlichen Gedeihens der Schulkinder*" (ebd., S. 136). Kerschensteiner wünscht die Zusammenarbeit von Schule und Wohlfahrt mit einer definierten Arbeitsteilung. „*Wenn beide sich so in die Aufgabe teilen, dass die Schule gleichsam als der für die leiblichen, geistigen und sittlichen Kräfte gestaltende Vater, das Jugendamt die allzeit hilfsbereite Mutter bildet [...] so wird das eheliche Bündnis von Schulamt und Jugendamt zweifellos der Jugendwohlfahrt*

IV Jugendhilfe und Schule in der Weimarer Republik (1918-1933)

ausgezeichnete Dienste leisten, [...] Ist die Schule selbst aber ein Wohlfahrtsorgan des Kindes, so bleibt nicht nur das Jugendamt die helfende Mutter in allen wirklichen Nöten, sondern gewinnt noch dazu eine unübersehbare Fülle hilfsbereiter und hilfsfähiger Arme aus der Schule selbst" (ebd., S.136f.). Kerschensteiner war davon überzeugt, dass die Schule diese Anforderungen aber nur erfüllen kann, wenn sie sich wandelt, und er fordert daher:

> *"Umwandlung der Schule aus einer Stätte individuellen Ehrgeizes in eine Stätte sozialer Hingabe, aus einer Stätte theoretischer intellektueller Einseitigkeit in eine Stätte praktischer, humaner Vielseitigkeit, aus einer Stätte des rechten Erwerbes von Kenntnissen in eine Stätte des rechten Gebrauches"* (ebd., S. 138).

Eine Umwandlung der Schule in diesem Sinne ist nach Auffassung von Kerschensteiner durch gesetzliche Maßnahmen allein nicht zu erreichen, *„den Geist der Liebe und Hingabe, die Quelle aller echten Wohlfahrtspflege kann man höchstens wecken oder befreien. Hier den rechten Geist zu entbinden a) durch geeignete Vorbildung der Lehrerschaft, b) durch entsprechende Entlastung im reinen unterrichtlichen Dienst, zugunsten des sozialen Dienstes, das ist die einzige Aufgabe, welche die obersten Schulbehörden zu lösen haben, wenn sie die Schule als ein Organ wahrhaftiger Jugendwohlfahrt entwickeln wollen"* (ebd., S. 147).

In ihren Überlegungen, wie Jugendhilfe und Schule verbunden werden könnten, entwickelt Gertrud Bäumer Vorstellungen, die nahe an das heranreichen, was wir heute unter dem Begriff der „Community School" diskutieren. *„Es ist an sich gar nicht ein für allemal abgemacht, dass der Erzieherkörper einer Schule nur besteht aus Leuten, die den Unterricht erteilen. Könnte man sich nicht eine Organisation der Schule denken, bei der andere sozialfürsorgerische Kräfte in viel stärkerem Maß an die Schule, in die Schule innerlich eingegliedert, mit ihr verbunden werden? [...] Mir schwebt das Bild einer Schule vor, wie ich sie im Ausland gesehen habe, die ein wirkliches Volkshaus für den Stadtteil geworden war, in der die Lehrkräfte ihre Aufgabe nicht nur dahin auffaßten, dass sie für den Unterricht da seien, sondern gemeinsam eine soziale Heimat für die Bevölkerung dieses Stadtteiles schufen"* (Bäumer 1922, S. 158).

Deutlicher werden noch ihre Intentionen in den folgenden Bemerkungen, in denen sie z.T. heutige Vorstellungen zur Schulsozialarbeit vorwegnimmt. *„Mir schwebte vor, dass die Volksschule in ihrem pädagogischen ‚Stab' Mitarbeiter haben müßte, die für die Wahrnehmung der sozialen Aufgaben in besonderer Weise vorgebildet und mit ihr beauftragt würden. In der ‚Schulpflege' waren Ansätze dazu, nur dass die Schulpflege auch mehr von außen her als selbständige soziale Einrichtung an die Schule herankam, statt aus ihr hervorzugehen und ihre interne*

Aufgabe zu bleiben. Damit würde natürlich das Jugendamt für seine eigentlichen Aufgaben und für die nicht schulpflichtige Jugend nicht ausgeschaltet sein" (Bäumer 1933, S. 323f.).

Jedoch bleiben diese Ziele unerreichbar und die Entwicklungen von Schule und Jugendhilfe streben weiterhin auseinander. Schon wenige Jahre später hat sich das Jugendamt als eigenständige Institution neben der Schule und unabhängig von ihr etabliert.

Angesichts dieser Entwicklung thematisiert Christian Klumker, Professor für Fürsorgewesen und Sozialpädagogik an der Universität Frankfurt, in seinem Aufsatz „*Schule und Kinderfürsorge*" (1928) nicht mehr die Gemeinsamkeiten von Schule und Kinderfürsorge, sondern er geht von deren unterschiedlichen Ansätzen aus. Der Lehrer richte seine pädagogischen Einwirkungen direkt auf das Kind, wohingegen der Fürsorger die erzieherischen Maßnahmen auf die Umgebung des Kindes, insbesondere auf die Familie richte. Er wirke mittelbar auf das Kind ein, der Lehrer arbeite unmittelbar mit dem Kind und wirke nicht oder nur ausnahmsweise auf dessen erzieherische Umwelt ein. *„Ein Zusammenwirken von Lehrer und Fürsorger ist dringend zu wünschen; es kann sich aber nur dann gedeihlich gestalten, wenn nicht stets bloß von dem Gemeinsamen und der einen Aufgabe der Erziehung gesprochen wird. Ebenso wichtig ist es, sich der Unterschiede und des eigenen Arbeitsgebietes eines jeden Teiles bewußt zu bleiben"* (Klumker 1928, S. 15).

Zur Begründung und Legitimation der Trennung von Schule und Fürsorge zieht Klumker die historische Entwicklung heran: *„Wohl ist die Schule zum Teil aus der Fürsorge hervorgegangen, wohl sind die Gedankengänge beider in manchen Persönlichkeiten innig verschlungen, aber rasch hat sich die Schule zu einer selbständigen Einrichtung entwickelt und sich von der Fürsorge entfernt. [...] Der nächstliegende Unterschied, von dem man beim Vergleich von Schule und Fürsorge ausgeht, ist der von Unterricht und Erziehung. Genauer müßte man wohl sagen, dass bei der Schule der Unterricht im Mittelpunkt stehe, dass sie durch Unterricht erziehe und erziehliche Maßnahmen an den Unterricht anlehne und in ihn hineinziehe, während für die Fürsorge der Unterricht eine geringe Rolle spiele, nur als ein Teilgebiet der Erziehung in Betracht komme, ja anderen gegenüber zurücktrete"* (Klumker 1928, S. 1f.). Klumker arbeitet die Unterschiede beider Institutionen, des Jugendamtes und der Schule heraus, um sodann entschieden für die Eigenständigkeit der Kinderfürsorge einzutreten. Damit wird die gesetzlich festgelegte Trennung von Jugendhilfe und Schule von ihm auch theoretisch legitimiert und nachvollzogen.

IV Jugendhilfe und Schule in der Weimarer Republik (1918-1933)

Ergebnisse der Reformpolitik

Wir haben in dem voranstehenden Kapitel das Verhältnis der Sozialpädagogik zur Schule unter verschiedenen Aspekten betrachtet und die historische Entwicklung verfolgt.

Seit dem ausgehenden 19. Jahrhundert bemüht sich der Staat um eine Verbesserung der schulischen Qualifikation; dies schlägt sich in der sozialpolitischen Differenzierung zwischen dem Unterrichtssystem (Schulwesen), für das der Staat Verantwortung übernimmt und der freien Wohlfahrtspflege nieder, deren Aufgabe es ist, *"Schutzeinrichtungen für aufsichtslose schulpflichtige Kinder während der schulfreien Zeit"* (Willmann/ Roloff 1913, S. 1204) zu schaffen. Folglich sind im Rahmen der Schulkinderfürsorge nacheinander der Hort, die Schulgesundheitspflege und die Schulpflege entstanden. Die Gründung des ersten deutschen Kinderhortes als einer pädagogischen Einrichtung wird auf Schmidt-Schwarzenberg (Erlangen) zurückgeführt. Trotz der Pädagogisierung der Hortarbeit versteht dieser sich als sozialfürsorgerische Einrichtung, die ausfallende Funktionen der Familie ersetzen will. Daher distanziert er sich von der Schule, obgleich er die Beaufsichtigung der Hausaufgaben als pädagogische Aufgabe übernimmt und schon aus diesem Grund eine Zusammenarbeit mit der Schule naheliegen würde. Aus der räumlichen Nähe der Schule, die für die Einrichtung von Horten empfohlen wird, verspricht man sich lediglich eine umfassende Kontrolle der Kinder. Aus sozialdemokratischer Sicht kritisierte Heinrich Schulz bereits 1911 den Hort als Wohlfahrtsanstalt, vor dessen Benutzung der klassenbewusste Arbeiter zurückschrecke (Schulz 1919, S. 130).

Der Prozess der Trennung von Schule und Sozialpädagogik verläuft nicht geradlinig. So entsteht z.B. zwischen 1907 und 1910 das Jugendheim in Gotha (Witzmann 1913), eine der Schule angegliederte außerschulische Einrichtung, in der Lehrer mitarbeiten. Es ist u.a. die Funktion dieser Einrichtung, Lehrern Erfahrungs- und Lernmöglichkeiten in der Jugendpflege zu eröffnen und die Verbindung von Schule und Jugendpflege zu fördern. Der schlechte Gesundheitszustand der Arbeiterkinder in den Großstädten ruft gesundheitsfürsorgerische Maßnahmen der Gemeinden ins Leben. Zwischen 1880 und 1890 stellen viele Großstädte Schulärzte ein, deren Aufgabe die Überwachung der Gesundheit der Schulkinder ist. Der Unterstützung des Schularztes dient die Schulschwester, die vor allem die Verbindung zum Elternhaus sichern soll.

Die Ausweitung der medizinischen Versorgung auf fürsorgerische Tätigkeiten erweist sich bei der Arbeit der Schulschwester als unumgänglich. Deshalb haben nach 1908 einige Gemeinden außerdem Schulpflegerinnen eingestellt. Der Aufgabenbereich der Schulpflegerin ist recht umfassend: Fürsorge für das kranke Kind,

Beschaffung der sachlichen Hilfe und pädagogische Fürsorge. Man hofft, durch den Einsatz der Schulpflegerin vorbeugende Erziehungshilfe zu leisten. Daher hat sich die Schulpflegerin zunächst wohl rasch ausgebreitet. Dennoch wird dieser Ansatz sozialpädagogischer Arbeit an den Schulen schon nach kurzer Zeit wieder aufgegeben, da das Jugendamt die Schulpflege durch die in Bezirke gegliederte Familienfürsorge ersetzt. Damit werden konkrete Arbeitsbezüge zwischen Jugendamt und Schule wieder beendet.

Mit der Konsolidierung der sozialpädagogischen Institutionen geht die Professionalisierung der in diesen Einrichtungen arbeitenden Mitarbeiter einher. Damit setzt zugleich auch eine zunehmende Spezialisierung der pädagogischen Berufe ein. Zunächst gilt der Lehrer als der kompetente Mitarbeiter in der sozialpädagogischen Arbeit. So wird die überwiegende Mehrzahl der Horte von Lehrern und Lehrerinnen geleitet, dabei zeigt sich am Beispiel des Jugendheimes, dass eine Einbindung sozialpädagogischer Arbeitsansätze in die Schule intendiert ist.

Mit der Konsolidierung des Hortwesens entwickelt sich neu das Berufsbild der Hortnerin. Nach einem Erlass des Preußischen Kultusministers von 1911 übernehmen die an Fachschulen ausgebildeten Jugendleiterinnen nach und nach anstelle der Lehrer die Hortleitung. In dem Maße wie die Professionalisierung der Sozialarbeit fortschreitet, ziehen sich die Lehrer aus der sozialen Arbeit zurück. Begünstigt wird diese Entwicklung auch durch die fachwissenschaftlich höheren Anforderungen an die Volksschullehrerausbildung, die sich an der des statushöheren Gymnasiallehrers orientiert. So lässt allmählich das Interesse des Lehrers an der sozialen Arbeit nach, ja meidet er den „arme-Leute-Geruch", der der sozialen Arbeit anhaftet. Ausgenommen von dieser Entwicklung ist der Sonderschullehrer, der bis heute der sozialen Arbeit stärker verbunden bleibt.

Anfang der 1920er Jahre wird durch Fortbildungsveranstaltungen und gemeinsame Tagungen von Lehrern und Mitarbeitern der Jugendpflege und Jugendfürsorge versucht, die verlorengegangene Verbindung wiederherzustellen. Der Anspruch, dass der Lehrer in der Jugendwohlfahrt mitarbeiten soll, wird erhoben, jedoch gelingt es nicht, diese Zusammenarbeit wieder lebendig werden zu lassen. Die Ausdifferenzierung des Bildungs- und Erziehungssystems setzt sich in der Weimarer Republik fort und die dort verabschiedeten Gesetze (RJWG und RSchG) schreiben die Trennung fest, die bis heute wirksam ist.

Die Vereinheitlichung aller die Jugendhilfe betreffenden Gesetze im RJWG und die Schaffung eigenständiger Jugendämter bedeutete für die weitere Entwicklung der Jugendhilfe insgesamt einen großen Fortschritt. Die mit den §§ 2 und 4 vorgenommene Abgrenzung von der Schule hat allerdings weitreichende Konsequenzen, da hiermit einer für beide Seiten verbindlichen Zusammenarbeit der Boden entzogen wird. Hinzu kommt, dass sich das Jugendamt zunehmend an der

Familienfürsorge orientiert und dadurch die Schule mehr und mehr aus dem Auge verliert. Das einzige noch bestehende schwache Bindeglied ist die Vertretung der Schule im Jugendwohlfahrtsausschuss (meist durch den Schulrat), was jedoch nicht ausreicht, um eine Zusammenarbeit beider Bereiche wirksam zu begründen.

Ende der Reformen durch den Nationalsozialismus

Nach der Machtergreifung Hitlers werden viele demokratische Organisationen, vor allem jene, die der Arbeiterbewegung nahestehenden (z.B. die Arbeiterwohlfahrt), die SPD, die SAP (Sozialistische Arbeiterpartei Deutschland), die KPD und die Gewerkschaften zerschlagen und die Justiz und Verwaltung unter die Kontrolle der nationalsozialistischen Partei gestellt. Auch in den Schulen werden unabhängige und fortschrittliche Pädagogen nicht geduldet und ihre Verfolgung setzt unmittelbar nach der Machtergreifung ein. Feidel-Mertz und Schnorbach schreiben in ihrer Untersuchung über Lehrer in der Emigration: *„Verfolgung erlitten jedoch außer den politisch links exponierten und den aus rassischen Gründen verfolgten Lehrern auch republikanisch, pazifistisch, christlich und schulreformerisch eingestellte Lehrer. Das Ausmaß der Maßregelungen, Strafversetzungen, Entlassungen und weiteren Verfolgungen unter der Lehrerschaft ist heute nur noch schwer zu rekonstruieren. In Kreisen emigrierter deutscher Lehrer in der CSR (Tschechoslowakei) wurde die Zahl der gemaßregelten und entlassenen Lehrer auf etwa 3000 geschätzt. Einzelne Angaben wie die von Radde, dass das Kollegium der Karl Marx-Schule in Berlin binnen eines Jahres von 74 Kollegen 43 verloren hat (Radde, S. 201), oder von Milberg, dass umfangreiche Versetzungsaktionen innerhalb von knapp drei Monaten 1933 ‚die hamburgischen Lehrerkollegien förmlich durcheinandergewirbelt' haben, beleuchtet, wenn auch nur punktuell, die Situation"* (Feidel-Mertz/Schnorbach 1981, S. 85).

Fritz Karsen, der Direktor der Karl Marx-Schule in Berlin wurde bereits am 21.2.1933 aus dem Amt entlassen. Er flüchtete, da er sich als gefährdet ansah mit seiner Familie in die Schweiz. In die Emigration gingen u.a. auch Siegfried Bernfeld, Wilhelm Reich, Edwin Hoernle und Otto Rühle. Viele andere starben in Konzentrationslagern wie z.B. Otto F. Kanitz oder an den Folgen brutaler Quälereien im Gefängnis wie Adolf Reichwein.

Zwei nach Prag geflüchtete Lehrer beschreiben in einem offenen Brief den Terror, den die Nationalsozialisten ausübten: *„In Deutschland befinden sich mindestens 200, in Worten: zweihundert Lehrer in sogenannter Schutzhaft. Das Hauptkontingent davon stellt das einstmals rote Sachsen. Hunderte weiterer Lehrer erwartet die Entlassung ohne Gehalt und ohne Pension. Tausende ihrer Angehörigen, Frau-*

en und Kinder, sehen einer furchtbaren Zukunft entgegen, da niemand in Deutschland einem entlassenen Lehrer Arbeit zu geben wagt. Das Berliner Schulwesen wurde noch niemals so von Konkurrenzneid, Denunzinantentum und Unfähigkeit beherrscht wie heute. Nationalsozialistische Lehrer werden ohne Rücksicht auf Eignung als Kommissare auf Schulleiterstellen versetzt. Zum Teil sind das dieselben Leute, die noch vor einem Jahre bei den sozialdemokratischen Schulräten um eine Schulleiterstelle an weltlichen Schulen antichambrierten" (Neue Erziehung 4/1933 (April) zit. nach Feidel-Mertz/Schnorbach 1981, S. 87f.). Damit werden die Ansätze pädagogischer Reformen in den Schulen, die in der Weimarer Republik so vielfältig entwickelt worden sind, gewaltsam zerschlagen. Fortan werden alle Gebiete des kulturellen Lebens von der nationalsozialistischen Propaganda bestimmt.

„Erziehung, Unterricht, Volkshochschulwesen, die Museen, das Verlagsgeschäft, das Werbewesen – selbst die Leihbibliotheken und Lesezirkel, der Kunsthandel und das Ausstellungswesen – kurz, die Gesamtheit der kulturellen Einwirkungsmittel wurden in den Dienst der Überpartei gestellt. Erzogen werden sollte der einsatzbereite, für die Gemeinschaft kämpfende, harte, grausame, aber wenn nötig, auch sich selbst aufopfernde Partei- und Volksgenosse. Zucht und Ordnung und Autorität hatten alleinige Geltung, die Nation war das höchste irdische Gut" (Valentin 1979, S. 613; vgl. auch Gamm 1964, Lingelbach 1970, Grossmann 1974, S. 58-79).

Die nationalsozialistische Erziehungsideologie hat ihre Grundlagen sowohl in den kleinbürgerlich-autoritären Erziehungsgrundsätzen des Kaiserreichs als auch in der sog. Rassenlehre, nach der die höherstehende nordische Rasse von sog. minderwertigen Rassen, z.B. den Juden, in ihrer Existenz bedroht sei, da diese über stärkere „Vitalkräfte" verfügen. Züchtung und Auslese sollen die nordische Rasse stärken, wohingegen die „minderwertigen Rassen" vernichtet oder zumindest unterworfen werden sollen. Die Grundzüge der nationalsozialistischen Erziehung sind äußerst primitiv: Der Heranwachsende soll frühzeitig auf die nationalsozialistische Ideologie ausgerichtet werden, das heißt, unbedingter Gehorsam gegenüber dem Führer bzw. dem Staat. Die Prinzipien nationalsozialistischer Erziehung hat Hitler in seiner Schrift *„Mein Kampf"* niedergelegt. Dort heißt es: *„Der völkische Staat hat [...] seine gesamte Erziehungsarbeit in erster Linie nicht auf das Einpumpen bloßen Wissens einzustellen, sondern auf das Heranzüchten kerngesunder Körper. Erst in zweiter Linie kommt dann die Ausbildung der geistigen Fähigkeiten"* (Hitler zit. nach Gamm 1964, S. 48).

Im Mittelpunkt aber steht die nationalsozialistische Ideologie der Rasselehre: *„Die gesamte Bildungs- und Erziehungsarbeit des völkischen Staates muß ihre Krönung darin finden, dass sie den Rassesinn und das Rassegefühl instinkt- und verstandesmäßig in Herz und Gehirn der ihr anvertrauten Jugend hineinbrennt.*

IV Jugendhilfe und Schule in der Weimarer Republik (1918-1933)

Es soll kein Knabe und kein Mädchen die Schule verlassen, ohne zur letzten Erkenntnis über die Notwendigkeit und das Wesen der Blutreinheit geführt worden zu sein" (Hitler z. nach ebd., S. 57).

Zur Absicherung der nationalsozialistischen Herrschaft gehört vor allem die Erziehung der nachwachsenden Generation im Sinne des Nationalsozialismus. In einem Aufruf an die deutschen Erzieher feiert der Reichsminister Rust den Jahrestag *„der nationalsozialistischen Revolution"* 1934: *„Das nationalsozialistische Regiment in Deutschland ist heute unerschütterlich. Es ruht nicht auf Bajonetten, sondern auf den gläubigen und darum opferwilligen deutschen Menschen. Dieses Wunder einer deutschen Volkwerdung und eines Staatsaufbaus so fest wie nie, aus einer Kraftzersplitterung ohnegleichen, ist die Frucht einer innen- und außenpolitischen Führung durch Adolf Hitler, deren hinreißende Wirkung so handgreiflich ist, dass auch der bösartigste Gegner dagegen nicht aufkommt. Nun hat Hitler wahrlich die Macht. Die lebende Generation gehört ihm. Eine unermeßliche Predigt- und Erziehungsarbeit hat Knaben, Männer und Greise gleichzeitig erfaßt, ein ganzes Volk ist durch die NSDAP und ihre Arbeitsformationen in die Schule genommen worden"* (Rust 1934, S. 97).

Die „körperliche Ertüchtigung" gilt als vorrangiges Erziehungsziel. *„Es dürfte kein Tag vergehen, an dem der junge Mensch nicht mindestens vormittags und abends je eine Stunde lang körperlich geschult wird, und zwar in jeder Art von Sport und Turnen. Hierbei darf besonders nicht ein Sport vergessen werden: das Boxen. Es gibt keinen Sport, der wie dieser den Angriffsgeist in gleichem Maße fördert, blitzschnelle Entschlußkraft verlangt, den Körper zu stählerner Geschmeidigkeit erzieht[...] Vor allem aber, der junge, gesunde Knabe soll auch Schläge ertragen lernen. Das mag in den Augen unserer heutigen Geisteskämpfer natürlich als wild erscheinen. Doch hat der völkische Staat eben nicht die Aufgabe, eine Kolonie friedsamer Aestheten und körperlicher Degeneraten aufzuzüchten. Nicht im ehrbaren Spießbürger oder der tugendsamen alten Jungfer sieht er sein Menschheitsideal, sondern in der trotzigen Verkörperung männlicher Kraft und in Weibern, die wieder Männer zur Welt zu bringen vermögen"* (Hitler zit. nach Gamm 1964, S. 58).

Eine strikt nach Geschlechtern getrennte Erziehung soll die Jungen zu „Kämpfern des Volkes" machen und die Mädchen auf ihre Rolle als Hausfrau und Mutter vorbereiten, denn: Das Ziel der weiblichen Erziehung hat unverrückbar die kommende Mutter zu sein. So werden im Dritten Reich die ersten Ansätze der beruflichen und politischen Gleichstellung der Frau, die in der Weimarer Republik erreicht wurden, als „entartet" kategorisch abgelehnt. In der Zeitschrift die „Volksschule" beschreibt Margot Enders die Ziele der Mädchenerziehung: *„Die Welt der Frau ist die „kleine Welt", die dennoch so groß ist, dass sie ein Leben* *voller Selbstlosigkeit, Hingabe und Opferbereitschaft verlangt. Der letzte Sinn ihrer Aufgabe ist das Kind, zugleich die Erfüllung ihres eignen Seins und das kostbarste Geschenk, das sie ihrem Volke bringen kann. Sie wird die eigentliche Hüterin der Rasse unseres Volkes sein"* (Enders 1934, S. 424).

Mit dem Leitbild der Frau als Hausfrau und Mutter hat der Nationalsozialismus ein gängiges konservatives Ideal übernommen, dem jedoch eine Vielzahl von berufstätigen Frauen nicht entsprechen konnte oder wollte. Von Führungspositionen in Politik und Verwaltung, im Bildungs- und Erziehungssystem wurden Frauen zwar ausgeschlossen, aber den Erfordernissen der Wirtschaft und der gesellschaftlichen Realität konnten sich auch die Nationalsozialisten nicht verschließen. So ist denn das Frauenbild im Nationalsozialismus durchaus widersprüchlich.

Susanna Dammer kommt in ihrer Analyse der nationalsozialistischen Frauenpolitik zu dem Ergebnis, dass die Nationalsozialisten keine Politik betreiben konnten, „die ernsthaft darauf ausgerichtet war, alle Frauen an *„Heim und Herd"* *zu binden. Eine genauere Betrachtung der NS-Propaganda lässt erkennen, dass sie dies gar nicht wollten. So war in dem Lieblingsmotiv nationalsozialistischer Propaganda, der Bäuerin, die Frau nicht nur Mutter und Hausfrau, sondern auch Landarbeiterin"* (Dammer 1986, S. 274).

Diese Einschätzung wird durch Äußerungen nationalsozialistischer Frauen durchaus bestätigt. So schreibt Margot Enders in ihrem Aufsatz *„Mädchenerziehung an der Wende"* (1934), dass nicht nur das Leben als Hausfrau und Mutter, sondern auch das Berufsleben *„eine vortreffliche Schule des Charakters"* sei und zur *„Entfaltung der eignen Anlagen"* beitrage, dass es sich hierbei aber nur um Berufe handeln könne, die weiblicher Eigenart entsprechen. Abschließend heißt es dann: „*So sehnlich wir selbst das Ziel* [gemeint ist die Erziehung zur Mutterschaft; Anm. d. Verf.], *dass der Führer unserer Arbeit steckte, eindeutig erreicht sehen möchten, so verlangt die Wirklichkeit zunächst etwas Zweifaches: Wir müssen zur Ehe und zum Beruf erziehen. Wohl werden wir als Erzieher bei unserem Werk immer den letzten und eigentlichen Beruf der Mutter als Ziel erkennen. Wenn wir der Wirklichkeit des Lebens Rechnung tragen, werden wir auch den anderen Weg zeigen"* (Enders 1934, S. 425).

Die nationalsozialistischen Erziehungsgrundsätze sollen in der Schule, vor allem aber in der Hitlerjugend (HJ) und im Bund Deutscher Mädel (BDM) realisiert werden, deren Mitgliedschaft von 1936 an obligatorisch ist. Damit gehören alle Kinder und Jugendlichen vom 11. Lebensjahr an der HJ bzw. dem BDM an, was unmittelbar Auswirkungen auf die Schule hat. Baldur v. Schirach, Reichsjugendführer, setzt sich mit dem Verhältnis von Schule und HJ auseinander, wobei er den schulischen und den außerschulischen Bereich scharf voneinander abgrenzt. Wenn beide diese Grenzen beachteten, dann *„wird es zu keinen Reibereien kommen kön-*

nen" (Schirach, zit. nach Gamm 1964, S. 126). Da „Lehren" und „Führen" als zwei grundverschiedene Aufgaben angesehen werden, wird dem Lehrer die Kompetenz abgesprochen, zugleich JH-Führer zu sein. Schirach bezeichnet das „Führertum" als eine angeborene Eigenschaft, die man nicht durch Ausbildung erwerben könne. *„Leider meint mitunter ein Lehrer, er habe das Recht zur Jugendführung gleichsam mit dem Staatsexamen mitbekommen. Ein verhängnisvoller Irrtum! Kommt ein solcher Lehrer durch ein Versehen tatsächlich zur Führung einer Jugendgruppe, verfälscht er unbewußt den Sinn der Jugendbewegung, indem er die Jugendorganisation als Fortsetzung des Schulunterrichts mit anderen Mitteln auffaßt. Was für die Jungen Ausmarsch und Fahrt sein soll, wird dann Schulausflug usw."* (Schirach zit. nach ebd., S. 126f.). Aus den unterschiedlichen Rollenauffassungen leitet v. Schirach ab: *„Der Trennungsstrich zwischen Schule und HJ kann nicht scharf genug gezogen werden. Wohl aber muß die Zusammenarbeit zwischen Jugendführern und Lehrern vertrauensvoll und kameradschaftlich sein"*. Dann aber fordert v. Schirach, dass der Lehrer zwischen Schülern, die zugleich HJ-Führer sind und solchen, die dies nicht sind sehr wohl unterscheidet. Er fordert, dass der Lehrer alles vermeidet, was die Autorität der HJ-Führer mindern könnte. *„Hier wird der Lehrer stets bestrebt sein müssen, die Autorität des HJ-Führers vor seinen Kameraden nicht unnötig herabzusetzen"* (Schirach zit. nach ebd., S. 127).

Über den neuen nationalsozialistischen Lehrertyp heißt es an gleicher Stelle: *„Jeder von uns kennt diese Typen, die der Volksmund „Pauker" nennt. Sie werden von Tag zu Tag weniger. Die frische Luft des Dritten Reiches bekommt ihnen nicht, und in eben dem Maße, wie sie verschwinden, erscheinen die frischen Gestalten unserer jungen Lehrer. Sie stehen mit beiden Beinen in der Gegenwart, marschieren in Reih und Glied mit ihren Kameraden in SA [Sturmabteilung der NSDAP; Anm. der Verf.] und PO [Partei-Organisation; Anm. der Verf.] und sind wie diese die älteren Kameraden der HJ."* (Schirach zit. nach ebd.)

Zwar greifen HJ und BDM die aus der Jugendbewegung stammenden pädagogischen Ansätze und Methoden auf, die für Jugendliche äußerst attraktiv sind, weil sie ihren Wünschen nach Gruppenleben und Abenteuer entgegenkommen, jedoch werden die ursprünglichen Ziele der Jugendbewegung, die auf die Selbstbestimmung und Selbstentfaltung des Jugendlichen gerichtet waren, durch nationalsozialistische Propaganda pervertiert. Die Intentionen von BDM und HJ richten sich nicht auf die Autonomie des Individuums, wie überhaupt das Individuum dem Nationalsozialismus nichts gilt, sondern auf die Ein- und Unterordnung des Jugendlichen in den nationalsozialistischen Staat. An die Stelle gesellschaftlicher Aufklärung tritt die nationalsozialistische Propaganda und daher ist Gamm (1964) zuzustimmen, wenn er in diesem Zusammenhang von der „Verführung" einer ganzen Generation spricht.

Die Einbindung der Kinder und Jugendlichen in Schule und Hitlerjugend verringern den Einfluss familialer Erziehung beträchtlich und ermöglicht die Durchdringung des gesamten öffentlichen Lebens mit nationalsozialistischer Propaganda. Schule und Hitler-Jugend erfüllen Ordnungs- und Kontrollfunktionen im Sinne des nationalsozialistischen Staates. Wenn wir die Jugendproblematik, wie sie von Schule und Jugendhilfe nach dem Zusammenbruch des Dritten Reiches zu bewältigen ist, angemessen verstehen wollen, müssen wir uns vergegenwärtigen, dass die gesamte junge Generation nichts anderes als nationalsozialistisches Gedankengut kennengelernt hat.

Schulreform ohne Sozialpädagogik nach dem zweiten Weltkrieg   V

Die Jahre von 1944 bis 1949 bringen den Zusammenbruch des Dritten Reiches, die Kapitulation mit der Verwüstung und Besetzung Deutschlands, den Verlust großer Gebietsteile und der zwangsweisen Umsiedlung der dort Ansässigen. In dieser Phase beginnt auch der Aufbau eines demokratischen Staatswesens mit der Schaffung des Grundgesetzes sowie der Gründung der Bundesrepublik Deutschland (BRD) und der Deutschen Demokratischen Republik (DDR). Die Bewältigung der damit verbundenen Aufgaben erfordert es, dass die Menschen die alten Orientierungen aufgeben und neue finden müssen. Von Politikern wird das Jahr 1945 sehr häufig als die „Stunde Null" bezeichnet, um darauf hinzuweisen, dass sowohl in der ideologisch-politischen Orientierung als auch in der Wirtschaft ein neuer Anfang stattgefunden habe. Dieser Neuanfang heißt dann auch meist, dass die Ereignisse im Dritten Reich, dass die subjektive Betroffenheit und Beteiligung verdrängt werden.

Die soziale Lage der Bevölkerung nach dem Krieg stellt sich unterschiedlich dar. In den nur wenig zerstörten kleinen Ortschaften und Städten herrscht kaum Wohnungsnot und Hunger, wohingegen die Lage der Familien in den industriellen Ballungsgebieten und insbesondere in den von Bomben zerstörten Großstädten verzweifelt schlecht ist.

Die Lebensmittelrationen, die bereits in den letzten Kriegsjahren gering sind, werden weiter gekürzt. Die Versorgung mit Wasser und Strom ist vielerorts durch die Zerstörung stark beeinträchtigt. In Berlin z.B. wird der Strom stundenweise abgestellt, oft auch am Abend und in vielen Häusern gibt es kein Wasser. Hinzu kommt die Politik der Alliierten, die die Deutschen büßen lassen wollen für das anderen zugefügte Leid in den von Deutschen besetzten Ländern, vor allem aber für die Millionen planmäßig ermordeter Menschen in den Konzentrationslagern.

In dem besonders kalten und langen Winter 1946/47 verschlechtert sich die Versorgung der Bevölkerung derart, dass die Frage des Überlebens ins Zentrum aller Aktivitäten rückt. Mangels Kohle können die Zentralheizungen in den meisten Mietshäusern nicht in Betrieb genommen werden. Dieser Winter ist einer der kältesten des 20. Jahrhunderts und Historiker schätzen, dass in Deutschland mehrere hunderttausend Menschen an den Folgen von Frost und Hunger gestorben sind.

Welche sozialen und erzieherischen Notstände es gibt, wie die Familien die schwierige Situation meistern, darüber gibt uns eindrucksvoll die wohl erste familiensoziologische Untersuchung nach dem Krieg von Hilde Thurnwald Auskunft. Sie hat vom Februar 1946 bis zum Sommer 1947 498 Berliner Familien untersucht. Über die Ziele ihrer Untersuchung schreibt sie in ihrer Einleitung: *„Den Anstoß zu dieser Untersuchung gaben die durch den Zusammenbruch Deutschlands immer deutlicher hervortretenden Schwierigkeiten im Familienleben und die wachsende Gefährdung der Kinder. Dabei drängten sich dem Beobachter nicht nur die materielle Not und die Behausungsprobleme vieler Familien auf, sondern ebenso ihre schon während des Krieges entstandenen inneren Entfremdungen und die Beeinflussung des Familienlebens durch den Nationalsozialismus"* (Thurnwald 1948, S. 5).

Die von Hilde Thurnwald schon drei Jahre nach dem Zusammenbruch des Nationalsozialismus vorgelegte Untersuchung ist in meinen Augen ein hervorragendes zeitgeschichtliches Dokument, in dem sich die damaligen Verarbeitungsformen von Einzelnen und Familien spiegeln, wenn auch einzelne Aspekte heute durch die größere zeitliche Distanz anders gewertet werden mögen. Die Problematik, die aus der eigenen Betroffenheit der Untersuchenden herrührt, wird von der Autorin selbst gesehen: *„Allerdings muß man sich bei derartigen Beobachtungen und Ermittlungen des Mangels an Abstand zu den Menschen und Geschehnissen bewußt sein. Unter den Gegenwartsverhältnissen mehr denn je. Der Soziologe, der in Berlin lebt und arbeitet, ist ein Bestandteil der Bevölkerung, über die er sachlich etwas aussagen will. Er teilt das Schicksal dieser Bevölkerung. Dadurch vermag er zwar die Zustände, Nöte und Reaktionen der Menschen besser verstehen, er schwingt mit, aber er ist gerade deshalb stets in Gefahr, nicht genug Abstand zu halten"* (ebd., S. 6, s. Anm. 13).

Speziell den Problemen von Kindern und Jugendlichen ist nur ein kleiner Teil der Studie gewidmet, auf den ich mich, weil er das Thema Jugendhilfe und Schule zentral betrifft, konzentrieren will. Über den Stellenwert, den dieser Aspekt im Rahmen der Gesamtuntersuchung hat, heißt es: *„Eine im Sommer 1946 begonnene und teilweise bis zum Sommer 1947 fortgesetzte Ermittlung der besonderen Jugendprobleme wurde in erster Linie auf dem Wege über Schulen, Berufsschulen und einige Jugendorganisationen durchgeführt. Aussprachen mit einzelnen Ju-*

gendlichen und Eigenberichte von diesen traten ergänzend hinzu. Auch bei dieser Arbeit machten sich die bereits erwähnten Erschwernisse geltend, vor allem die langen Kälteferien im Winter 1946/47. Die im IX. Kapitel erörterte Jugendproblematik darf daher nur als ein erster Versuch angesehen werden, die Lage der heranwachsenden Kinder und Jugendlichen zu umreißen" (ebd., S. 10).

Frauen und Kinder in der Nachkriegszeit

Ein großer Teil der Untersuchung ist der Schilderung der Situation der Frauen gewidmet. Um „männlicher" Kritik vorzubeugen, rechtfertigt Hilde Thurnwald dies wie folgt: *„Der Grund dazu liegt nicht in einer Unterschätzung der männlichen Arbeitslast und Verantwortung, sondern in der Einsicht, dass gegenwärtig in den Familien die Frauen als Versorgerinnen in den Mittelpunkt gerückt sind – schon durch ihre Überzahl"* (Thurnwald 1948, S. 10). Wichtig war Hilde Thurnwald auch die Untersuchung der politischen Orientierungen der Familien, insbesondere ihre Einstellung zum Nationalsozialismus. Sie hält Fragen nach diesem „heiklen" Komplex für absolut notwendig, zugleich aber auch die Anonymisierung der gewonnenen Daten. Die ausdrückliche Betonung der Diskretion lässt erahnen, unter welchem Tabu die offene politische Diskussion damals steht.

In die Untersuchung einbezogen sind die Kinder von 200 Familien, der sogenannten Kerngruppe der befragten Population. Des Weiteren haben drei Hortleiterinnen und drei Kindergartenleiterinnen eingehend über die Kinder aus 163 Familien aus ihrer Sicht berichtet. Von den insgesamt 843 Kindern dieser Familien sind 250 im vorschulpflichtigen Alter, 307 besuchen die Volksschule, 60 die höhere Schule, 65 befinden sich in der Berufsausbildung und 94 stehen bereits im Beruf. Das sind insgesamt 776 Kinder. Die restliche Gruppe verteilt sich auf bereits erwachsene Kinder, auf Kinder, die im Krieg gefallen oder vermisst sind sowie auf jene, die nicht bei ihren Familien leben, also ebenfalls in der Untersuchung nicht berücksichtigt werden können.

Die Abwesenheit der Männer während und nach dem Krieg macht es notwendig, dass die dadurch entstandene Lücke in den Familien von den Frauen ausgefüllt werden muss. Für zahlreiche Frauen kommt zu den Erziehungsaufgaben hinzu, dass sie entweder als Alleinstehende (Ehemann gefallen, vermisst oder in Kriegsgefangenschaft) für den gesamten Unterhalt der Familie sorgen oder dass sie wegen des knappen Verdienstes des Mannes durch Erwerbsarbeit zum Unterhalt wesentlich beitragen müssen. Sie machen die Erfahrung, dass sie imstande sind, sich und ihre Kinder zu erhalten und dass sie zudem auch noch die Erziehungsaufgaben meistern.

Hilde Thurnwald hebt hervor, dass während des Krieges und bei einem Drittel der Familien auch noch nach dem Krieg die Erziehung ausschließlich durch die Mütter geleistet wird. Aber auch in Familien, in denen der Vater bereits aus der Kriegsgefangenschaft heimgekehrt ist, lastet die Verantwortung fast ausschließlich auf der Frau. *„Unter den heimgekehrten Kriegsgefangenen sind die Väter zunächst häufig ihren Kindern entfremdet. Sie brauchen Zeit, sich in ihren Familien und im Berufsleben zurechtzufinden. Öfter leben solche Väter unter einem schweren seelischen Druck, der sie auch ihren Kindern gegenüber befangen und ungeeignet für Erziehungsaufgaben macht. [...]Kinder, die schon in den Kriegsjahren erlebten, dass Schutz und Fürsorge allein von der Mutter kamen und dass sie anstelle des fernen Vaters in allen Lebenslagen handeln mußte, betrachten auch heute vielfach die Mutter als Mittelpunkt der Familie"* (ebd., S. 97).

Hilde Thurnwald stellte fest, dass sich die Stellung des Mannes in der Familie verändert hat, dass seine Autorität geschrumpft ist. Sie führte dies allerdings nicht ausschließlich auf Einflüsse des Zusammenbruchs zurück, sondern sah hierin eine schon im 19. Jahrhundert einsetzende Entwicklung. Die beiden Weltkriege und die nach dem 1. Weltkrieg einsetzende politische Gleichberechtigung der Frauen haben dazu geführt, dass die traditionelle Rolle des Mannes als Familienoberhaupt geschwächt wurde. *„Die Auswirkung der nationalsozialistischen Ideologie hat sich als retardierendes Moment dazwischen geschoben. Seit dem Zusammenbruch des Nationalsozialismus unterstützen die politisch-demokratischen Bestrebungen wieder die Ablösung von dem alten patriarchalen Schema. Selbstverständlich bestehen auch heute noch weitreichende Unterschiede im Tempo dieses Vorganges in den verschiedenen Gegenden Deutschlands und auch in den Bevölkerungsschichten einer Großstadt wie Berlin. Doch scheint bei der jüngeren Frauengeneration der Nimbus männlicher Überlegenheit mehr oder weniger erloschen zu sein"* (ebd., S. 200f.).

Aus der familiensoziologischen Untersuchung geht hervor, dass die Frauen nach dem Krieg nicht so ohne weiteres bereit sind, die erworbene Selbständigkeit wieder aufzugeben und dass dies bei der Rückkehr der Männer aus Krieg und Kriegsgefangenschaft oft zu Konflikten führt.

„Vielfach opponierten die heimgekehrten Männer gegen die ‚zu große Selbständigkeit', die ihre Frauen während der langen Trennung erworben haben. Auch wenn der Mann die Nötigung der Frau zu selbständigem Planen, zu verantwortlichem Handeln in den Jahren der Trennung anerkannt hat, wünscht er meistens, die Frau bei seiner Heimkehr so vorzufinden, wie er sie verlassen hat. Erkennbar ist bei Männern häufiger ein ihnen selbst nicht recht bewußtes Minderwertigkeitsgefühl, das besonders bei Männern hervortritt, die bis zuletzt an den Sieg geglaubt haben, und die sich als Helden feiern lassen wollten.

Stattdessen kam der Zusammenbruch und an Stelle ihres Triumphes finden sie zu Haus die selbständig gewordenen Frauen vor, die öfter auch durch ihre Erwerbsarbeit mehr Geld verdienen als es den in Ersatzberufe hineingedrängten oder zunächst arbeitslosen Männern möglich ist.

Das alles irritiert den in seinem seelischen Gleichgewicht ohnedies erschütterten Mann, macht ihn überempfindlich und läßt auch gegen die Kinder keine natürliche Haltung aufkommen. Bedrohlich wird die Stimmung manchmal in Familien, in denen der heimgekehrte Vater PG [Parteigenosse; Anm. d. Verf.] *war und sich zunächst einer aussichtslos wirkenden Zukunft gegenübersieht."* (ebd., S. 197ff.).

Die Not der Nachkriegsjahre

Das Fehlen von warmer Kleidung und Schuhen zwingt viele Kinder, zu Hause zu bleiben. In den oft ungeheizten Wohnungen – Zentralheizungen sind außer Betrieb und dort, wo Kaminanschlüsse und Öfen vorhanden sind, fehlt es an Heizmaterial – verbringen die Kinder ihre Tage im Bett. *„Für unterernährte Kinder war das viele Liegen im ausreichend warmen Bett oft eine Hilfe. Es gab Mütter, die ihre Kinder nur ins Bett steckten, um ihren Hunger einzudämmen. Auch in den Kindertagesstätten gab es im Winter 1946/47 kalte Wochen oder ein Zusammenrücken in dem einzigen kleinen Raum, der noch geheizt werden konnte. Dort hatten die Kinder immerhin 10 Grad Wärme und konnten beschäftigt werden. Dabei zeigte es sich, dass selbst größere Kinder Stunden brauchten, bis sie aus ihrer durch die Kälte hervorgerufenen Erstarrung und Stumpfheit aufgetaut waren"* (Thurnwald 1948, S. 101f.). Diese Situation führt häufig zur Überforderung der Frauen und diese wiederum hat Auswirkungen auf die Beziehung zu den Kindern. Die Kinder erkennen offenbar in sehr vielen Fällen die Überlastung der Mütter und wollen ihnen helfen. *„Dieser Wunsch nimmt nicht selten eine recht zeitgemäße Form an, so etwa, wenn Kinder die Schule schwänzen und heimlich in die Ruine laufen, um dort Holz zu suchen, damit die Mutter abends nach der Arbeit gleich heizen kann"* (ebd., S. 98).

Die Leiterin eines Hortes in der Wohngegend von Industriearbeitern schildert aus ihrer Sicht die Erziehungsprobleme von Müttern der Hortkinder: 12 von 28 Müttern klagten über allgemeine Erziehungsschwierigkeiten mit ihren Kindern, fünf über Respektlosigkeit und Ungehorsam, vier über Herumstrolchen, Fortlaufen, gelegentliches Betteln. Ferner waren Mütter besorgt, weil ihre Kinder gelogen, gestohlen und Unterschriften gefälscht hatten (für Schulversäumnisse). In einem anderen Hort klagten 45 von 54 Müttern über die gleichen Erziehungsschwierigkeiten. Eine andere Hortleiterin berichtet: *„Der Widerstand der Kinder richtet sich* *kaum gegen die Mütter, vielmehr gegen die augenblicklichen Lebensbedingungen. Die Kinder suchen ihr Interesse nicht in der Schule, die sie z.T. an Ausdauer und Konzentration überfordert, die ihnen dagegen nichts für ihr Leben in Trümmern und häuslicher Dürftigkeit bietet. Von 28 Kindern sind es 14, die wiederholt die Schule schwänzen. Die Kinder wollen auf ihre Art zum Auskommen der Familie beitragen. Im Winter ging eine Gruppe 8- bis 12jähriger vom Hort aus nicht in die Schule, sondern in die Ruine auf Holzsuche. Andere suchen auf den Straßen auf irgendeine Art, Geld zu verdienen. Die ihnen spürbarsten Lebensansprüche aber bringen sie zum Schulschwänzen, Stehlen und Betteln. dass dieses Verhalten nicht in Ordnung ist, fühlen die Kinder, darum verschweigen sie es, lügen und schreiben einander Entschuldigungszettel für die Schulversäumnisse. Gelingt dieses doppelte Verhalten vor der Mutter wiederholte Male, so erscheint es den Kindern zunächst als Lösung des Konflikts: ‚Gott sei Dank, Mutter hat nichts gemerkt'. Darüber wächst die Gerissenheit, darüber schwindet die Vertrauensbeziehung zur Mutter. Die Mütter sind diesem Verhalten gegenüber meistens hilflos. Sie decken gelegentlich die Entwendungen der Kinder an Spielzeug, Schulmaterial u.a., weil sie das Bedürfnis der Kinder fühlen und nicht in der Lage sind, es zu befriedigen"* (ebd., S. 99).

Die auf Lebensmittelkarten zugeteilten Hungerrationen suchen viele Familien durch den „Schwarzen Markt" aufzubessern. Die verbotenen Schwarzmarktgeschäfte stellen für Kinder und Jugendliche eine Verlockung dar, weil sie nur dort ihre vitalen Bedürfnisse befriedigen können. Da die auf dem Schwarzen Markt verlangten Preise mit dem Normaleinkommen nicht zu bezahlen sind, sind viele Familien in Tausch- und Schwarzmarktgeschäfte auf die eine oder andere Weise verwickelt. Schwarzmarktgeschäfte waren streng verboten und durch überraschende Razzien versuchte die Polizei, diese zu unterbinden.

Schwarzmarktgeschäfte werden auch von älteren Schülern und Lehrern betrieben. *„Nach Angaben von Lehrern waren in den Oberklassen verschiedener Schulen 50% der Schüler am Schwarzmarkt beteiligt (d. h. dieser Prozentsatz war den Lehrern bekannt geworden)"* (ebd., S. 116f.).

Wie lange es dauerte, bis die Notlage der Nachkriegsjahre überwunden wurde, zeigt ein Bericht des West-Berliner Senats *„Denkschrift zur Jugendnot"* von 1952. Dort heißt es einleitend: *„Die Not der Nachkriegsjahre ist für unsere Jugend noch keineswegs überwunden, sondern hat in den vergangenen Jahren nur ständig ihren Schwerpunkt verlagert. Nacheinander übten Ausbombung, Evakuierung, Flucht, Schrecken der letzten Kriegstage, Hunger, Besatzungsnachteile, Währungsschwierigkeiten, politische Wirren, Blockade, Arbeitslosigkeit und Konflikte des Ost West-Gefälles ihre Wirkung auf diese gesundheitlich oft benachteiligte Jugend aus"* (Senator f. Arbeit u. a. 1952, S. l).

V Schulreform ohne Sozialpädagogik nach dem zweiten Weltkrieg

Besonders bedrückend war in den Nachkriegsjahren die Arbeitslosigkeit, die im Februar 1950 mit rund 2 Millionen Arbeitslosen im Bundesgebiet ihren Höhepunkt erreichte. Bis September 1950 gelingt es, die Anzahl der Arbeitslosen um 720.000 zu verringern, dies entspricht aber noch immer einer Arbeitslosigkeit von 11,4%. Von den 2 Millionen Arbeitslosen sind 472.000 Jugendliche zwischen 14 und 24 Jahren. Obgleich die Arbeitslosigkeit bis Ende des Jahres sinkt, ist der Anteil der arbeitslosen Jugendlichen im gleichen Zeitraum auf ein Drittel gestiegen (vgl. Amerikanischen Hochkommission 1952). West-Berlin ist wegen seiner besonderen geographischen und politischen Lage weitaus stärker als Westdeutschland von Arbeitslosigkeit betroffen. Dort ist jeder Dritte ohne Arbeit. Besonders katastrophal ist dort auch die Jugendarbeitslosigkeit. 27,3 % der männlichen Jugendlichen unter 18 Jahren und 46,8 % der weiblichen Jugendlichen unter 18 Jahren ist ohne Arbeit. Das bedeutet, dass nur jede zweite Schulabgängerin eine Lehrstelle oder einen Arbeitsplatz findet. Hierbei ist zu berücksichtigen, dass in West-Berlin bereits 1948 das obligatorische 9. Schuljahr eingeführt wird, so dass die Jugendlichen erst mit 15 Jahren aus der Schule entlassen werden. Der Anteil der ein Gymnasium besuchenden Schüler ist außerordentlich gering und fällt zahlenmäßig folglich kaum ins Gewicht (Senator für Arbeit u.a. 1952, S. 4).

Die hier skizzierten sozialen Verhältnisse haben enorme Auswirkungen auf die Sozialisation der Jugendlichen. Hilde Thurnwald berichtet, dass die Arbeitsmotivation schulentlassener Jugendlicher oftmals gering ist, vor allem bei den Mädchen. *„Sie ziehen es oft vor, zu Hause zu bleiben, weil Liebhaber ihnen das Leben erleichtern, oder weil sie durch ihren eigenen Schwarzhandel Summen erwerben können, die ihnen redliche Arbeit nicht so bald einbringen würde. Besonders leicht ist das, wenn sie durch ihre Soldaten-Freunde an Zigaretten oder Schokolade gelangen und diese auch nur teilweise verkaufen"* (Thurnwald 1948, S. 140). In einem Bericht des Jugendamtes über die Ursachen der Jugendgefährdung heißt es: *„Die Vorgeschichte der meisten 16- bis 17jährigen verwahrlosten Jugendlichen wirft ein Schlaglicht auf ihre Entwicklung durch den Mangel an Erziehung während der letzten Jahre. Bereits als Kinder führten sie ein Leben, das nicht seinen Mittelpunkt in der Familie hatte; Berufstätigkeit der Mutter, Abwesenheit des Vaters, gar kein oder unregelmäßiger Schulbesuch waren das übliche. Die am Beginn des Pubertätsalters stehenden Kinder erlebten die Zeit des Zusammenbruchs, in dem der Begriff von Mein und Dein aufgehoben zu sein schien. Sie waren mit dabei, als die Lebensmittelgeschäfte und Lager geplündert wurden. Versuche, später diese Jugendlichen in Arbeit zu bringen, glückten nicht immer, und wenn sie eine Arbeit hatten, fingen sie an zu schwänzen, die Fortbildungsschule zu versäumen, bis schließlich ihre Entlassung aus der Lehr- oder Arbeitsstelle erfolgte"* (ebd., S. 141f.).

Sehr anschaulich und einfühlsam charakterisiert ein Lehrer seine 17 bis 19jährigen Schüler, die zum Teil das Ende des Krieges an der Front oder im Volkssturm erlebten, und die fast alle der Hitler-Jugend angehört haben: *„Das Gefühlsleben fast aller dieser Jungen ist ‚neutralisiert' durch das, was sie erlebt und erlitten haben. Die meisten sind nicht mehr fähig, natürlich zu fühlen, sie sind abgestumpft und verhalten sich menschlichen Situationen gegenüber so sachlich wie irgendwelche Objekte. Als kürzlich einige der Schüler einen alten Menschen vor Schwäche zusammenbrechen sahen, besprachen sie dies Geschehnis wie ein Naturereignis, dem sie sachlich betrachtend gegenüberstanden. Sie sind sehr mißtrauisch, daher muß man mit Fragen vorsichtig sein. Alle direkten persönlichen Fragen erwecken die Besorgnis, man wolle wieder was von ihnen, man wolle sie vielleicht wieder täuschen, betrügen, einfangen"* (ebd., S. 119).

Im Bericht dieses Lehrers klingt an, dass das Ende des Krieges zugleich der Zusammenbruch der Welt ist, in der diese Jugendlichen aufgewachsen sind. Die ihnen vermittelten ideologischen Orientierungen, ihr durch den Nationalsozialismus geprägtes Werte- und Normensystem wurden auf einen Schlag zerstört.

Die von Thurnwald veröffentlichten, autobiographischen Texte zeigen, dass stärker als an der materiellen Not die Jugendlichen am Zusammenbruch ihres Weltbildes leiden. Nationalsozialistische Propaganda in den Schulen, die Zugehörigkeit zur Hitler-Jugend, die Identifikation mit den Führerinnen und Führern der Hitlerjugend haben dazu geführt, dass die Jugendlichen die ihnen vermittelten Wertvorstellungen von Vaterlandsliebe, Pflichterfüllung und Dienst an der Gemeinschaft und dazu gehört der Gehorsam gegenüber den Forderungen des Staates internalisiert haben. Diese idealistischen Vorstellungen, die der Realität des nationalsozialistischen Staates widersprechen, erweisen sich nach dem Zusammenbruch als Täuschung. Bis auf eine kleine Anzahl von Jugendlichen, die sich nach wie vor zum Nationalsozialismus bekennen, so Thurnwald, haben die Jugendlichen den Zusammenbruch auch als einen Zusammenbruch ihrer bisherigen Werte begriffen.

Schulprobleme der Nachkriegszeit

Der Zweite Weltkrieg hat ein besiegtes und zerstörtes Deutschland hinterlassen. Auch viele Schulen sind durch Bomben zerstört oder beschädigt und in den letzten Kriegsmonaten findet in den meisten Städten kein Unterricht mehr statt, wie z.B. in Darmstadt, wo vom September 1944 an der Unterricht ausfällt, und es bis zum Herbst 1945 dauert, bis ein einigermaßen geregelter Unterricht wieder stattfinden kann. Darmstadt ist durch 36 Luftangriffe zur Hälfte zerstört worden. Bei dem schwersten Luftangriff am 11. September 1944, bei dem etwa zwölf- bis fünfzehntausend Menschen getötet werden, werden neben zahlreichen Wohnhäusern auch 60% der Schulen zerstört. Von 16 Volks- und Mittelschulen sind nur noch fünf übriggeblieben, von den sechs Höheren Schulen zwei und von den drei Berufsschulen überhaupt keine. Da auch andere öffentliche Gebäude stark beschädigt oder zerstört sind, müssen die noch vorhandenen Schulen einen Teil ihrer Räume Ämtern und Behörden zur Verfügung stellen. Das hat zur Folge, dass sich mehrere Schulen ein Gebäude teilen müssen, wodurch Schichtunterricht und ein insgesamt verkürzter Unterricht notwendig wird (vgl. Kuhr 1952). So wie in Darmstadt sieht es auch in den anderen Städten und insbesondere in den Großstädten aus. Nicht nur die materiellen Bedingungen der Arbeit sind schwer, auch die pädagogische Arbeit mit den Kindern, die alle in irgendeiner Weise von den Folgen des Krieges betroffen sind, stellt an die Lehrer hohe Anforderungen.

Nach Kriegsende haben sich internationale Organisationen, wie z.B. die Quäker, der Not dieser Kinder angenommen und zunächst versucht, die materielle Not zu lindern. Schon bald aber zeigte es sich, dass vor allem die Lehrer einer neuen Orientierung bedurften. Während der nationalsozialistischen Gewaltherrschaft von allen internationalen pädagogischen Entwicklungen abgeschnitten, sollte der Anschluss hieran gewonnen und ein nach demokratischen Ideen gestaltetes Erziehungswesen aufgebaut werden. Um die Lehrer dabei zu unterstützen, hat die UNESCO eine Handreichung für den Lehrer herausgegeben, das die drängendsten pädagogischen Probleme analysiert und Wege zu ihrer Lösung aufzeigt. In der Einleitung heißt es:

> *„Die hier gegebenen Antworten sind das Ergebnis aus Besprechungen mit Psychologen, die sich mit dem Problem derjenigen Kinder befassen, deren Seelen durch die Kriegsumstände Schaden genommen haben, aus Besprechungen mit Lehrern, die sich innerhalb ihrer eigenen Schulen mit diesen Problemen auseinandergesetzt haben sowie aus Besprechungen mit Gesundheits- und Erziehungsbehörden über die besonderen Probleme kranker und versehrter Kinder"* (Kenworthy 1947, S. 9).

Vorrangiges Ziel der Schule ist die soziale Erziehung und die Vermittlung einer humanitären Einstellung, denn: *„Die neueste Geschichte zeigt allzu deutlich, dass Völker, die in hohem Maße gebildet sind und über ein großes Maß technischen Wissens und technischer Fertigkeiten verfügen, dieses Wissen zum Schaden der gesamten Welt mißbrauchen können"* (ebd., S. 14).

Folgende Bedingungen und Faktoren hält der Autor für unerlässlich bei der schulischen Erziehung: *„Zuneigung (das Gefühl, geliebt zu werden), Zugehörigkeit (das Gefühl, dass es von der Gruppe gebraucht wird), Selbständigkeit (das Gefühl, die Gestaltung und Führung des eignen Lebens selber in Händen zu haben), Er-*

folgsbewußtsein (Genugtuung über Leistung und Erfüllung von Aufgaben), Zustimmung (das Gefühl, dass das eigne Verhalten und Mühen den Beifall Anderer findet), Selbstbewußtsein (das Gefühl, etwas wert zu sein), in geistiger Hinsicht (zur Förderung der Fähigkeit zu klarem Denken und zur weitgehenden Lösung gestellter Probleme), in charakterlicher und gesellschaftlicher Hinsicht (um die Fähigkeiten zu einem kooperativen und wertvollen Zusammenleben mit anderen Menschen zu entwickeln), und in körperlicher Hinsicht (zur Entwicklung eines gesunden Körpers und einer gesunden Lebensführung)" (ebd., S. 16). Diese umfassenden Erziehungsziele entsprechen weitgehend den heutigen Forderungen der sozialen Erziehung und im Folgenden wird uns interessieren, wie diese Ziele konkret und praktisch umgesetzt werden sollten.

Zunächst einmal stellen die zerstörten Gebäude Lehrer und Schüler vor ganz praktische Probleme. Deshalb wird vielerorts Schule in anderen Gebäuden gehalten, wie z.B. in Kirchen, Kellern, Speichern, Scheunen oder stillgelegten Fabriken. Manche Schulen müssen ihre Klassen auf verschiedene Gebäude verteilen. An zahlreichen Orten haben Lehrer, Schüler und Eltern auch in Eigenhilfe ihre Schule wieder instandgesetzt. *„Wo dies unter der Anleitung von Fachleuten und Handwerkern als ein integrierender Bestandteil des Schulprogramms durchgeführt werden kann, kann diese Arbeit zu einem äußerst wertvollen Erziehungserlebnis werden. Der Umgang mit Werkzeugen, das Zeichnen von Plänen, die mathematischen Berechnungen, das Gemeinschaftserlebnis bei der Zusammenarbeit: all dieses sind Bildungselemente und sollten als äußerst realistische Erziehungsmittel willkommen geheißen werden. Besonders trifft dies für die älteren Jungen zu, an die das Leben während der Kriegsjahre Anforderungen wie an Erwachsene gestellt hat, und die folglich der Schule gegenüber, die sie für lebensfremd halten, sehr kritisch eingestellt sind"* (ebd., S. 22).

Unter den bedrückenden materiellen Bedingungen der Nachkriegszeit ist der Gedanke der Arbeitsschule wieder lebendig geworden, besinnt man sich auf die erzieherische Wirkung der Selbsttätigkeit. Auch andere Elemente aus der Reformpädagogik werden z.T. unter dem Druck der äußeren Verhältnissen herangezogen, wie zum Beispiel der Gruppenunterricht oder das „Helfersystem", das schon von Peter Petersen Anfang der zwanziger Jahre in seiner Jenaer Schule als erzieherisches Mittel eingesetzt worden ist. Auch der in den Zwergschulen praktizierte Abteilungsunterricht kennt den älteren Schüler, der als „Hilfslehrer" den Lehrer unterstützt.

Viele Lehrer klagen darüber, dass die Kinder ruhelos, nervös und reizbar sind und führen dies auf nicht verarbeitete Kriegserlebnisse zurück. Der Lehrer in der Schule soll kleineren Kindern die Gelegenheit geben, sich durch das freie Spiel auszudrücken, damit es die bedrückenden Erfahrungen verarbeiten kann. Für das ältere Kind und den Jugendlichen werden Theateraufführungen empfohlen. Die

Umlenkung aggressiven Verhaltens in nutzbringende Tätigkeiten gilt als ein weiterer pädagogischer Ansatz zur Verarbeitung verdrängter Erfahrungen. Insbesondere die Kinder, die zusehen mussten, wie ihre eigenen Angehörigen gefoltert und hingerichtet wurden, die in Luftangriffen erlebt haben, wie viele Menschen um sie herum ums Leben gekommen sind, müssen pädagogische Hilfen bekommen. Diese Kinder sind gegenüber dem Tod abgestumpft, *„sie haben aus Härte und Stumpfheit eine schützende Hülle geschaffen"* (ebd.). Kenworthy will durch seine Analyse Verständnis für die Kinder bei den Lehrern wecken und zugleich pädagogisch-therapeutische Wege aufzeigen, wie der Lehrer zur Verarbeitung dieser Erfahrungen beitragen kann.

Jugendhilfe und Schule

Angesichts dieser gravierenden Jugendproblematik verwundert es nicht, dass die der Jugendhilfe zur Verfügung stehenden Mittel als unzureichend angesehen werden. Elisabeth Bamberger schildert aus sozialpädagogischer Sicht, welchen Beitrag zur Jugendhilfe die Schule zu leisten hätte. *„In einer Zeit, in der so viele Kinder kein Daheim mehr haben, [...] muß die Schule den Kindern Heimat und Lebensmittelpunkt werden. Der ungeheure Einfluß, den ein Lehrer auf die Schüler haben kann, muß fruchtbar gemacht werden für die große Sache der Jugendhilfe. Nicht, dass er den Kindern Rechnen, Schreiben, Geographie oder Latein beibringt, dass er gute oder schlechte Zensuren gibt, ist seine bedeutungsvolle Aufgabe, sondern, dass er der Jugend Helfer, Freund und Vorbild ist. [...] Ich glaube, dass schon heute viele Lehrer unsere Mitarbeiter sind. Aber es müssen mehr werden, vor allem auf dem Land, wo die Wirkungsmöglichkeiten des Lehrers noch viel größer ist als in der Stadt"* (Bamberger 1949, S. 11).

In einem Büchlein *„Der Lehrer und das Nachkriegskind in den vom Krieg zerstörten Ländern"*, herausgegeben 1947 von einem englischen Lehrer im Auftrag der UNESCO, stehen Fragen wie:

„Wie können wir den Waisen und Halbwaisen in unseren Klassen helfen? Was können wir für tuberkulöse und krüppelhafte Kinder tun? Viele unserer älteren Jungen und Mädchen kommen vom Stehlen, vom Glücksspiel und anderen unmoralischen Dingen nicht los, was können wir tun, um sie zu besseren Grundsätzen zu führen? Der Lehrer stellt nicht nur die Fragen, er sucht sie auch zu lösen, zusammen mit Psychologen, Ärzten, Erziehungsbehörden. Es muß dahin kommen, dass jeder Lehrer ein Pestalozzi ist. Man wird die Schule der Zukunft gerade danach beurteilen, wie weit sie Kinder vor Gefährdung bewahrt, wie weit sie Gefährdete trägt und wie ihre Einstellung zum sozialen Problem ist." (zit. nach ebd.).

Analysieren wir die Rolle des Lehrers, die ihm hier nahegelegt wird: seine Funktion als Vermittler von Wissen und Fertigkeiten wird in den Hintergrund gedrängt. Im Vordergrund steht eigentlich die sozialpädagogische Aufgabe des Lehrers mit einer ganzen Reihe von therapeutischen Aspekten. Von ihm wird erwartet, dass er die Ursachen kindlicher Verhaltensauffälligkeit erkennt; er soll über Familie und Umwelt des Kindes sich Kenntnisse verschaffen und schließlich sozialpädagogische und gruppenpädagogische Ansätze aufgreifen und in der Klasse realisieren, so dass er dem einzelnen Kind helfen kann, sein inneres Gleichgewicht wiederzufinden und geglückte personale Beziehungen herzustellen. Dies alles soll der Lehrer aber nun unter den besonders schwierigen Bedingungen der Nachkriegszeit tun: zerstörte oder beschädigte Schulen, ungenügende Ernährung von Schülern und Lehrern, ungeheizte oder unzureichend geheizte Schulräume, keine oder zu wenige Schulbücher und Lehrmittel und schließlich überfüllte Klassen, Schichtunterricht.

In allen vom Krieg betroffenen Ländern stellt man eine steigende Jugendkriminalität fest. Als Ursache nimmt man die Auflösung der Familien an. *„Dem Herumstreunen und der Sorge für den eignen Lebensunterhalt überlassen, wurden sie eine leichte Beute für Untugenden und Fehler, denen sie begegneten. An zweiter Stelle steht die vollständige Umkehrung aller Maßstäbe von Seiten der Erwachsenen und die moralische Verwirrung, in die hierdurch ein Teil der Jugend hereingetrieben wurde – was vorher schlecht gewesen war, war nunmehr gut – der Diebstahl war gerechtfertigt, die Lüge wurde gelobt und sogar empfohlen. Töten war notwendig und sogar heroisch. Die Kinder haben nicht immer den Grund für diese Umkehrung aller Maßstäbe erkannt, sie sahen nur den Wechsel und paßten sich den neuen Verhältnissen an. Sie haben einen großen Teil ihres Lebens unter den Maßstäben des Krieges zugebracht. Während ihre Eltern über zweierlei Maßstäbe verfügten und den Friedensmaßstab niemals gänzlich vergessen haben, verfügen die Kinder nur über einen einzigen Maßstab, und das ist der des Krieges"* (Kenworthy 1947, S. 80).

Der Autor warnt aber auch vor einer Überschätzung des Problems: *„Es ist eigentlich kein Grund zur Verzweiflung vorhanden. Wenn man alle die außergewöhnlichen Umstände in Rechnung stellt, den Verlust des eigenen Heimes und des Familienlebens, Evakuierung, lückenhafter Schulbesuch, die miserablen materiellen Verhältnisse, die Verfolgungen, dann ist das Erstaunliche nicht etwa die Tatsache, dass es viel Gesetzlosigkeit bei der Jugend gegeben hat – sondern dass es nur so wenig war"* (ebd., S. 81).

Dass die Schule jedoch die an sie gerichteten sozialpädagogischen Orientierungen trotz der offensichtlichen Nöte der Jugendlichen nicht erfüllt, geht aus einem Beitrag hervor, in dem das *„brennende Interesse"* der Jugendfürsorger an der Schulreform sich artikuliert, zugleich aber die „*Kopflastigkeit*" der Schule beklagt wird. *„Trotz der anderslautenden Theorien und Bestrebungen [...] hat auch nach dem Zweiten Weltkrieg die reine Lernschule wieder weitgehend ihre Herrschaft aufgepflanzt. Sie setzt eine Normalklasse gleich aufnahmebereiter Schüler voraus, von denen zu gleicher Zeit das gleiche bestimmte Lernquantum verlangt wird. In Wirklichkeit sitzen unsere Kinder in keiner Schulstube dem Lehrer als Normalklasse gegenüber. Zu der geistigen Differenzierung kommt die soziale [...] Die sozialpädagogische Bestandsaufnahme ermöglicht erst die Einsicht in die seelischen Grundlagen, in die Voraussetzungen auch der geistigen Bildung. Ich habe diese Bestandsaufnahme immer gemacht und mußte erkennen, dass die Normalklasse eine Illusion ist"* (Bamberger 1949, S. 7).

In den ersten Nachkriegsjahren steht die Überwindung der wirtschaftlichen Not im Vordergrund, denn es gilt, die dringendsten Aufgaben des Tages zu bewältigen. Weder seitens der Jugendhilfe noch seitens der Schule hat eine tiefgehende und grundsätzliche Reform stattgefunden. Beide orientieren sich an dem, was in der ersten Republik geschaffen wurde. Für die Jugendhilfe heißt das vor allem, dass die während der Nazi-Diktatur aufgelösten oder verbotenen Freien Träger und Verbände neu gegründet werden. Aus der Schule entfernt man alle nationalsozialistisch vorbelasteten Lehrer, so dass fast eine ganze Lehrergeneration ausfällt. Besonders deutlich wird dies bei der Durchsicht der unmittelbar nach Kriegsende erschienenen pädagogischen Literatur. Hier finden sich in erster Linie die Namen derer, die vor dem Dritten Reich maßgeblich die pädagogische Diskussion beeinflusst haben. Die Zeitschrift „*Die Sammlung*", die bereits 1945 erstmals erscheint, wird von Otto Friedrich Bollnow, Wilhelm Flitner, Herman Nohl und Erich Weniger herausgegeben. Andere, vor allem sozialistische Pädagogen, die die in den zwanziger Jahren sozialpädagogischen Schulmodelle entwickelt und erprobt haben, sind nach wie vor im Exil, oder sie sind in den Konzentrationslagern umgekommen. Die von den Nazis erreichte „*Kulturzerstörung*" (Valentin 1979) hat also nachhaltige Folgen für den Wiederaufbau des Bildungs- und Erziehungssystems.

Schulkritik aus sozialpädagogischer Perspektive

In den Jahren von 1945 bis zum Ende der sechziger Jahre wird die Frage nach der Zusammenarbeit von Jugendhilfe und Schule fast nie gestellt. Die Jugendhilfe betont ihre Eigenständigkeit und Selbständigkeit und zeigt eine „*eigentümliche Blindheit*" (Kentler 1972) gegenüber der Schule. Nur sehr vereinzelt setzen sich Autoren aus sozialpädagogischer Sicht mit der Schule auseinander. So widmet Hanns Eyferth in seinem Buch „*Gefährdete Jugend*" (1950) diesem Problem nur eine Seite, den allgemeinen gesellschaftlichen Ursachen und insbesondere den familialen jedoch den größten Teil seiner Schrift. Über den Anteil, den die Schule an der Fehlentwicklung von Kindern hat, heißt es bei ihm:

> *„Trotz mancher Reformbestrebungen ist die deutsche Schule eine Lernschule geblieben, die reproduktive Leistungen des Gedächtnisses höher bewertet als selbständiges, anwendendes Denken, weshalb man von Verschulung und Lebensfremdheit gesprochen hat. Eine Volks- und Lebensschule hat sie nicht zu gestalten vermocht und auch im Vergleich z.b. zum englischen Schulwesen wenig charakterprägende Kräfte gezeigt. Sie hat schließlich den Entwicklungsgedanken zu wenig oder nur bezüglich der Intelligenzentwicklung beachtet: ihr fehlt einerseits im Anfangsunterricht eine lebendige Beziehung zur Spielwelt und Lebensform dieser Altersstufe, andererseits ist der Jugendliche über die Lernschule längst hinausgewachsen und verlangt größere Selbständigkeit im arbeitsteiligen Unterricht und neue Gemeinschaftsformen. Die entscheidenden Erlebnisse verlaufen auch heute noch meist unter Ausschluß des Lehrers, der zu sehr Schulmeister und zu wenig Erzieher zu sein pflegt"* (Eyferth 1950, S. 30).

Quintessens für Eyferth ist, dass die Schule zwar nicht als Verursacher von Fehlentwicklungen anzusehen ist, dass sie aber nichts oder zu wenig tue, um ihnen entgegenzuwirken. Über das Verhältnis der Einrichtungen der Jugendhilfe zur Schule oder deren Zusammenarbeit werden keine Aussagen gemacht; dies ist kein Thema in der damaligen Zeit.

Zehn Jahre später (1965) weist Pfaffenberger gerade auf diesen Aspekt hin, indem er davon ausgeht, dass das Erziehungsfeld insgesamt als ein Ganzes aufgefasst werden müsse und dass die „*Teilsysteme*", das sind die verschiedenen Erziehungsträger, in einem interdependenten Verhältnis zueinander stehen. Kommunikations- und Kooperationsmängel können ursächlich und/oder verstärkend bei Erziehungsschwierigkeiten verantwortlich sein. Er kritisiert, dass die „*systemeigenen Fehler und Schwächen des Erziehungs- und Bildungswesens*" (Pfaffenberger 1965, S. 36) zu wenig berücksichtigt würden. Er stellt in seiner Analyse der Ist-Situation fest, dass es kaum eine Zusammenarbeit zwischen der Schule und den sozialpädagogischen Einrichtungen gibt; hierfür macht er folgende Barrieren verantwortlich:

> *„1. Arbeitsüberlastung und Zeitmangel der beiderseitigen Fachkräfte,*
> *2. angebliche schlechte Erfahrungen in der Zusammenarbeit mit Fachkräften des anderen Bereiches (mangelnde Kooperationsbereitschaft, Indiskretionen und Ungeschicklichkeiten),*
> *3. Verständnislosigkeit und Verständigungsschwierigkeiten, unterschiedliche Fachsprache und Fachauffassungen,*
> *4. unterschiedliche Auto- und Heterostereotype des eigenen und des anderen Berufes, mangelnde Kenntnis der Ausbildung und des Beufsbildes des anderen Berufes,*

*5. Statuskonflikte,
6. organisatorisch-institutionelle Auseinanderentwicklung und verschiedene Ressortierung der beiden Erziehungsbereiche,
7. getrennte und stark unterschiedliche Ausbildung,
8. fehlende Organisation und Institutionalisierung von Begegnung, Kontakt, Koordinierung und Zusammenarbeit"* (Pfaffenberger 1965, S. 36 f.).

Pfaffenberger spricht in seiner kurzen und prägnanten Darstellung der Schwierigkeiten auch davon, dass zwischen beiden Bereichen Misstrauen herrsche, das eine an sich notwendige Zusammenarbeit be- oder verhindere. Er schlägt vor, durch gemeinsame Konferenzen und Fallbesprechungen die Kooperationsbarrieren abzubauen. An diesen Besprechungen sollten je nach der Lage eines Falles folgende Fachkräfte beteiligt werden: Rektor, Klassenlehrer, Schulpsychologe; seitens der Sozialpädagogik: Sozialarbeiter des Jugendamtes, der Familienfürsorge, des Gesundheitsamtes, die Leiterin der Kindertagesstätte. Um die Kooperation anzubahnen, schlägt Pfaffenberger wechselseitige Besichtigung schulischer und sozialpädagogischer Einrichtungen vor sowie gemeinsame Arbeitsgemeinschaften und Fortbildungsveranstaltungen. Eine grundsätzliche Verbesserung der Kommunikation und Kooperation verspricht sich Pfaffenberger aber nur durch eine grundlegend veränderte Ausbildung. *„Konflikte und Spannungen könnten vermieden oder abgebaut werden durch eine Annäherung aller sozialpädagogischen und pädagogischen Ausbildungen mit dem Endziel einer differenzierten und gestuften Ausbildung für alle Formen und Bereiche in gemeinsamen Ausbildungsstätten"* (ebd., S. 38).

Im Gegensatz zu Eyferth, der die Volksschule vor allem als eine Lernschule wahrnimmt, legt Pfaffenberger Wert darauf festzustellen, dass sozialpädagogische und jugendpflegerische Formen und Inhalte in die Schule eingedrungen seien, was sich insbesondere beim Schulwandern, freien musischen Arbeitsgemeinschaften, der Schülermitverwaltung und der Schülerpresse zeige. *„Ein stärkeres Engagement der Schule zu sozialpädagogischen Zielen wäre sicher noch möglich durch Öffnung der Schule und ihrer räumlichen und sonstigen Möglichkeiten nach den Schulstunden und in den Ferien für jugendpflegerische Nutzung durch Mitarbeit der Lehrer in der Jugendpflege, in Jugendverbänden und Jugendringen, im Jugendwohlfahrtsausschuß usw. [.]. Vielleicht aber werden solche Aktivitäten einzelner Lehrer noch zu sehr als persönliches Hobby und zu wenig als Bestandteil eines gesellschaftlichen Auftrages und der Aufgabe der Zusammenarbeit gesehen (und vielleicht auch aus diesem Grunde noch nicht ausreichend anerkannt, unterstützt und gefördert)"* (ebd., S. 38f.). Pfaffenberger hat seinem Aufsatz noch eine Literaturliste beigefügt über die Zusammenarbeit von Schule und Jugendhilfe, über Vergleiche der Berufe Lehrer, Sozialarbeiter und Sozialpädagoge und über die Idee und Konzeption einer sozialpädagogisch orientierten Schule.

Gemessen daran, wie bedeutsam die genannten Themen sind, ist jedoch die Literatur hierzu dürftig. Bei den insgesamt ca. zwanzig einschlägigen Titeln handelt es sich fast ausschließlich um kleinere Beiträge von zwei oder drei Seiten, in denen neue Gesichtspunkte im Rahmen der Diskussion nicht zu entdecken sind. Im Wesentlichen klagen die Autoren über die fehlende Zusammenarbeit und machen Vorschläge, wie die Situation gebessert werden könnte.

Die Anregungen von Pfaffenberger werden damals nur von einzelnen „einsichtigen" Sozialpädagogen aufgegriffen, das heißt, vereinzelt kommt es zu einem Austausch zwischen der Erzieherin im Kindergarten oder Hort und dem Lehrer oder der Lehrerin. Ansonsten verläuft die Praxis wie auch die theoretische Diskussion in streng getrennten Bahnen. Diese Sprachlosigkeit zwischen beiden Disziplinen änderte sich erst, als die Pläne zur Bildungsreform vorgelegt wurden, die die traditionelle Arbeitsteilung zwischen Schule und Jugendhilfe nicht mehr akzeptierten.

Zusammenfassung

Wenn wir rückblickend die Schulentwicklung von 1945 bis etwa 1960 betrachten, so stellen wir fest, dass hierbei folgende Entwicklungen stattgefunden haben: in den ersten Jahren ist es das Wichtigste, die Gebäude wieder nutzbar zu machen; des Weiteren steht die Schule vor dem Problem der Demokratisierung, d. h. Entfernung möglichst aller nationalsozialistisch vorbelasteten Lehrer. Ein wesentlicher Schritt in Richtung mehr Demokratie ist auch die Einführung der Schülermitverwaltung und Wahlen der Schülervertreter an allen öffentlichen Schulen. Nach und nach wird in den einzelnen Bundesländern die Verstaatlichung vieler weiterführenden Privatschulen (Gymnasien) vorgenommen und in einigen Bundesländern die vollständige oder teilweise Lernmittelfreiheit eingeführt. In West-Berlin und Hamburg z.B. gingen die Schulbücher noch bis 1984 in den Besitz der Schüler über.

So wichtig diese einzelnen Maßnahmen im Hinblick auf Demokratisierung und Verwirklichung von Chancengleichheit auch sind, so wird durch Vergleichsuntersuchungen deutlich, dass sie nicht ausreichen, um sozio-ökonomisch bedingte Bildungsbarrieren abzubauen. Geringe Bildungschancen haben generell die Kinder auf dem Land und innerhalb dieser Gruppe sind die Mädchen besonders benachteiligt.

Bildungsreform

1964 veröffentlicht Georg Picht in der Zeitschrift „*Christ und Welt*" eine vielbeachtete und diskutierte Artikelserie, in der er die unmittelbar bevorstehende „Bildungskatastrophe" – ein Begriff, den er prägte – prophezeit. Er kritisierte, dass Deutschland verglichen mit anderen westlichen Industrienationen zu wenig in Bildung investierte, dass die Abiturientenquote mit durchschnittlich 6 % zu niedrig wäre und forderte eine grundlegende Reform des Bildungswesens. Die in den fünfziger Jahren einsetzende Steigerung der Geburtenrate wird die Anzahl der Schüler bis 1970 um 2 Millionen wachsen lassen und Picht weist mit dramatischen Worten auf die damit verbundenen Probleme hin: „*In wenigen Jahren wird man, wenn nichts geschieht, die schulpflichtigen Kinder wieder nach Hause schicken müssen, weil es für sie weder Lehrer noch Klassenräume gibt*" (Picht 1964, S. 3). Dies sei ein gesellschaftliches Problem ersten Ranges, weil, nach Picht, wirtschaftliches Wachstum und die Leistungsfähigkeit des Bildungswesens unmittelbar zusammenhingen. „*Bildungsnotstand heißt wirtschaftlicher Notstand. Der bisherige wirtschaftliche Aufschwung wird ein rasches Ende nehmen, wenn uns die qualifizierten Nachwuchskräfte fehlen, ohne die im technischen Zeitalter kein Produktionssystem etwas leisten kann*" (ebd.). Picht vertritt die These, dass die wirtschaftliche und politische Position eines Landes von der Leistungsfähigkeit seines Bildungssystems abhängig sei. Zur Sicherung der Konkurrenzfähigkeit der Bundesrepublik fordert Picht die Verdoppelung der Abiturientenzahlen.

Mit dieser Argumentation bewirkte Picht, dass Fragen der Bildungspolitik in den folgenden Jahren in den Mittelpunkt öffentlichen Interesses rückten und eine breite Diskussion zur Schulreform einsetzte. Mit einer Reform des Bildungswesens verfolgten die Kultusminister der sozialdemokratisch regierten Bundesländer das Ziel, durch die Gründung von Gesamtschulen die Quote der Sitzenbleiber und Schulabbrecher zu senken und mehr Schülerinnen und Schüler aus bildungsfernen Schichten zu einem höherwertigen Schulabschluss zu führen. Da vielfach abweichendes Verhalten von Kindern und Jugendlichen den Schulabbruch zur Folge hatte, entstand das Interesse seitens der Schule an einer engeren Zusammenarbeit mit der Jugendhilfe.

Bereits in den zwanziger Jahren hatte man den Versuch unternommen, im Rahmen der Lehrerfortbildung Lehrerinnen und Lehrer mit sozialpädagogischen Einrichtungen und Konzepten vertraut zu machen. Jedoch kann man mit Fortbildungsmaßnahmen immer nur einen relativ kleinen Teil der Lehrer erreichen, so dass schon damals gefordert wurde, dass der Lehrer bereits in seinem Studium sich mit Fragen und Sichtweisen der Sozialpädagogik auseinandersetzen sollte.

Die damals entwickelten Ideen zu einer sozialpädagogischen Lehrerausbildung sind in den 1960er Jahren von Berthold Simonsohn, Professor für Sozialpädagogik und Jugendrecht an der Frankfurter Universität, aufgegriffen, konkretisiert und in die Praxis umgesetzt worden. Bezugnehmend auf Nohl verstand Simonsohn Sozialpädagogik zum einen als Bezeichnung für die speziellen sozialpädagogischen Einrichtungen und Maßnahmen, zum anderen begriff er aber Sozialpädagogik auch als ein in alle Felder der Pädagogik einzubringendes Prinzip. *„Sozialpädagogik ist heute nicht mehr nur Fürsorge für Benachteiligte, Gefährdete und Gestrauchelte, sei es auf Grund von Schwächen und Mängeln der Anlage oder der Umweltbedingungen, sondern ein integrierender Bestandteil der gesamten Pädagogik für alle Kinder und Jugendlichen"* (Simonsohn 2012 (1968), S. 97). In der Lehrerausbildung ging es Simonsohn sowohl um die Vermittlung von Kenntnissen der Aufgaben, Möglichkeiten und Rechtsgrundlagen der sozialpädagogischen Arbeit als auch darum, den künftigen Lehrer zur kritischen, sozialpädagogischen Reflexion seiner pädagogischen Arbeit zu befähigen. Er soll Fehlentwicklungen seiner Schüler rechtzeitig erkennen und ihnen entgegenwirken, indem er auch mit den sozialpädagogischen Institutionen zusammenarbeitet. Theoretisch knüpft Simonsohn an die in den 1920er Jahren entstandene psychoanalytische Pädagogik an, die er mit einer gesellschaftskritischen, soziologischen Perspektive verbindet. Soziale Probleme sollten aus der Schule nicht ausgeblendet und das Kind nicht auf seine Rolle als Schüler reduziert werden. Es war die Intention dieses Ausbildungskonzeptes, die sozialerzieherischen Aspekte der Lehrerrolle zu akzentuieren. Der künftige Lehrer sollte befähigt werden, seine Beziehung zum Kind wie auch die Verhaltensweisen des Kindes psychoanalytisch zu reflektieren. Simonsohn erkennt, dass der fortschreitende Funktionsverlust der Familie dazu geführt hat, dass sich Erziehungsaufgaben der Familie auf die Schule verlagert haben, so dass der erzieherischen Kompetenz des Lehrers eine wachsende Bedeutung zukommt. Der Lehrer steht deshalb nicht vor der Alternative *„Erziehen oder Unterrichten, sondern vor dem harten Muß: Erziehen um zu unterrichten"* (Simonsohn (1968) 2012, S. 100).

Nach der bis zur vollen Integration der Lehrerausbildung in die Universität gültigen Prüfungsordnung mussten Lehrerstudenten neben der Schulpädagogik ein zweites Schwerpunktgebiet, entweder Allgemeine Pädagogik oder Sozialpädagogik mit acht Semesterwochenstunden belegen. Im Rahmen eines breit gefächerten Lehrangebots konnten sich die künftigen Lehrer mit Problemen und Sichtweisen der Sozialpädagogik auseinandersetzen, damit sie als Lehrer zu einer präventiven pädagogischen Arbeit befähigt werden. Deshalb befassen sich Seminare wie Vorlesungen mit Problemen wie: Heimerziehung, Erziehungsberatung, Gruppenpädagogik und -dynamik, Einzelfallhilfe, Sexualpädagogik, Ganztagsschule, vorschulische Erziehung und Schulkindergarten, Fürsorgeerziehung und Jugendstrafvollzug, Suchtgefahren, Geschichte und Theorie der Sozialpädagogik; Grundlagen und Entwicklung des Jugendrechts; die Problematik des ‚Strafens oder Erziehens', Ursachen, Behandlung und Verhütung jugendlicher Dissozialität. Besondere Beachtung wird den Erziehungsversuchen bedeutender Sozialpädagogen, wie z.B. Johann Heinrich Pestalozzi (Stans), Johann Hinrich Wichern, Johannes Falk, Don Bosco, Pater Flanagan, Karl Wilker, August Aichhorn, Homer Lane und Alexander S. Neill, geschenkt, um daraus Grundsätze für die Erziehung durch Vergleiche herauszuarbeiten. Großes Interesse finden Veranstaltungen, die den Zusammenhang von Tiefenpsychologie und Erziehung erhellen sollen.

Neben der theoretischen Auseinandersetzung mit der Sozialpädagogik hatten Lehramtsstudenten der Frankfurter Universität auch die Möglichkeit anstelle eines Schulpraktikums ein sechswöchiges Praktikum in einer sozialpädagogischen Einrichtung, z.B. in Kinder- und Jugendheimen oder Erziehungsberatungsstellen zu absolvieren. In den vorbereitenden und auswertenden Seminaren ist dann die Relevanz dieser Erfahrungen für den Lehrer erarbeitet worden.

Mit der Anfang der 1970er Jahre einsetzenden Reform der Lehrerbildung werden jedoch die sozialpädagogischen Anteile im Studium und das sozialpädagogische Praktikum zugunsten der fachwissenschaftlichen und fachdidaktischen zurückgedrängt, so dass die sozialpädagogisch orientierte Lehrerausbildung auch in Frankfurt ihr Ende findet.

1970 erscheinen zwei Veröffentlichungen, die die bildungspolitische Diskussion nachhaltig beeinflussen: der *„Bildungsbericht '70"* (Bericht der Bundesregierung zur Bildungspolitik 1970) und der *„Strukturplan für das Bildungswesen"* (Deutscher Bildungsrat 1970). Beide enthalten Pläne und Vorschläge zur Reform des Bildungswesens. Durch eine neue Organisation des Schulwesens soll die Durchlässigkeit zwischen den einzelnen Schulformen vergrößert werden, um dadurch mehr soziale Gerechtigkeit bei der Wahrnehmung von Bildungschancen zu erreichen. Zu den Vorschlägen gehören auch die Herabsetzung des Einschulungsalters auf fünf Jahre, die nicht realisiert wurde und die Verlängerung der Vollzeitschulpflicht um ein weiteres Jahr auf neun Jahre. Insbesondere aber sollen mehr Schüler als bisher weiterführende Schulen besuchen. Verwirklicht werden sollen diese Ziele durch die Gesamtschule, die das dreigliedrige Schulsystem ablösen soll. In unserem thematischen Zusammenhang interessiert uns die Frage, welche Folgen die Reform für die Sozialpädagogik hat und wie die Vertreter der Disziplin diese beurteilen.

Der erste, der sich aus sozialpädagogischer Sicht ausführlich mit den Reformplänen auseinandersetzt, ihre sozialpädagogischen Defizite und Leerstellen benennt, ist Walter Hornstein. Hornstein kritisiert, dass sowohl der *„Strukturplan"* wie auch der „*Bildungsbericht '70*" zwar die wissenschaftliche Literatur zur Begabungsforschung rezipiert habe, dass jedoch die Forschungen zur schichtenspezifischen Sozialisation weitgehend unberücksichtigt geblieben seien und dass beiden Plänen die gesellschaftskritische und sozialpädagogische Dimension fehle, wodurch ganze Problembereiche ausgeblendet würden (vgl. Hornstein 1971). „*So wie Strukturplan und Bildungsbericht argumentieren, klammern sie so gut wie alle wirtschaftlichen, sozialen und politischen Bedingungen, die außerhalb des Bildungswesens existieren, völlig aus, sprechen aber zugleich, eben deshalb, dem Bildungswesen Aufgaben zu (Schaffung von Chancengleichheit, Aufhebung von sozialer Unterprivilegierung u. a.), die zu lösen sind; an die Adresse des Bildungswesens gerichtet, stellen sie eine ungeheure Überforderung dar*" (ebd., S. 292).

Angesichts der Reformpläne, die im Wesentlichen auf den quantitativen Ausbau des Bildungswesens zielen und curriculare Entwicklungen beschreiben, fragt Hornstein zurecht nach den sozialpädagogischen Konsequenzen einer solchen Planung. „*Wieweit, so ist zu fragen, besteht begründete Aussicht, dass die elementaren Bedürfnisse von Kindern und Jugendlichen nach physischem Wohlbefinden, nach gedeihlicher körperlicher Entwicklung befriedigt werden? Wer sorgt für eine den Erfordernissen und Erkenntnissen der modernen Hygiene entsprechende Gestaltung des Schullebens in räumlicher, verpflegungsmäßiger, hygienischer Hinsicht? Wieweit ist damit zu rechnen, dass in diesem Bildungswesen alle Betroffenen und ihm ‚Ausgelieferten' dasjenige Maß an emotionaler Geborgenheit und Sicherheit ist, jenes Maß an Anerkennung und Bestärkung und Ermutigung, in dem es die traditionelle Schule seit jeher aus Gründen, die mit ihrer Struktur, ihrem Selbstverständnis als Leistungsschule u. a. Zusammenhängen, hat fehlen lassen?*" (ebd., S. 299).

Hornstein kritisiert, dass in den Planungen „die seit Jahrzehnten immer wieder erhobene Forderung nach einer ‚sozialpädagogisch orientierten Schule' (vgl. ebd., S. 297) nicht berücksichtigt werden. Skeptisch ist er auch bei der Beurteilung der Frage, ob durch die neuen Organisationsformen der Differenzierung tatsächlich die alten Selektionsmechanismen beseitigt werden. Er vermutet vielmehr, dass die Differenzierungsmaßnahmen, die ja auch Selektions- und Platzierungsmechanismen sind, „*von den Betroffenen als umso schwerwiegender und belastender empfunden werden dürften, je mehr sie in das Schulsystem hineinverlegt werden*" (Hornstein 1971, S. 298).

Von den expansiven Bestrebungen der Bildungsreform, so fürchtet Hornstein, werden eine Reihe von sozialpädagogischen Einrichtungen und Angeboten unmittelbar betroffen sein. Dass es der Jugendhilfe damals nicht gelungen ist, sich wirksam in die Planungs- und Konzeptualisierungsprozesse der Bildungsreform einzubringen, führt Werner Schefold auf Inkompetenz zurück und auf die Tatsache, dass weder konzeptionelle Vorstellungen noch wissenschaftlich-theoretische oder empirische Arbeiten vorliegen, auf die man hätte zurückgreifen können (vgl. Schefold 1980).

Dass Bildungspolitiker ernsthaft daran denken, der Schule sozialpädagogische Aufgaben zuzuweisen, geht aus einem Arbeitspapier der Bund-Länder-Kommission hervor: „*Es wird deshalb zu einer neuen Aufgabenverteilung zwischen Schule und außerschulischer Jugendbildung kommen müssen. Leitende Zielvorstellung ist dabei, die Träger der außerschulischen Jugendbildung in ein Gesamtkonzept der Jugendbildung und -erziehung zu integrieren. Dies ist nur möglich durch Einbeziehung der Aktivitäten der bisher außerschulischen Jugendbildung in das Gesamtkonzept der erweiterten Ganztagsschule. Es ist anzustreben, dass die bisherigen Träger der außerschulischen Jugendbildung (Jugendorganisationen, kommunale Jugendpfleger, Jugendämter) an der Realisierung des Ganztagsschulkonzepts beteiligt werden. Die geforderte Beteiligung bezieht sich auf die sozialerzieherischen, bisher unter dem Begriff Jugendpflege zusammengefaßten Aufgaben im Rahmen der Ganztagsschule. Für eine Umstellungsphase wird es allerdings notwendig sein, auf der Basis der jetzt bestehenden Strukturen, das Feld weiter zu fördern, die Effektivität zu steigern und die skizzierte Strukturveränderung vorzubereiten*" (Bund-Länder-Kommission, zit. nach Kentler 1972, S. 305).

Angesichts dieser prognostizierten Entwicklung warnt Kentler zu Recht davor, den Entwicklungen im Bildungswesen untätig zuzusehen. „*Geradezu trotzig begnügt man sich damit, den Eigenwert der Jugendarbeit gegenüber den anderen Erziehungsinstitutionen zu behaupten und daraus das Recht auf Eigenständigkeit und öffentliche Förderung abzuleiten. Kooperationsmöglichkeiten mit der Schule sind nicht eingeplant, schon gar nicht wird bedacht, dass längst eine Kooperationsnotwendigkeit bestehen könnte*" (ebd., S. 303).

Es ist in der Tat so, dass die Jugendhilfe Anfang der siebziger Jahre sich vorrangig mit der von Protestbewegungen vorgebrachten Kritik an ihren Einrichtungen auseinandersetzt und dass vor allem in der Heimerziehung und in der vorschulischen Erziehung Reformanstrengungen gemacht werden. Erst durch die erschreckten Reaktionen auf die Pläne zur Bildungsreform fängt die Jugendhilfe an zu begreifen, dass die traditionell gewachsene Arbeitsteilung zwischen der Schule und der Jugendhilfe aufgekündigt ist. Aus der Sicht der Sozialpädagogik erscheinen die Reformpläne, insbesondere der angekündigte Ausbau der Ganztagsschule, außerordentlich bedrohlich. Sie werden als ein Zugriff auf die Jugend interpretiert und als ein Ausschalten gesellschaftlich relevanter Gruppen bei der Erziehung der Jugend. Kirche, Wohlfahrtsverbände und die Jugendorganisationen sind sich darin einig, dass dieser Zugriff des Staates auf die Jugend abgewehrt werden müsse:

„Die Beziehungen und Abgrenzungen zwischen dem staatlichen Bildungswesen einerseits und dem ganzen, im wesentlichen durch ‚freie Träger' bestimmten Feld der Jugendhilfe andererseits hatten sich in der Nachkriegszeit in einer bestimmten Weise eingependelt. Es entstand eine zwar nie ganz unumstrittene, aber doch im wesentlichen von allen Beteiligten akzeptierte Form der Aufgabenteilung und der Kompetenzabgrenzung, insofern z.B. Kindergärten, Erziehungsberatungsstellen, Einrichtungen für behinderte, erziehungsschwierige Kinder eindeutig in den Bereich der Jugendhilfe gehörten" (Hornstein 1971, S. 304). Diese historisch gewachsene Arbeitsteilung wird durch die Reformpläne grundsätzlich in Frage gestellt. Durch die angekündigte *„Neuvermessung der Erziehungslandschaft"* – wie es in der technizistischen Sprache heißt – fühlt sich die Jugendhilfe in ihrem Bestand angegriffen, da die Schule beansprucht, Aufgabenbereiche wahrzunehmen, die zum traditionellen Kanon sozialpädagogischer Angebote gehören.

Zur Legitimation außerschulischer Jugendbildung werden in der Regel zwei Argumente herangezogen:

1. Die Schule beschränkt sich vorrangig auf die Förderung kognitiver Fähigkeiten, weshalb die außerschulische Jugendbildung notwendig ist, um Jugendliche im sozial-emotionalen Bereich zu unterstützen und in ihrer Entwicklung zu fördern. Dies Argument wird seit der Jugendbewegung immer wieder mit Berechtigung vorgebracht.
2. Für die Mehrzahl der Jugendlichen hört die schulische Bildung auf, bevor sie für die politische Bildung reif sind, so dass die außerschulische Jugendbildung zur Fortsetzung der politischen Bildung notwendig ist.

Beiden Argumenten wird durch die Reformpläne die Basis entzogen; denn durch die Pläne zur Ganztagsschule kündigt sich an, dass wichtige sozialpädagogische Aufgaben in die Schule hineinverlagert werden und dass mit der Verlängerung der täglichen Schulzeit die Freizeit der Kinder und Jugendlichen reduziert wird. Damit verringern sich die Möglichkeiten, Angebote der außerschulischen Jugendbildung wahrzunehmen. Desgleichen wird auch indirekt deren Notwendigkeit bestritten.

Das wohl schwerwiegendste Argument gegen die Reformpläne ist der Vorwurf Hornsteins, dass sie verengt und ausschließlich aus dem Blickwinkel des Bildungswesens gedacht sind und sozialpädagogische wie auch jugendpolitische Aspekte ausklammern. Er fordert, dass ein Gegengewicht zu den vom Bildungswesen her denkenden Gremien geschaffen wird. *„Es besteht im Augenblick die Gefahr, dass im Zeichen einer Bildungseuphorie und im Zeichen eines unbeschränkten Glaubens an die Möglichkeiten organisierter Bildung ganze weite Problemfelder und Dimensionen übersehen werden, die aber nicht ausgeklammert werden* *dürfen, wenn Bildungsplanung nicht zu einer technologisch reduzierten, auf organisatorische, finanzielle und verwaltungsmäßige Gesichtspunkte zusammengeschrumpften Angelegenheit werden soll und sie dadurch die Beziehung zu den konkreten sozialen Prozessen verliert, in die sie auf tausenderlei Weise verflochten ist"* (Hornstein 1971, S. 314).

Auch Gerd Iben, Professor für Sonder- und Heilpädagogik an der Frankfurter Universität, kritisiert, dass bei den Bildungsreformplänen sozialpädagogische und psychohygienische Gesichtspunkte „*vergessen*" worden seien. Er beobachtet die Entwicklung der ersten Gesamtschulen in Hessen und in Berlin und gelangt hierbei zu folgender Einschätzung: „*Die Zusammenlegung bisher unterschiedlicher Bildungsformen und die Änderung der Organisationsstruktur waren noch kein Schritt zu größerer Chancengleichheit, zumal sich im Leistungssystem die alte Dreigliedrigkeit des Bildungswesens wiederholte. Solange sie außerdem in Leistungskonkurrenz mit Gymnasien steht, die mit einer positiv ausgelesenen Schülerpopulation arbeiten, kann sie ihre Vorzüge nicht entwickeln. Diese liegen in einem weiten Spektrum didaktischer Angebote und einer Vielzahl individualisierender Hilfen. Ohne sie bleibt es beim bloßen Fassadenwechsel und bei einer Frustration engagierter Lehrer, Eltern und Schüler. Das Elend der Gesamtschule ist nicht dem Versagen einer Idee, sondern mangelnder Konsequenz in der Verwirklichung anzulasten"* (Iben 1975, S. 110).

Er fordert, nach skandinavischem Vorbild, an allen Gesamtschulen Schülerhilfen einzurichten, denen er einen umfangreichen Aufgabenkatalog zuweist. Mit dem Begriff Schülerhilfe meint Iben ein Team, das aus dem Schulpsychologen und Sozialpädagogen besteht und in dem auch der Schularzt mitwirkt. Zwar benennt Iben ganz konkrete Aufgaben und Arbeitsfelder, die die Schülerhilfe wahrnehmen soll, aber es fehlen Vorstellungen darüber, wie dieses neue System in die Schule eingebunden werden könnte, welche Kompetenzen die Schülerhilfe haben soll und schließlich, in welchem Verhältnis dabei Schulpsychologe und sozialpädagogische Mitarbeiter zueinander stehen. Dennoch ist es offensichtlich so, dass von diesem Konzept Anregungen auf die später entwickelten Ansätze von Schulsozialarbeit ausgegangen sind.

Der Anspruch der Schule, wie er in den Bildungsplänen Anfang der siebziger Jahre formuliert wird, kann nicht eingelöst werden. Die tatsächlichen Entwicklungen, vor allem gesamtgesellschaftlich, stellen andere Probleme in den Vordergrund. Dennoch ist es gelungen, neue Bildungsschichten zu erschließen; die Anzahl der Schüler, die weiterbildende Schulen besuchen, ist um etwa das Vierfache gestiegen gegenüber Anfang der sechziger Jahre, als Picht seinen spektakulären Aufruf veröffentlichte. Die Selektionsprozesse an den Schulen treffen – ähnlich wie Hornstein das befürchtet hat – nun Familien aus den sog. bildungsfernen Schichten, die ihren Kindern nur wenig Unterstützung geben können.

Zwei Entwicklungslinien können wir in den 1970er Jahren entdecken: Einerseits die schulische Entwicklung selbst, die als „technokratisch" apostrophierte Bildungsreform, entfremdetes Lernen nicht überwindet. Die Zusammenlegung von Schulen (Gesamtschulen, Mittelpunktschulen) und die steigende Schülerzahl bringen – auch unter amerikanischem Einfluss – Mammutschulen hervor, die ihre eignen institutionellen Probleme produzieren. Mit der zunehmenden Größe der Schule bei gleichzeitigem Anspruch, die Durchlässigkeit zwischen einzelnen Schulformen zu sichern, die Wahlmöglichkeiten der Schüler in Richtung auf Individualisierung der Bildungsgänge zu verwirklichen, machen es notwendig, dass das Informationssystem in der Schule verbessert wird und dass inhaltlich Kurse aufeinander abgestimmt werden. Das bringt es mit sich, dass mehr Konferenzen an den Schulen stattfinden müssen und dass trotzdem bei vielen Lehrern das Gefühl bleibt, nicht orientiert zu sein. Waren Schülerzeitungen und Schulzeitungen ursprünglich zur Außendarstellung gedacht, so dienen sie nunmehr vor allem der internen Kommunikation. Nicht nur Schüler, sondern auch Lehrer entwickeln Gefühle der Überforderung und der Orientierungslosigkeit.

Andererseits treten im Beschäftigungssystem Probleme auf, die nunmehr besser qualifizierten Schüler in das berufliche Ausbildungssystem aufzunehmen.

Die von der Jugendhilfe befürchtete „*Neuvermessung der Erziehungslandschaft*" findet nicht statt, weil die Umwandlung der Halbtagsschulen in Ganztagsschulen stagniert. Im Gegenteil: die durch die Reform und die gesellschaftliche Entwicklung produzierten Probleme provozieren ein neues und intensives Engagement der Jugendhilfe: Die Kooperation der traditionellen sozialpädagogischen Einrichtungen mit den Schulen wird intensiver und mit den ersten Projekten der Schulsozialarbeit entstehen neue Formen der Zusammenarbeit.

Zur Reflexion des neuen Praxisfeldes Schulsozialarbeit in den 1970er und 1980er Jahren

VI

Die Herausforderung, die die Schulreformpläne für die Jugendhilfe darstellen, sind von dieser in produktiver Weise aufgegriffen worden. Der Dialog mit der Schule wird gesucht und kommt allmählich in Gang. Das föderalistische System der Bundesrepublik mit der Kulturhoheit der Länder und die spezifische Struktur der Jugendhilfe bringen es mit sich, dass sich sehr unterschiedliche Arbeitsformen entwickelt haben. Träger von Schulsozialarbeit können sowohl Schulbehörden als auch freie oder kommunale Jugendhilfeträger sein; wir finden Schulsozialarbeit in den 1970er und 1980er Jahren an allen Schulformen, schwerpunktmäßig jedoch an Ganztags-Gesamtschulen.

Angesichts einer weitgefächerten Praxis und eines sich in Entwicklung befindlichen noch recht neuen Aufgabenfeldes für sozialpädagogisch qualifizierte Mitarbeiter, schlägt Klaus-Jürgen Tillmann vor, Schulsozialarbeit möglichst umfassend zu definieren. Der Begriff soll für alle Maßnahmen und Einrichtungen gelten, die

1. darauf ausgerichtet sind, die räumlich organisatorische Trennung zwischen Schule und Jugendhilfe zumindest partiell aufzubrechen, die
2. sozialpädagogische Fachqualifikation dauerhaft in der Schule ansiedeln und die
3. bestrebt sind, schulische Erziehung zu korrigieren und zu ergänzen, indem sie vor allem Hilfen für schwierige und gefährdete Schüler anbieten (vgl. Tillmann 1982, S. 13).

Da, wie Tillmann hervorhebt, Schulsozialarbeit keine Institution ist, die exakt beschrieben werden kann und noch nicht einmal umfassend dokumentiert und zahlenmäßig erfasst ist, kann auch die Begriffsdefinition nur relativ vage und weit sein. Schulsozialarbeit findet sich noch in den Anfängen und durch die neu entstehenden Ansätze und Arbeitsformen wird sich der Begriff erst allmählich mit Inhalt füllen.

Auch Anne Frommann plädiert dafür, Schulsozialarbeit als Oberbegriff zu wählen *„für eine Gruppe verschiedener Aktivitäten innerhalb von Schulen, die vorwiegend außerhalb des Unterrichts, in Anlehnung an sozialpädagogische Methoden und mit pädagogischen, sozialen und gesellschaftlichen Zielsetzungen betrieben werden"* (Frommann 1984, S. 870).

In den Stadtstaaten Berlin, Bremen und Hamburg und an den Ganztags-Gesamtschulen Nordrhein-Westfalens sind zugleich mit der Einrichtung der Schulen auch pädagogische Mitarbeiter – Erzieher, Sozialpädagogen, Sozialarbeiter – eingestellt worden, die die Betreuung der Schüler in der unterrichtsfreien Zeit übernehmen und darüber hinaus auch für Schülerberatung zur Verfügung stehen sollen. An späterer Stelle werde ich am Beispiel des außerunterrichtlichen Bereichs der Berliner Gesamtschulen das Konzept und die Funktionen und Aufgaben der pädagogischen Mitarbeiter darstellen und diskutieren.[1]

Inhaltliche Vorarbeiten zur Vorbereitung haben die Träger der Jugendsozialarbeit, zusammengeschlossen in der Bundesarbeitsgemeinschaft Jugendaufbauwerk e.V. (BAG JAW), geleistet. Sie fordern die Zusammenarbeit der Jugendhilfe mit der Schule mit folgender Begründung: *„Angesichts absehbarer Veränderungen im Bildungswesen, aber auch angesichts der Notwendigkeit, das Bildungssystem für künftige Erfordernisse anpassungsfähig zu halten, sollten die künstlichen Grenzen, die die historische Entwicklung zwischen Schul- und Sozialpädagogik, ihren jeweiligen Erziehungsfeldern und Theorien entstehen ließ, aufgehoben werden. Schulsozialarbeit will die Lernprozesse durch Sozialisationsangebote ergänzen und vertiefen, die die Schule zu einem soziokulturellen Kraftfeld machen"* (Bundesarbeitsgemeinschaft Jugendaufbauwerk 1973, S. 7).

In diesen für die spätere Praxis relevanten Aussagen deutet sich bereits an, dass dem schulischen Lernen sozialpädagogische Angebote gegenüber gestellt werden sollen. Seit etwa Mitte der 1970er Jahre sind dann vor allem in Hessen Modellversuche zur Schulsozialarbeit sowohl in Freier als auch in Kommunaler Trägerschaft durchgeführt worden. Nach Beendigung der Modellversuchsphase ist es jedoch nur in wenigen Fällen gelungen, Schulsozialarbeit als Regeleinrichtung fortzuführen. Einige Projekte wurden beendet, obwohl ihnen eine erfolgreiche Arbeit bescheinigt wurde; andere wurden mit verringertem Personalbestand fortgeführt.

---

1   In anderen Bundesländern, insbesondere in Hessen, ist Schulsozialarbeit in den 1970er Jahren nur im Rahmen der vom Bund geförderten Modellversuche realisiert worden.

Theoretische Ansätze und Begründungen

Für Schulsozialarbeit – wie für Sozialarbeit insgesamt – fehlt eine einheitliche theoretische Grundlage; vielmehr werden für Begründung und konzeptionelle Entwicklungen sehr unterschiedliche Theorien herangezogen, die bisweilen unverbunden nebeneinander stehen. Die Aufgabe des folgenden Kapitels ist es, die verschiedenen theoretischen Ansätze darzustellen und sie der Entwicklung von Schulsozialarbeit zuzuordnen. Dabei ist die Praxis der theoretischen Diskussion weit vorausgeeilt, denn Schulsozialarbeit ist eine Reaktion auf Probleme und Konflikte von Kindern und Jugendlichen, die mit den pädagogischen Mitteln der Schule nicht bearbeitet werden können. Die nachfolgende theoretische Diskussion hat diese Entwicklung kommentierend begleitet und versucht, die vielfältigen Ansätze und Arbeitsformen der Praxis in die Theorien einzuordnen.

In meinem Rückgriff auf die Anfänge der Schulkinderfürsorge habe ich gezeigt, in welcher sozialpädagogischen Tradition Schulsozialarbeit steht. Dabei ist deutlich geworden, dass die jeweiligen Formen der sozialen Arbeit und die Anlässe, auf die sie reagiert, abhängig sind von historisch-gesellschaftlichen Bedingungen und diese werden es auch sein, die die weitere Entwicklung von Schulsozialarbeit bestimmen.

Obgleich der Begriff Schulsozialarbeit eine Übersetzung des amerikanischen ‚school social work' ist, hat eine Rezeption und Aufarbeitung der amerikanischen Entwicklung erst Anfang der 1980er Jahre begonnen (vgl. Raab 1983). Die erste Bekanntschaft mit den Entwicklungen in den USA verdanken wir der von Pfaffenberger herausgegebenen Übersetzung von Friedländers Buch „*Grundbegriffe und Methoden der Sozialarbeit*" (1969). Dort stellt Maas im Zusammenhang mit der methodischen Diskussion der sozialen Einzelhilfe kurz das Aufgabenverständnis des Sozialarbeiters dar. Die theoretische Grundlage dieses Konzepts ist die Rollentheorie; danach erlernt der Mensch in der Primärgruppe die Anschauungen und Wertvorstellungen seiner Kultur und wird befähigt, unterschiedliche soziale Rollen wahrzunehmen.

Maas entwickelt das methodische Konzept der sozialen Einzelhilfe, indem er von dem Begriff der sozialen Rolle ausgeht (vgl. Maas 1969). Diesen Begriff definiert er als Verknüpfung zwischen Begriffen des Individuums einerseits und der Gesellschaft und Kultur andrerseits. Da die Fähigkeit, soziale Rollen zu übernehmen, im Prozess der primären Sozialisation erworben wird, stellt sich ihm die Sozialisation als Prozess des Rollenlernens dar. Ob die geforderte Rollenanpassung gelingt, hängt nach Maas von den Motivationen und Fähigkeiten des Einzelnen ab. Die Übernahme sozialer Rollen wird als eine zwingende gesellschaftliche Erwartung aufgefasst, der sich der Einzelne nicht entziehen kann. Zwar schließt es Maas nicht grundsätzlich aus, dass die Definition einer Rolle korrigiert und geändert werden kann, jedoch bleibt für ihn die Forderung an das Individuum bestehen, sich den Rollenerwartungen zu unterwerfen und zu versuchen, die mit der Übernahme einer sozialen Rolle verbundenen Erwartungen zu erfüllen. Aus dieser Sicht nimmt der Klient der Sozialarbeit eine *„randständige oder abweichende Rolle"* (ebd., S. 62) ein, und es ist Aufgabe der Sozialarbeit, bei Anpassungsschwierigkeiten helfend einzugreifen.

Dieses Konzept der sozialen Einzelhilfe, das ich hier nur kurz darstellen kann, überträgt Maas auch auf die Zielbestimmung von Schulsozialarbeit. Da der *„Schulsozialarbeiter mit schlecht angepaßten Schülern im Rahmen der Schule arbeitet"* (ebd., S. 55), ist es die zentrale Aufgabe, die Anpassungsfähigkeit des Schülers an die Rollenerwartungen zu verbessern. Zugleich aber soll durch eine gezielte Arbeit mit dem Lehrer erreicht werden, dass der Lehrer seine Vorstellungen von der Schülerrolle erweitert und soziale Abweichungen versteht. Auf diese Weise soll die Diskrepanz zwischen den sozialen Rollenerwartungen des Lehrers und dem tatsächlichen Leistungsvermögen des Schülers verringert werden. Im Übrigen, so führt Maas weiter aus, verbessere sich dadurch auch die Lehrer-Schüler Beziehung, was wiederum dazu führe, dass Motivation und Fähigkeit des Schülers zur Rollenanpassung verstärkt wird. Aus heutiger Sicht würde man diesen Ansatz kritisieren, weil die kritische Auseinandersetzung mit der Institution fehlt.

Abels knüpft zwar an dieses Konzept von Schulsozialarbeit an, warnt aber davor, es unreflektiert zu übernehmen (vgl. Abels 1972). In seiner sozialisationstheoretischen Begründung für Schulsozialarbeit setzt er sich vor allem auch mit der konventionellen Rollentheorie auseinander, das dem von Maas vorgestellten Konzept von Schulsozialarbeit zugrunde liegt. Abels kritisiert vor allem die Gleichsetzung von Sozialisation und Rollenlernen, denn eine Sozialisationstheorie, die sich an den Voraussetzungen der konventionellen Rollentheorie orientiere, habe zur Folge, dass die Individualisierungstendenzen des Menschen als systemzerstörend behindert werden. Die konventionelle Rollentheorie tendiere dazu, die Dominanz gesellschaftlicher Erwartungen zu betonen und demgegenüber die individuellen Bedürfnisstrukturen auszublenden. Abels weist außerdem darauf hin, dass die konventionelle Rollentheorie von einem fiktiven Konsens über die Rollenerwartungen ausgeht, der in der komplexen Realität moderner Gesellschaften nicht gegeben ist. In Abgrenzung von der Rollentheorie verweist Abels darauf, dass die Realität sich als ein vielfältig differenziertes Interaktionsfeld darstellt, das keinesfalls konfliktfrei ist und in dem sich der einzelne unterschiedlichen, teils auch widersprüchlichen Rollenerwartungen ausgesetzt sieht. Für Abels bedeutet also Sozialisation nicht Rollenlernen, *„sondern Verwirklichung von Individualität in der Auseinandersetzung mit Anforderungen und Chancen der umgebenden Gesellschaft"* (Abels 1972, S. 34).

Wenn Sozialisation in der Auseinandersetzung mit der sozialen Umwelt erfolgt, so muss man dieser besondere Aufmerksamkeit schenken. Zahlreiche empirische Untersuchungen, die in den sechziger Jahren durchgeführt werden, belegen die Abhängigkeit der Sozialisationsverläufe von der sozialen Schicht und insbesondere den Zusammenhang von Schulerfolg und Schichtzugehörigkeit (vgl. z.B. Oevermann 1969, Mollenhauer 1969). Abels folgert daraus, dass *„die Bildungsabstinenz in den Unterschichten ohne entscheidende Hilfe von außen nicht aufgehoben werden kann"* (Abels 1972, S. 62). Schulsozialarbeit soll folglich solchen Schülern Sozialisationshilfen geben, die nicht in der Lage sind, am Gruppenprozess einer größeren Bezugsgruppe teilzunehmen. Das soll allerdings nicht dazu führen, dass sich Schulsozialarbeit als *„Pannendienst"* versteht, der Problemschüler aufnimmt oder an die Schule wieder anpasst. Um diese Gefahr zu vermeiden, ist *„eine kritische Auseinandersetzung mit den Forderungen des Rollenverhaltens in der Schule"* (ebd., S. 80) notwendig.

Im Gegensatz zu Maas, der aus seinem rollentheoretischen Ansatz Schulsozialarbeit als Einzelfallhilfe konzipiert, zieht Heinz Abels aus seinem sozialisationstheoretischen Ansatz die Konsequenz, sich methodisch auf den Ansatz der Gruppenpädagogik und Gruppendynamik zu stützen. Abels will die Reflexion der Gruppenprozesse in Gruppenaktivitäten einbetten und sieht hierin eine Möglichkeit, die sozialen Handlungskompetenzen des Schülers zu erweitern. *„Schulsozialarbeit muß auf diesen gruppendynamischen Prozeß abzielen, ihn initiieren, ihm stets weiterführende Impulse geben. Die einfache Anregung zu einer echten kollektiven Leistung, die gruppenspezifisch ist, ohne Individualität zu verhindern, führt zum Erlebnis und Selbstbewußtsein. Das Erlebnis des gemeinsamen Spiels, die Freude über das gemeinsam bearbeitete Werkstück, die Erfahrung eines gemeinsamen Rollenspiels führen zu der wichtigen Erkenntnis, Individualität gerade im Kontakt mit anderen verwirklichen zu können"* (ebd., S. 86).

Abels begründet die Notwendigkeit solcher durch Schulsozialarbeit durchgeführten Gruppenaktivitäten vor allem mit einer Kritik an der Schule. Die Organisation der Schule nach Jahrgangsklassen führe dazu, dass sie ihre Aufgabe, den Schüler allseitig zu bilden, nicht in ausreichendem Maße erfüllt. Auch die Differenzierungen zielten lediglich auf die Ausbildung intellektueller Fähigkeiten, so dass die *„sozialbezogene Reflexion"* ergänzend hinzutreten müsse. Mit dieser Konzeption betont Abels noch einmal, dass es ihm nicht allein um die kompensatorische Funktion von Schulsozialarbeit geht, sondern dass er die Aufgabe von Schulsozialarbeit vor allem darin sieht, das sozialerzieherische Defizit der Schule auszugleichen.

Mit einer stringent aufgebauten Argumentation entwickelt Freya Dittmann-Kohli eine psychologische Begründung für Schulsozialarbeit (vgl. Dittmann-Kohli

1981). Sie geht davon aus, dass ein übergeordnetes und konsensfähiges Ziel von Schulsozialarbeit die Entwicklung von Kompetenzen zur Bewältigung von Lebenssituationen ist. Diese für Gegenwart und Zukunft der Schüler notwendigen Kompetenzen werden von der Schule bislang nur unzureichend vermittelt und auch im außerschulischen Bereich sind die Chancen hierfür sozialstrukturell ungleich verteilt. Insbesondere Schüler aus sozial schwierigen Elternhäusern reagieren auf die Deprivation ihrer sozialen und emotionalen Bedürfnisse mit Lernschwierigkeiten und Verhaltensauffälligkeiten.

Dittmann-Kohli fordert, dass die Schule ihre Bildungsinhalte daran misst, ob sie dazu beitragen, ein strukturiertes und handlungsorientiertes Wissen aufzubauen. Der meist mangelhafte lebensweltliche Bezug des schulischen Angebots trifft ihrer Meinung nach vor allem die Adoleszenten, denen die Schule zu wenig bietet von dem, *„was ihren neu entstehenden sozialen, emotionalen und kognitiven Bedürfnissen entgegenkommt und zu einer selbstverantwortlichen Haltung und Lebensführung beiträgt"* (ebd., S. 21). In ähnlicher Weise wie Abels fordert Dittmann-Kohli, durch Schulsozialarbeit Sozialisationsdefizite auszugleichen, jedoch sollten ihre Maßnahmen sich nicht *„im Modell des Störungsausgleichs erschöpfen"* (ebd.). In Schulsozialarbeit sieht sie eine Möglichkeit, das Potential der Schüler zur Selbsthilfe zu steigern. Aus diesen Überlegungen leitet sie ab, dass Schulsozialarbeit auch unterrichtsartige pädagogische Maßnahmen in Klassengemeinschaften anbieten soll, wie z.B. Kurse, Veranstaltungen mit Erfahrungslernen in gruppendynamischer Ausrichtung.

Betrachten wir die sozialpädagogisch motivierte Kritik an der Schule, so stellen wir fest, dass immer wieder die Kopflastigkeit schulischen Lernens beklagt wird. Der Psychoanalytiker Tobias Brocher spricht von einem sozialerzieherischem Defizit der Schule und fordert eine Sensibilisierung des Lehrers für gruppendynamische Prozesse, um ihn in die Lage zu versetzen, soziale Konflikte wahrzunehmen und zu bearbeiten (vgl. Brocher 1967). Hans Thiersch kritisiert das entfremdete Lernen in der Schule und hält diesem die Zielvorstellung einer sozialen Schule, zu deren Realisierung Schulsozialarbeit beizutragen hätte, entgegen (vgl. Thiersch 1979). Tillmann, engagierter Vertreter der Bildungsreform und der Gesamtschule, konstatiert, dass es nicht gelungen ist, eine an den Bedürfnissen von Kindern und Jugendlichen orientierte Schule aufzubauen (vgl. Tillmann 1981). Die Grundstrukturen von Schule wie entfremdetes Lernen, leistungs- und konkurrenzorientierte Kommunikation, hierarchischer Druck und institutionelle Zwänge konnten auch in der Gesamtschule nicht überwunden werden.

Wenn Tillmann also Schulsozialarbeit fordert, so begründet er dies in erster Linie mit dieser von ihm kritisierten Entwicklung und mit dem Fehlen der sozialpädagogischen Dimension im bestehenden Schulsystem. *„Weil die Reform keine* *schülerorientierte Schule gebracht hat, ist die Institutionalisierung von Schulsozialarbeit umso wichtiger; sie trägt dazu bei, die sozialen Zielsetzungen der Reform zumindest in Teilbereichen der Schule anzugehen"* (ebd., S. 16).

Sowohl der sozialisationstheoretische Ansatz von Abels als auch die psychologischen Begründungen für Schulsozialarbeit von Dittmann-Kohli gehen von der Bedürfnisstruktur und den Entwicklungsnotwendigkeiten des Kindes aus und leiten hieraus Ziele und Aufgaben für Schulsozialarbeit ab. Zwar impliziert dies auch eine kritische Auseinandersetzung mit der Schule, jedoch gerät eine Analyse des Verhältnisses von Jugendhilfe und Schule nicht in den Blick. Schulsozialarbeit setzt dort an, wo entweder die Schule defizitär ist (mangelhafter Lebensbezug) und/oder dort, wo sich Sozialisationsdefizite ausmachen lassen.

Werner Schefolds sozialwissenschaftliche Analyse des Verhältnisses von Schule und Jugendhilfe ist deshalb eine Erweiterung und Ergänzung zu den bisher betrachteten theoretischen Ansätzen. Als wissenschaftlicher Mitarbeiter des Deutschen Jugendinstituts betrachtet er die Schulsozialarbeit aus der Perspektive der Sozialstaatstheorie. Hiervon ausgehend begreift er Schulsozialarbeit *„als Symptom eines Vergesellschaftungsprozesses von Krisen und Problemen in und um die Schule herum"* (Schefold 1981, S. 18); danach ist die Entwicklung von Schulsozialarbeit – wie von Sozialarbeit insgesamt – von einem Vergesellschaftungsmuster bestimmt, das *„der Funktionslogik des Sozialstaates in einer spätbürgerlichen Gesellschaft entspricht"* (ebd., S. 18). Ursprünglich politisch-sozial verursachte Probleme werden aus ihrem Entstehungszusammenhang gelöst, individualisiert und dadurch pädagogischem Handeln zugänglich gemacht. Nachdem Schefold so seinen theoretischen Rahmen abgesteckt hat, analysiert er das Verhältnis von Jugendhilfe und Schule. Er ordnet Schulsozialarbeit anderen Angebotsformen der Jugendhilfe (Erziehungsberatungsstelle, Hort, Hausaufgabenhilfe) zu und reflektiert deren Sozialisationsleistungen und ihr Verhältnis zur Schule.

Ausgangspunkt seiner Überlegungen ist die Feststellung, dass die Schule stillschweigend davon ausgeht, dass die allgemeinen Sozialisationsleistungen von den Familien erbracht werden und dass nach wie vor an der Arbeitsteilung zwischen Schule als einer Institution, die Wissen vermittelt, und der Familie als einer Institution, die für die Reproduktion des Schülers zuständig ist, festgehalten wird, obwohl nur allzu deutlich ist, dass immer weniger Familien hierzu in der Lage sind. *„Die Schule setzt den ‚Schüler' als partielle Existenzform voraus, überläßt einen großen Teil der Reproduktion, der damit verbundenen Leistungen (Motivation, Erfahrung) und der notwendigen Balance dieser partiellen Existenzform auf eine befriedigende Gesamtexistenz hin der privaten Lebenswelt der Kinder und Jugendlichen"* (Schefold 1981, S. 18).

Sozialstaatliche Maßnahmen setzen dort an, wo die Familien den Ausgleich zur Schule nicht geben können. Schefold bezeichnet dies als einen Prozess latenter Funktionalisierung von Jugendhilfe durch die Schule und für die Schule und befürchtet eine Verschulung der Sozialpädagogik. Im Anschluss an diese Einschätzungen von Schefold stellt sich die Frage, welche Funktion Schulsozialarbeit nun im Rahmen der Institution Schule erfüllt.

Herriger und Malinowski kommen in ihrer Analyse der Aufgabenfelder und Arbeitsbedingungen von Schulsozialarbeitern in Nordrhein-Westfalen zu dem Schluss, dass sich die Schule der Sozialpädagogik bedient *„als eines wirksamen Instruments zur Bewältigung der eignen Strukturschwächen"* (Herriger/Malinowski 1979, S. 81). Bei Schefold heißt es: *„Die ‚Krise' der Schule wird durch Sozialarbeit [...] ebenso partiell kanalisiert und befriedet, wie Sozialarbeit unter günstigen Voraussetzungen Ansatzpunkt zu einer neuen Anstrengung in Richtung sozialpädagogisch orientierter Schulreform bieten kann"* (Schefold 1978, S. 40). Auch Raab und Rademacker teilen diese Einschätzung, wenn sie schreiben: *„Beide Motive, das befriedende, krisenbekämpfende wie das innovatorisch reformerische sind für Schulsozialarbeit legitim"* (Raab/Rademacker 1980, S. 182).

Wesentlich skeptischer beurteilt Thiersch die Möglichkeit, durch Schulsozialarbeit eine sozialpädagogische Orientierung der Schule zu bewirken. Schulsozialarbeit könne allenfalls als eine Herausforderung verstanden werden, um die *„Schule zu einer besseren, sozialeren zu machen"* (Thiersch 1979, S. 8).

Die Schule hat den gesellschaftlichen Auftrag, die heranwachsende Generation zu bilden und zu erziehen. Hierzu dient im Wesentlichen der Unterricht. Nun beschränkt sich allerdings das Schulleben keineswegs auf den formell organisierten Unterrichtsbetrieb, sondern sowohl innerhalb als auch außerhalb des Unterrichts interagieren die Schüler untereinander wie auch mit den Lehrern und die Lehrer untereinander auch auf der informellen Ebene. Diese verdeckte, informelle Struktur der Schule und ihren Einfluss auf die Sozialisationsprozesse wird in der Erziehungswissenschaft unter dem Begriff des „heimlichen Lehrplans" kritisch diskutiert.

In der Schule wirken sich aber auch gesellschaftliche Widersprüche und Probleme aus. So klagen Lehrer über unmotivierte Schüler, über die Schwierigkeit, die durch Konzentrationsprobleme der Schüler auftreten und darüber, dass sich Schüler ihrem Einfluss entziehen. Zur Aufrechterhaltung des schulischen Betriebs greift die Schule auf ihre „bewährten" Problemlösungsstrategien zurück, die ich folgendermaßen beschreiben will:

Handelt es sich um einzelne Schüler, deren schulische Leistungen ungenügend sind oder die verhaltensauffällig sind, so löst die Schule diese „Fälle" durch Sitzenbleiben bzw. Abstufung in der Gesamtschule. Greift eine solche individualisierende Maßnahme nicht, weil es eine große Anzahl von Problemschülern gibt, dann werden durch differenzierende Maßnahmen Sondergruppen gebildet. Ziel dieser Maßnahmen ist es, die Regelklassen – also den Kern der Institution Schule – von Problemschülern weitgehend frei zu halten. In großem Ausmaß wurde diese Strategie bei ausländischen Kindern angewandt, für die sog. Vorbereitungsklassen eingerichtet wurden. Die zur Legitimation vorgebrachte Begründung, dass ausländische Kinder erst auf den Besuch der deutschen Regelklasse vorbereitet werden müssten, erwies sich angesichts der Tatsache, dass viele Kinder fast ihre gesamte Schulzeit dort gehalten wurden, als vorgeschoben.

Ein weiteres Beispiel für die Ausgliederungsstrategie ist die Überweisung sog. Verhaltensgestörter auf spezielle Sonderschulen. Sondereinrichtungen, wie sie für verschiedene Arten von Behinderten eingerichtet wurden, sind wegen der damit verbundenen gesellschaftlichen Isolierung dieser Gruppen immer wieder kritisiert worden. Erst seit Anfang des 21. Jahrhunderts wird die Inklusion, d.h. die gemeinsame Bildung und Erziehung aller Kinder ernsthaft in Angriff genommen. Damals sah man es als eine wichtige Aufgabe von Schulsozialarbeitern, in diese Prozesse der Ausgliederung einzugreifen, indem sie Schüler, Eltern und Lehrer beraten und stützende und flankierende Maßnahmen entwickeln. Ziel war es, der Ausgliederungsstrategie entgegenzuwirken und pädagogische Alternativen bereitzustellen. Welche Maßnahmen für einzelne Schüler (z.B. Einzelfallhilfe in Zusammenarbeit mit der Familienfürsorge) oder für Gruppen/Klassen durchgeführt werden, ist abhängig von dem jeweiligen Fall, von den Bedingungen und Möglichkeiten der Schule und der Schulsozialarbeiter. Ziel von Schulsozialarbeit ist es, Kinder zu befähigen, ihr Recht auf Bildung wahrzunehmen und dabei alle im Kind selbst oder in der Umwelt liegenden Hindernisse zu reduzieren.

Für die von den Freien Trägern initiierten Projekte ist die Zielsetzung, wie sie von der Bundesarbeitsgemeinschaft Jugendaufbauwerk formuliert worden ist, weitgehend konsensfähig und ist als verbindliche Rahmenkonzeption akzeptiert worden.

Dort heißt es: Schulsozialarbeit will

„a) bei der Sozialisation von Schülern aus unterpriviligierten Schichten die schichtspezifischen Hemmungen und Schwierigkeiten abbauen und überwinden;
b) antizipatorisch sozialisieren, indem sie alle anzusprechenden Schüler – gleich aus welchen sozialen Schichten sie stammen – mit den Rollenerwartungen, Ansprüchen und Chancen der Gesellschaft vertraut macht, sie zu einer kritischen Auseinandersetzung befähigt;
c) personale und soziale Bildungsprozesse in der Lern- und Berufsfindungsphase fördern;
d) potentielle oder bereits ausgebrochene Konflikte pädagogisch fruchtbar machen" (Bundesarbeitsgemeinschaft Jugendaufbauwerk 1973, S. 116f.).

In der Verfolgung dieses Ziels hat Schulsozialarbeit unterschiedliche Wege beschritten und die hierbei entwickelten pädagogischen Konzepte will ich im Folgenden an unterschiedlichen Beispielen darstellen.

Pädagogische Konzeptionen in den 1970er Jahren

VII

Zum Beispiel: Schulsozialarbeit in Hessen

Das Land Hessen hat seit der Gründung der ersten Gesamtschule 1967 seine Schulpolitik darauf ausgerichtet, ein möglichst flächendeckendes Angebot an Gesamtschulen zu errichten. So sind nicht nur einige wenige Modellschulen eingerichtet worden, sondern es gibt etwa 70 Gesamtschulen, die jedoch nicht als Ganztags-, sondern als Halbtagseinrichtungen geführt werden.[2]1 Anders als an den Ganztags-Gesamtschulen bestand also in Hessen nicht die Notwendigkeit, sozialpädagogische Mitarbeiter zur Beaufsichtigung während der unterrichtsfreien Zeit einzustellen. Gleichwohl zeigte es sich, dass es einen sozialpädagogischen Handlungsbedarf gab, der dann dazu führte, dass an einigen Schulen Schulsozialarbeitsprojekte eingeführt wurden.

Modellversuche zur Schulsozialarbeit wurden in Hessen an folgenden Gesamtschulen eingerichtet:

- 1974 an der integrierten Gesamtschule Waldau (Stadt Kassel), Träger: Arbeiterwohlfahrt, Bundesverband
- 1976 an der Ernst Reuter-Schule I, integrierte Gesamtschule in Frankfurt, Träger: Arbeiterwohlfahrt, Kreisverband Frankfurt

---

2   Eine Ausnahme bildet die erst 1986 eröffnete Paul Hindemith-Schule in Frankfurt, die eine Ganztagsschule ist, zunächst jedoch keine Sozialarbeiterstellen erhielt, obwohl sie einen sehr hohen Anteil von Schülern mit Migrationshintergrund hatte.

- 1977 an der integrierten Gesamtschule Bischofsheim (Maintal II), Träger: Internationaler Bund für Sozialarbeit Jugendsozialarbeit e.v. (beendet 1982)
- 1977 an der additiven Gesamtschule Wiesbaden-Klarenthal, Träger: Jugendamt Wiesbaden
- 1980 an der integrierten Gesamtschule Baunatal (Landkreis Kassel) an der kooperativen Gesamtschule Eichendorf (Stadt Kassel) an der kooperativen Gesamtschule Zinn (Stadt Kassel), Träger: Arbeiterwohlfahrt, Bundesverband.

Gemeinsam ist allen Projekten, dass sie einem Träger der Jugendhilfe und nicht der Schule unterstehen. Als zeitlich befristete Modellversuche ist ihre Finanzierung nur für die Dauer des Modellversuchs gesichert. Nach der „*Rahmenvereinbarung zur Koordinierung, Vorbereitung, Durchführung und wissenschaftlichen Begleitung von Modellversuchen im Bildungswesen*" vom 6. Mai 1976 sollen Modellversuche so ausgerichtet sein, dass sie wichtige Entscheidungshilfen für die Entwicklung des Bildungswesens geben. Mit ihrer Hilfe sollen Innovationen eingeleitet werden. Zur Durchführung von Modellversuchen stellt der Bund die Hälfte der benötigten Mittel zur Verfügung und will auf diesem Wege die Kultusministerien der Länder zur Durchführung von Modellversuchen anregen.

Diese ursprüngliche Intention der Modellversuchspolitik ist allerdings schon bald dem politischen Problemdruck der knapper werdenden Mittel im Bereich der Bildungs- und Sozialpolitik geopfert worden. So stellen denn auch Staufer und Stickelmann fest, „*dass sich der Charakter der Modellversuche von einem Innovationsinstrument (d.h. Veränderungen zu erproben) zu einem Kriseninstrument hin gewandelt hat. Mit dessen Hilfe sollen problematische Fehlentwicklungen in gesellschaftlichen Bereichen – wie [...] Probleme des Übergangs von der Schule in den Beruf bei Lehrstellenverknappung und wachsender Jugendarbeitslosigkeit – aufgefangen werden*" (Staufer/Stickelmann 1984, S. 79).

Anfang der 1980er Jahre schlagen sich die veränderten politischen Rahmenbedingungen unmittelbar auf die Modellversuche nieder.

Die ursprünglich mit den Modellversuchen verbundene Absicht, Schulsozialarbeit zum Bestandteil aller Gesamtschulen zu machen, wird vom Hessischen Kultusministerium aufgegeben, jedoch wird versucht, die vorhandenen Projekte zu erhalten. Trotz der Bemühungen der Mitarbeiter und der Schulen gelingt nicht allen Projekten die Absicherung ihrer Arbeit über die Phase des Modellversuchs hinaus. Jene Projekte, die fortgeführt werden, müssen Kürzungen ihrer Personalmittel hinnehmen, die dann unweigerlich eine Reduktion ihrer pädagogischen Angebote zur Folge haben.

Obgleich alle hessischen Projekte unter durchaus vergleichbaren Rahmenbedingungen arbeiten, sind zwei sehr unterschiedliche pädagogische Konzepte entwickelt und erprobt worden. Die im regionalen Verbundsystem Kassel zusammengeschlossenen vier Projekte arbeiten nach dem in der Gesamtschule Waldau entstandenen Konzept der „*kritischen Integration*", wohingegen die Projekte in Frankfurt an der Ernst Reuter-Schule I und in Wiesbaden Klarental sich an den Vorstellungen der „*offensiven Jugendhilfe*" orientieren. Beide Ansätze sollen in den folgenden Abschnitten dargestellt und diskutiert werden.

Schulsozialarbeit als „Prinzip der kritischen Integration"

Zum Verständnis der an der Gesamtschule Waldau (Kassel) entwickelten Konzeption ist es wichtig, sich zu vergegenwärtigen, dass Sozialpädagogik hier als Sozialerziehung, also als ein integraler Bestandteil jeder Erziehung verstanden wird. Langfristiges Ziel ist die sozialpädagogische Schule, in der die Lehrer selbst sozialpädagogisch tätig sind. Dem mit diesem Anspruch verbundenen umfassenden Erziehungsauftrag – so heißt es in der Begründung – könnten die Lehrer derzeit wegen ihrer Arbeitsbelastung einerseits und wegen ihrer unzulänglichen Ausbildung andrerseits nicht entsprechen; daher „*scheint das Hereinholen einer neuen Berufsgruppe, der Sozialpädagogen/-arbeiter, in die Schule („Schulsozialarbeit") notwendig zu sein*" (Helbrecht-Jordan 1978, S. 20). Ihrer Aufgabe könne Schulsozialarbeit nur gerecht werden, wenn sie sich als integraler Bestandteil der Gesamtschule verstehe. Allerdings berge die „*integrative Organisationsform auch die Gefahr einer Subordination unter den Schulzweck. In diesem Fall wird der notwendige Spielraum sozialpädagogischen Handelns zu stark eingeschränkt, weil seine einzige Funktion darin gesehen wird, auf die eng umgrenzten Erwartungen der Schule bzgl. eines störungsfreien Ablaufs des Unterrichtsgeschehens und/oder der Übernahme von unterrichtsergänzenden Tätigkeitsbereichen zu reagieren*" (ebd., S. 21). Schulsozialarbeit soll dazu beitragen, „*Schulwirklichkeit im Sinne des Vorantreibens der Schulreform zu verändern*" (ebd., S. 21). Hierzu muss Schulsozialarbeit sich auf die Bedürfnisse und Interessen der Schule soweit einlassen, „*als dies zur Akzeptierung ihrer Arbeit durch die Schule und zur Eröffnung von Interventionsmöglichkeiten im Schulbereich erforderlich ist*" (ebd., S. 21).

Schulsozialarbeit versteht sich nach diesem Konzept als Wegbereiter der sozialpädagogischen Schule, kommt aber nicht umhin, die sozialpädagogischen Defizite der real existierenden Schule zu kompensieren, also „Feuerwehr" im schulischen Alltag zu sein. Zu kurz kommt meiner Auffassung nach in diesem Konzept die schulübergreifende Arbeit, d.h. die Arbeit mit sozialpädagogischen Einrichtungen und Initiativen im Stadtteil. Nach dem Konzept der kritischen Integration ist Schulsozialarbeit vorrangig nicht die Arbeit mit spezifischen Zielgruppen (z.B.

verhaltensauffällige Kinder), sondern konzentriert sich auf Schulklassen, insbesondere die 5. Klassen und die unteren Schulstufen.

Die grundlegende Problematik, für die jedes Projekt Lösungen finden muss, besteht darin, dass Schulsozialarbeit sehr heterogenen Erwartungen gegenübersteht. So definiert Ingrid Helbrecht-Jordan Schulsozialarbeit als permanente Gratwanderung zwischen Integration, Subordination und zu starker Distanz (ebd., S. 21). Nach ihrer Vorstellung sollte Schulsozialarbeit nach dem Prinzip der *"kritischen Integration"* arbeiten; d.h. Schulsozialarbeit sollte die Erwartungen der Lehrer aufgreifen, von diesen Erwartungen ausgehen, jedoch dann versuchen bei Konflikten zu vermitteln. An Schulsozialarbeit wird der Anspruch gestellt *"Solidarität mit den Lehrern (zu) üben, ohne ihre Position als Anwalt der Schüler" aufzugeben* (ebd., S. 24). Nach diesem Ansatz versteht sich also der Schulsozialarbeiter als „Makler" zwischen divergierenden Interessen oder Problemsichten, zwischen denen er vermitteln will. Bezugspunkt für Schulsozialarbeit ist nach diesen Vorstellungen die Schule:

> *"Die Arbeitsfelder von Schulsozialarbeit ergeben sich aus den zentralen Problemlagen der Gesamtschule und aus den Erwartungen der an der Schule beteiligten Personengruppen. Demnach hat auch Schulsozialarbeit im Sinne der kritischen Integration zwei Arbeitsschwerpunkte: Sie wird zum einen im außerschulischen Bereich ein eigenes Erziehungsfeld konstituieren und zum anderen im unterrichtlichen Bereich beratend tätig werden, was auch eine Mitwirkung in den schulischen Gremien einschließt"* (ebd., S. 24f.). Wenn sie nicht als eine irrelevante Gruppe an der Schule ins Abseits geraten wollten, dann mussten sie in den Lehrern *"wichtige Multiplikatoren sozialpädagogischer Ansätze"* sehen und sie zu *"Bündnispartnern ihrer Arbeit machen"* (ebd., S. 26).

Interessant ist nun vor allem die Frage, wie die Beteiligung von Sozialarbeitern am regulären Unterricht von Schülern und Lehrern wahrgenommen und bewertet wird. Diesem Problem sind Hannelore Faulstich-Wieland und Klaus-Jürgen Tillmann in ihrer Untersuchung von Schulsozialarbeitsprojekten an drei Kassler Gesamtschulen nachgegangen (vgl. Faulstich-Wieland/Tillmann 1984). An allen drei Schulen arbeiten die Sozialarbeiter nach dem an der Gesamtschule Waldau entwickelten Konzept und nehmen in den 5. und 6. Klassen an Unterrichtsprojekten in den Fächern Deutsch oder Gemeinschaftskunde teil. Obgleich die äußeren Bedingungen für ihre Arbeit sehr ähnlich sind, sie auch nach dem gleichen pädagogischen Konzept arbeiten, wird die Mitarbeit von Sozialarbeitern im Unterricht sehr unterschiedlich bewertet.

An der Gesamtschule Waldau, an der Schulsozialarbeit bereits seit 1974 existiert, ist die Zusammenarbeit von Sozialarbeitern und Lehrern im Unterricht weder für Schüler noch für Lehrer ein relevantes Problem, wohingegen die Anwesenheit von Sozialarbeitern im Unterricht an der J. v. Eichendorf-Schule insbesondere von den Schülern abgelehnt wird. Ehe ich auf mögliche Gründe für diese unterschiedliche Bewertung eingehe, sollen die Aufgaben und Funktionen der Sozialarbeiter deutlich gemacht werden.

Die am Unterricht teilnehmenden Sozialarbeiterinnen der Eichendorf-Schule beschreiben ihre Aufgaben wie folgt: *„Der Part, den Schulsozialarbeit hierbei übernimmt, bezieht sich weniger auf die Auswahl des zu vermittelnden Lehrstoffes, sondern vielmehr auf:*

- *„• aktive Hilfe bzw. Hilfestellung im Hinblick auf Motivationsförderung von einzelnen Schülern;*
- *Begleitung bei der Gruppenarbeit durch Hinzusetzen, mit den Schülern über die anzufertigenden Arbeiten reden, Förderung von Gruppenfähigkeit;*
- *Auffangen von Schülern, die wenig in den Klassenverband integriert sind, z.B. dadurch, dass versucht wird, diese gezielt in eine Gruppe mit einzubeziehen;*
- *Ansprechen von Interaktionsschwierigkeiten, d.h. in Einzelfällen eine gewisse Zeit des Unterrichtsstunde in Anspruch nehmen, um über Klassenstruktur, Verhaltensweisen einzelner usw. gemeinsam mit dem Klassenlehrer sprechen;*
- *Einbringen von handlungsorientierten Momenten, die vom Unterrichtsstoff ausgehend, bestimmte Sachverhalte spielerisch vermitteln können"* (Faulstich-Wieland/Tillmann 1984, S. 54).

Offensichtlich haben sich die Sozialarbeiterinnen stark mit der Rolle und Funktion des Lehrers identifiziert, denn die Schülerbefragung zeigt deutlich, dass die Kinder die Sozialarbeiterinnen als „Hilfslehrerinnen" wahrgenommen haben. In der Auswertung der Schülergruppendiskussion schreiben Faulstich-Wieland und Tillmann: *„Über den Grund dieser Anwesenheit* (gemeint ist die Anwesenheit der Sozialarbeiterinnen im Unterricht, Anm. d. Verf.) *herrscht bei den Kindern Unklarheit. Einige vermuten, dass die Sozialarbeiterinnen am Vormittagsunterricht teilnehmen, um den Lehrern zu helfen"* (ebd., S. 57). *Des weiteren hat die Untersuchung ergeben, dass alle Kinder vermuten, dass die Sozialarbeiterinnen auch an der Zensurengebung beteiligt sind. Die Kinder stören sich auch daran, dass die Sozialarbeiterinnen sich Notizen machen, deren Inhalt und Verwendungszweck für die Kinder nicht transparent ist.*

Im Gegensatz zu der eher negativen Bewertung steht die positive Einschätzung der Lehrer. Diese heben hervor, dass sie durch die Sozialarbeiterinnen Anregungen erhalten hätten, dass durch sie die Kinder motiviert würden und dass die Anwesenheit von drei Pädagogen es erlaube, andere methodische Formen wie z.B. Gruppenunterricht zu realisieren. Des weiteren hinge die positive Einschätzung wohl auch damit zusammen, dass die beiden Sozialarbeiterinnen "lehrerähnliches Verhalten" (ebd., S. 61) *an den Tag legten.* In der zusammenfassenden Bewertung heißt es:

> *"Hauptkritik der Kinder ist das als autoritär erlebte Verhalten der Sozialarbeiterinnen; diese machen sich Notizen über die Kinder und sind nicht bereit, Auskunft über Inhalt und Zweck der Notizen zu geben. Damit verhalten sie sich in den Augen der Kinder wie Lehrer, ohne dass zugleich klar ist, ob sie denn auch Lehrerfunktionen erfüllen oder nicht. Auffällig ist zunächst, dass dieser Sachverhalt von den Lehrern als Problem überhaupt nicht angesprochen wird. Zugleich stellen die Lehrer aber (erleichtert) fest, dass deutliche Verhaltensähnlichkeiten zwischen ihnen und den Sozialarbeiterinnen bemerkbar seien. Kurz: Während in den Augen der Schüler die autoritären und ‚lehrerähnlichen' Verhaltensweisen eher irritieren und auch zu partiellen Ablehnungen führen, reagieren die Lehrer auf solche Verhaltensformen mit Erleichterung und Akzeptanz"* (ebd., S. 62).

Obgleich der konzeptionelle Ansatz in der Gesamtschule Kassel-Waldau der gleiche ist wie an der Eichendorf-Schule, erfahren die Sozialarbeiter dort keine negative Bewertung in der Schülergruppendiskussion, wie denn überhaupt das Projekt Schulsozialarbeit klarer akzeptiert erscheint. Faulstich-Wieland und Tillmann führen dies darauf zurück, dass Schulsozialarbeit dort wesentlich länger existiert als in der Eichendorf-Schule und inzwischen ein etablierter und in den Schulalltag integrierter Bestandteil ist.

In dem Verhalten der Sozialarbeiterinnen zeigt sich m. E. sehr deutlich die Unsicherheit der eignen beruflichen Identität; gerade die Diffusität und Unklarheit dessen, was ein Schulsozialarbeiter ist, kann dazu führen, dass Schulsozialarbeiter sich an der in der Schule akzeptierten Lehrerrolle orientieren. Da sie zugleich auch im außerunterrichtlichen Bereich arbeiten, dort auch den Kindern ein anderes Verhaltensmuster darbieten, gelingt es ihnen nicht, ein in sich stimmiges Rollenmuster zu entwickeln. Die Irritationen der Kinder weisen sehr deutlich auf diese Problematik hin. Durch die Annäherung an die Lehrerrolle wird jedoch auch die Konkurrenz zwischen Sozialarbeitern und Lehrern deutlich verringert, wodurch ein hohes Maß an Akzeptanz bei den beteiligten Projektlehrern erreicht wird. *"Allerdings, diese Akzeptanz hat ihren Preis: [...] Denn für die Kinder stellt sich Schulsozialarbeit weniger als zusätzliches oder gar alternatives Lernfeld dar, sondern eher als eine stärkere Kontrolle und zeitliche Verlängerung von Schule"* (ebd., S. 88 f.).

Schulsozialarbeit: Kooperation von Jugendhilfe und Schule

Im Gegensatz zu der von Helbrecht-Jordan vertretenen Auffassung, die u.a. auch Tillmann (vgl. Tillmann 1982) favorisiert, sehen es Vertreter des kooperativen Ansatzes nicht als ihre primäre Aufgabe an, Schulsozialarbeit als ein Mittel einzusetzen, um die stagnierende Schulreform voranzutreiben. Das heißt aber nicht, wie Helbrecht-Jordan annimmt, dass dies zur *„totalen Isolation und Wirkungslosigkeit"* in der Schule führt (Helbrecht-Jordan 1978, S. 21) oder dass ein Rückzug aus den schulischen Arbeitsfeldern intendiert sei, wie sich mit folgenden Aussagen belegen lässt.

Hermann Dettbarn, Leiter des hessischen Landesjugendamtes, der für eine Öffnung der Schule zum Gemeinwesen hin und für eine Kooperation von Schule und Jugendhilfe eintritt, betont deshalb, dass Schulsozialarbeit durchaus Wirkungen auf die Schule haben kann: *„Dies bedeutet keineswegs, dass als ‚feed-back' von Schulsozialarbeit nicht auch eine Umstrukturierung von Schule vor sich gehen muß"* (Dettbarn 1981, S. 94). Auch bei Kersten heißt es: *„SSA will Anstöße geben für die qualitative Veränderung der Schule unter Betonung der Bedeutung von sozialem Lernen versus bloßer Wissensvermittlung. Diese Zielrichtung von Schulsozialarbeit wendet sich an Lehrer und an unterrichtliche Inhalte und Vorhaben"* (Kersten 1981, S. 96).

Sehr deutlich allerdings machen Vertreter dieses Ansatzes, dass sie eine Subordination der Schulsozialarbeit unter Schulzwecke ablehnen. *„Ausgrenzend muß hier gesagt werden, das SSA klarstellen muß, dass sie nicht mißbraucht werden darf zur Kompensation schulischer Defizite, etwa Unterrichtsvertretung, Pausenaufsicht"* (ebd., S. 97). Zwar grenzt sich nach diesem Verständnis Schulsozialarbeit von der Schule ab, jedoch stellt sich unabdingbar die Frage, was eine sich an der Jugendhilfe orientierende Schulsozialarbeit für die Schüler und innerhalb der Schule leisten kann.

Mitarbeiter des Projekts „*Sozialarbeit in der Schule*" (Ernst-Reuter-Schule 1984) haben ihre Funktion und Aufgabe folgendermaßen skizziert: *„Das Verhältnis von Schulsozialarbeit zur Schule bestimmt sich daher auch wesentlich durch die gesamten Lebensbedingungen und die aus diesen resultierenden Problemlagen des gemeinsamen Klientels „Schüler". So sind die Maßnahmen des Projektes SIS (Sozialarbeit in der Schule) auf die schulische und außerschulische Lebenswelt des Schülers gleichermaßen konzentriert, wenn dort Störungen für die weitere Entwicklung des Kindes festgestellt werden. Mit so verstandener Jugendsozialarbeit wird eine neue – von herkömmlichen Schulsystemen nicht zu leistende sozialpädagogische Qualität in die Schule eingebracht. Schulsozialarbeiter organisieren ein neues freizeitpädagogisches Angebot den „Pausentreff", eine u.*

E. unverzichtbare Ergänzung als Sozialisationsinstanz Schüler erfahren Sozialarbeit nicht als Schule mit anderen Mitteln (sprich: Methoden), sondern als einen für sie von der Schule unabhängigen Partner, der ihnen einerseits regenerative Freiräume schafft, aber auch für sie vor allen Dingen Ansprechpartner für ihre Probleme ist" (ebd., S. 6f.).

Der Modellversuch an der Ernst-Reuter-Gesamtschule wurde wissenschaftlich begleitet von Wilma Aden-Grossmann (Leitung), Bernd Stickelmann und Jochen Staufer, die in einem umfangreichen Erfahrungsbericht (Staufer/Stickelmann 1984) den Verlauf der Institutionalisierung von Sozialarbeit in der Schule dokumentiert haben. Ihr Bericht zeigt auf, mit welchen Schwierigkeiten der Prozess der Institutionalisierung verbunden war, welche Konflikte es dabei gab und wie mühsam es war, in einer traditionsreichen Einrichtung, wie es die Schule ist, neue pädagogische Angebote zu entwickeln. Schulsozialarbeit konnte und wollte sich nicht reibungslos in die vorhandene Schulstruktur einfügen. Gerade weil sie die Bedürfnisse von Schülern wahrnehmen und auf sie eingehen wollte, verstieß sie gegen Gewohnheiten und Gepflogenheiten der Schule, war Sand im Getriebe. Für den Modellversuch wurden unterschiedlich qualifizierte Mitarbeiter eingestellt: ein Diplompädagoge, ein Diplompsychologe, vier Sozialarbeiter, zwei Jahrespraktikanten, ein Zivildienstleistender, eine Sekretärin. Hinzu kamen drei mit halber Stelle abgeordnete Lehrer und Honorarkräfte.

Es gab an der Schule bereits Ansätze für eine sozialpädagogische Arbeit, an der die Mitarbeiter des Modellversuchs „Sozialarbeit in der Schule" anknüpfen konnten: das Schülerzentrum und das Beratungszentrum. Neu hinzu kam der „Pausentreff".

Das Schülerzentrum war im ersten Geschoss des Tagesheimbaus untergebracht, in dessen Erdgeschoss sich eine Kantine befand. Die Sozialarbeiter machten sowohl ein freizeitpädagogisches offenes Angebot als auch thematisch festgelegte Angebote für Gruppen. Sie bauten den Kontakt auf zu Schülern, deren Hauptschulabschluss gefährdet war, zu Schulverweigerern, zu Kindern und Jugendlichen, die in schwierigen familiären Verhältnissen lebten und zu alkoholgefährdeten Jugendlichen. Eine besondere Problematik stellten Besucher des Schülerzentrums (SZ) dar, die bereits die Schule verlassen haben, die z.T. arbeitslos waren und in der Schule noch immer einen zentralen Kommunikationsort sahen, und die sich mit Schülern und Sozialarbeitern z.T. aggressiv auseinandersetzten. Sie kam u.a. auch deswegen, weil das freizeitpädagogische Angebot des Stadtteils unzureichend war.

Außerdem gab es eine „Berufsfindungsgruppe" für diese Zielgruppen, in der Sozialarbeiter mit dem für Berufsberatung zuständigen Lehrer zusammen arbeiten, um die Schulabgänger des 9. Schuljahres auf die Berufswelt vorzubereiten.

Aus den Erfahrungen mit diesen Jugendlichen resultiert die Einsicht, dass das Schülerzentrum stadtteilbezogen arbeiten muss, dass in die Konzeption Jugendberatung integriert werden sollte.

Entgegen der ursprünglichen Konzeption wurde nach der Beendigung der Modellversuchsphase das Beratungszentrum in der personellen Ausstattung so stark reduziert, dass man von einem Zentrum eigentlich nicht mehr sprechen konnte, denn es gab nur noch einen Psychologen, der vorrangig Einzelfallhilfe leistete, sowie beratend in einem Lehrerteam mitwirkte. Eine Zusammenarbeit mit den Schulsozialarbeiterinnen und -sozialarbeitern fand nur fallweise statt.

Schulsozialarbeit versucht, die Ganzheit der Lebenswelt des Kindes zum Ausgangspunkt der pädagogischen Arbeit zu machen. „Freizeit" ist nach dieser Sichtweise nicht eine zu vernachlässigende Restgröße, sondern ein wichtiger Lebensbereich des Kindes, in dem es versucht, seine Identität in der Auseinandersetzung mit anderen in einem selbstbestimmten Rahmen zu entwickeln.

Da in vielen Städten und Gemeinden es zu wenig Freizeitangebote für Jugendliche gibt, streifen sie durch Straßen und Kaufhäuser und geraten u.U. in Konflikte mit anderen. Deshalb bedürfen Kinder und Jugendliche gerade im Freizeitbereich der Unterstützung durch organisierte, sozialpädagogische Angebote. Diese müssen allerdings so gestaltet werden, dass sie Kindern den Rahmen bieten, in dem sie ihre Kreativität und Initiative entfalten können.

Die hier nur kurz skizzierten pädagogischen Überlegungen führten dazu, dass der Modellversuch die sog. „Anlaufstationen" und das „Schülerzentrum" schuf. Beide Einrichtungen, die den Klassentrakten nahegelegenen Anlaufstationen für die jüngeren und das Schülerzentrum für die älteren Schüler bieten die Möglichkeit, dort Pausen und Freistunden zu verbringen und Freizeitaktivitäten zu entwickeln. Darüber hinaus sind sie der Ausgangspunkt für weitere sozialpädagogische Arbeitsformen wie z.B. Gruppenarbeit oder Projektwochen. In diesem lockeren Rahmen knüpfen Kinder und Jugendliche erste Kontakte zu den sozialpädagogischen Mitarbeitern, die dann häufig in eine intensive Beratung münden, in die dann auch Eltern und/oder Lehrer einbezogen werden können

Die drei Anlaufstationen sind ein dezentrales Angebot des Modellversuchs. Studenten der Fachhochschule für Sozialpädagogik betreuen im Rahmen ihres Projektstudiums die Schüler der Förderstufe, Diplompädagogikstudenten der Universität arbeiten in der Anlaufstation für Schüler des 8. bis 10. Schuljahres und Mitarbeiter des Modellversuchs haben die Anlaufstation für die 7. Klassen aufgebaut. Das vielfältige Spielangebot wird von mindestens 10-15% der Schüler (das sind insgesamt ca. 150-200) während der Pausen angenommen.

In allen Anlaufstationen gibt es Schüler mit unterschiedlichen Problemen, die einen engeren Kontakt zu den Mitarbeitern suchen, so dass in allen Bereichen neben der offenen Arbeit auch nachmittags zielgruppenorientierte Gruppenarbeit angeboten wird. Aus diesen intensiveren Kontakten ergeben sich oft Anlässe für Beratung und Einzelfallhilfe (Berufsfindung, Schullaufbahnberatung, Fälle von Schulverweigerung, Probleme mit Lehrern und Eltern). Daneben gibt es in enger Zusammenarbeit mit dem Lehrer auch Klassenbetreuung. In allen Anlaufstationen gibt es – wenn auch in unterschiedlicher Intensität – Kontakte und z.T. auch Kooperation mit einzelnen Lehrern. Die Mitarbeiter haben sich an außerschulischen Aktivitäten wie Ausflügen, Festen, Klassenfahrten u.ä. beteiligt und konnten bei diesen Anlässen ihren Kontakt zu Schülern aufbauen, bzw. intensivieren (vgl. Grossmann 1978, S. 209f.).

Ausgehend von der Kritik an den herkömmlichen Maßnahmen der Jugendhilfe, die in den meisten Fällen reaktiv ist, d.h. erst dann eingreift, wenn offenkundig relevante soziale Abweichungen vorliegen (kriminelle Delikte, Verwahrlosung o.ä.), wird der Anspruch gestellt, dass eine „offensive Jugendhilfe" nicht reaktiv, sondern präventiv arbeiten müsse. *„Ausgehend von der Erkenntnis, dass die schon in der Schule vorfindlichen Problemfälle später häufig Klientel der Jugendhilfe werden, ist es nur folgerichtig, dass Jugendhilfe schon in der Schule ansetzt, dort am Entstehungsprozeß betreuend eingreift und Maßnahmen einsetzt, welche die individuelle Biographie positiv beeinflussen"* (Kersten 1981, S. 95).

Gerade weil die Schule und insbesondere der Unterricht ein wichtiges Sozialisationsfeld ist, kann Schulsozialarbeit diesen Bereich nicht ausklammern. Im Unterschied zu dem integrativen Ansatz, nach dem Schulsozialarbeit auf Schulklassen bezogen sozialpädagogische Intentionen in den Unterricht einbringen und damit auch die Lehrer sozialpädagogisch qualifizieren will, hat das Projekt „*Sozialarbeit in der Schule*" an der Ernst-Reuter-Gesamtschule in Frankfurt einen anderen konzeptionellen Ansatz der Intervention gewählt. „Sie [die unterrichtsbezogene Beratung; Anm. d. Verf.] *erfolgt nach Vereinbarung mit Schülern und Lehrern eines Klassenverbandes zur Lösung bei Interaktionsproblemen, die als massive Störung von einem oder mehreren der Agierenden an die Sozialarbeiter herangetragen werden. Die Bereitschaft aller, gemeinsam mit den Sozialarbeitern zu einer Lösung aktiv beizutragen, ist Voraussetzung"* (Ernst-Reuter-Schule 1984, S. 28).

Ein weiterer Unterschied zwischen beiden Konzeptionen besteht darin, dass das Projekt „*Sozialarbeit in der Schule*" das soziale Umfeld in die Arbeit schon konzeptionell berücksichtigt und einbezieht. Der Arbeitsplatz für Lehrer ist ausschließlich die Schule, wohingegen Schulsozialarbeiter auch den Stadtteil mit seinen Institutionen in seine Arbeit einbeziehen kann. Anne Frommann hat diese Funktion von Schulsozialarbeit treffend beschrieben, indem sie den Schulsozialarbeiter als Grenzgänger bezeichnet. In den schulischen Lernangeboten sind die außerschulischen Sozialisationsfelder (Familie und peer-group) in der Regel ausgeblendet und werden allenfalls als Störungsmomente wahrgenommen.

Mit welchen pädagogischen Problemen Schulsozialabeiter konfrontiert wurden, zeigt der folgende Bericht von Johanna Gottschalk-Scheibenpflug, studentische Mitarbeiterin der wissenschaftlichen Begleitung: *„Die Hauptprobleme, die auftauchten, waren: Schüler oder Schülerinnen wollten nicht in den Unterricht, sondern lieber im Pausentreff bleiben, es gab Kämpfe und Schlägereien, Kinder rauchten im Pausentreff; sollten wir eingreifen, und wie? Die Konfrontation erfolgte immer sehr unmittelbar, es gab keine lange Zeit zum Überlegen und erst recht nicht die Möglichkeit zur Absprache mit den Kollegen. Zwar hatten wir grundsätzlichen Konsens: Rauchverbot im Pausentreffraum; ebenso gab es ein grundsätzliches Nein zu Saltos von Stühlen und Tischen auf die „Kuschelmatte". Und wir waren uns einig, dass wir einen schwänzenden Schüler auch nicht unterstützen. Dazu ein Beispiel: ein Mädchen aus der 6. Klasse weigerte sich hartnäckig, in den Mathematikunterricht zu gehen. Mindestens zwei- bis dreimal die Woche gab es große Diskussionen. So nach und nach wußten wir mehr über ihre Probleme und über ihre Schwierigkeiten mit der Schule und dem Lehrer; sie bekam mehr Vertrauen zu uns...wir konnten ihre Probleme einschätzen und ihr vermitteln, dass wir ihre Ängste verstehen, aber ein „Kneifen" auch keine langfristige Lösung bringt"* (Gottschalk-Scheibenpflug 1980, S. 108).

Im Unterschied zum Konzept der kritischen Integration, nach dem sich die sozialpädagogischen Angebote an Schulklassen oder -stufen richten, bestimmen die Sozialarbeiter der Ernst-Reuter-Schule I ihre Zielgruppen nach sozialen Kriterien. Die Teilnahme an den sozialpädagogischen Angeboten sollte für die Schülerinnen und Schüler freiwillig sein, dabei hatten sich die Sozialarbeiter entschieden, durch die Wahl ihrer Angebote insbesondere sozial benachteiligte Kinder und Jugendliche anzusprechen. Hierzu stellt Johanna Gottschalk-Scheibenpflug folgende Überlegungen an: *„Es ist nicht so einfach, Angebote für diese Altersgruppe zwischen Kind und Jugendlichen zu finden. Es wäre falsch, abgehoben von der unmittelbaren Bedürfnislage, Aktivitäten anzubieten. In „Aktionsgruppen" mit solch gezielten Angeboten haben sich eben nicht die tatsächlich von Deklassierung bedrohten Kinder gefunden, oder sie blieben nach kurzer Zeit weg. Wir haben uns und die Kinder gefragt warum. – [...]Die zunächst sehr kompensatorischen Bedürfnisse nach Entspannung, Musik hören, rumsitzen, gammeln, sollten Sozialarbeiter nicht arrogant abwerten, um „pädagogisch Sinnvolles" entgegenzusetzen. Es geht darum, nach und nach und immer orientiert an den unmittelbaren Situationen, die Kinder zu befähigen bzw. sie zu unterstützen, ihre eignen Erfahrungen einzubringen, alle Ansätze und Aktivitäten zu fördern, die in Richtung Selbstbestimmung gehen"* (ebd.). Neben dem offenen Angebot gibt es auch thematisch festgelegte, gruppenbezogene Angebote, die der präventiven Arbeit dienen sollten:

"In den Werkräumen mit den Angeboten Textilarbeiten (nähen, weben, spinnen...), Fotolabor, Mopedreparatur, Modellbau sowie mit Sportangeboten werden Schüler betreut, deren Verhaltensweisen auf Komplikationen in ihrer weiteren Entwicklung hindeuten. Hierin liegt eine Vorwegnahme prognostizierter Störungen (Indikator sind Merkmale, die mit den Lehrern abgestimmt werden). Bereits in einem frühen Stadium, wenn Schüler noch nicht zu „Fällen" geworden sind, werden sie über eines der vielfältigen Angebote der sozialen Gruppenarbeit des Projektes in der Schule „begleitet". Auch hier ist der Zugang zu den Gruppen unbedingt freiwillig. Die Gruppen setzen sich aber nicht ausschließlich aus Schülern zusammen, die die oben beschriebenen symptombezogenen Merkmale aufweisen, sondern in ihr finden sich auch Schüler wieder, die sich ausschließlich über die gemeinsame Interessenlage bezüglich des Angebots bzw. über Sozialbezüge rekrutieren" (Ernst-Reuter-Schule 1984, S. 19).

Zum Beispiel: Schulsozialarbeit an Berliner Gesamtschulen

In Berlin ist die Gesamtschule bereits seit 1970 durch ein Gesetz zur Regelschule erklärt worden. 1984 besuchen etwa 25% der Schüler eines Altersjahrganges die Gesamtschule. Obgleich die Quote insgesamt über mehrere Jahre konstant geblieben ist, hat sich die Zusammensetzung der Schülerschaft hinsichtlich der angestrebten Schulabschlüsse gegenüber den siebziger Jahren verändert. Da sich in Berlin der Anteil der Schüler, die nach der Grundschule ein Gymnasium besuchen, erhöht hat, verringerte sich der Anteil der gymnasialempfohlenen Schüler an den Gesamtschulen und liegt im Durchschnitt unter zehn Prozent (vgl. Kledzik 1984). Dadurch besteht die Gefahr, dass die gewünschte heterogene Zusammensetzung der Kerngruppen nicht mehr zustande kommt, dass die Gesamtschule somit zur „Restschule" wird. Auf die schulpädagogischen Konsequenzen dieser Entwicklung will ich nicht eingehen, weil uns die Entwicklung hier nur unter dem Aspekt von Schulsozialarbeit interessiert. Ich werde im Folgenden deshalb die Aufgaben und Funktionen der pädagogischen Mitarbeiter im Ganztagsbetrieb darstellen.

Mit der Einrichtung der Gesamtschule als Ganztagsschule hoffte man, soziale Benachteiligungen abzubauen und somit einen Beitrag zur Realisierung von mehr Chancengleichheit im Bildungswesen zu leisten. Defizite der familialen Erziehung sollten durch sozialpädagogische Angebote der Beratung und der Freizeitgestaltung ausgeglichen werden. Dabei sollten Familien auch von ihren Erziehungs- und Betreuungsaufgaben entlastet werden.

Inzwischen haben an den Gesamtschulen jedoch Entwicklungen stattgefunden, die darauf hindeuten, dass der Ganztagsbetrieb nicht mehr voll realisiert wird. Ulrich Kledzik, verantwortlicher Referent beim Berliner Senator für Schulwesen,

Jugend und Sport, beschreibt die Entwicklung: *„Noch vor zehn Jahren war ein Großteil der Bevölkerung der Auffassung, dass Schulen mit einer Ausstattung, wie sie die Berliner Gesamtschulen erhielten, besonders gut geeignet seien, bestimmte Benachteiligungen abzubauen und auszugleichen und dass dies eben durch den Ganztagsbetrieb besser erreicht werden kann. Ich meine, dass sich in den letzten Jahren hier ein Meinungsumschwung bei den Eltern abzeichnet, wonach familiengesteuerte Freizeitaktivitäten und elternhausbezogene Einzelarbeit der Schüler wieder den Vorzug vor dem Ganztagsschulbetrieb erhalten"* (ebd., S. 36).

Zu dieser Entwicklung hat mit Sicherheit auch die Tatsache beigetragen, dass auch an der Ganztagsschule Hausaufgaben erteilt werden, was im Gegensatz zu den ursprünglichen Intentionen steht: *„Zu Beginn der Gesamtschulentwicklung wurde gesagt, Hausaufgaben wären an diesen Schulen nicht erforderlich, da in dem Ganztagsbetrieb bestimmte Arbeitszeiten für die Schüler zur Vertiefung des durchgearbeiteten Stoffes integriert seien. In der Zwischenzeit hat es sich herausgestellt, dass Hausaufgaben im Lernprozeß der Schüler unverzichtbar sind"* (ebd.). Die Konsequenz dieser Entwicklung ist, dass einige Schulen dazu übergegangen sind, den Stundenplan so zu organisieren, dass die Schüler die Möglichkeit haben, an mehreren Tagen der Woche die Schule bereits nach dem Vormittagsunterricht zu verlassen. Dies tangiert unmittelbar die Arbeitsmöglichkeiten der pädagogischen Mitarbeiter, deren Angebote am Nachmittag dadurch u.U. weniger nachgefragt sind.

Als die Mittelstufenzentren eingerichtet wurden, bestand wegen der in die Schule drängenden geburtenstarken Jahrgänge eine hohe Nachfrage nach Lehrern. Hinzu kam, dass durch den Ganztagsbetrieb ein zusätzlicher Betreuungsbedarf entstand. Hierfür fehlte es an Lehrern, die hinsichtlich ihrer Qualifikation diese Aufgaben hätte wahrnehmen können. Mit der Einstellung von Pädagogischen Mitarbeitern sollten die Probleme der Betreuung der Schüler in der unterrichtsfreien Zeit gelöst werden. Eine Übersicht über die Angebote von Pädagogischen Mitarbeitern zeigt, dass sich diese auf traditionelle Freizeitaktivitäten (Tanzen, Disco, Tischtennis), auf musisch-technische Bereiche (Basteln, Backen/Kochen, Filmen, Töpfern, Batikarbeiten) und auf sportliche Aktivitäten (Schwimmen, Yoga, Volleyball) konzentrieren.

Aufgaben und Funktionen von Schulsozialarbeitern in den 1970er und 1980er Jahren

In dem voranstehenden Kapitel wurden die unterschiedlichen pädagogischen Konzeptionen der ersten Modellversuche von Schulsozialarbeit dargestellt, wobei es sich herausstellte, dass mit der Einführung von Schulsozialarbeit sowohl Lehrerinnen und Lehrer als auch Sozialarbeiterinnen und Sozialarbeiter Neuland betraten. Es gab keine Vorbilder, an denen sie sich hätten orientieren können. Hinzu kam, dass Lehrer keine Kenntnisse über Sozialpädagogik und Jugendhilfe hatten, da diese im Studium nicht vermittelt wurden. Eben so wenig bereitete das Studium der Sozialpädagogik und Sozialarbeit die Studierenden auf das neue Berufsfeld vor; denn Veranstaltungen über die Institution Schule, das Bildungswesen und spezifische Verhaltensauffälligkeiten von Schülerinnen und Schülern wurden in der Regel nicht angeboten.

In diesem Kapitel werden die Anforderungen an die berufliche Tätigkeit in Projekten der Schulsozialarbeit, die Erfahrungen in der Praxis und die Herausbildung eines Berufsbildes untersucht.

Ferner beleuchtet ein Exkurs die Entwicklung von Schulsozialarbeit für den gleichen Zeitraum in Großbritannien und den USA.

Berufsausbildung und Arbeitsschwerpunkte

Über die berufliche Vorbildung und über Arbeitsschwerpunkte von Schulsozialarbeitern liegen keine repräsentativen Untersuchungen vor. Die Projektgruppe Schulsozialarbeit im Deutschen Jugendinstitut (DJI) kann zwar beanspruchen die einzige bundesweite Untersuchung vorgelegt zu haben, aber die Befragten rekrutierten sich ausschließlich aus Teilnehmern und Interessenten der Tagungen, die durch das DJI angeboten worden sind. Aufgrund der großen Nachfrage sowie ihrer bundesweiten Ausschreibung der Tagungen kann jedoch vermutet werden, dass die hier erhobenen Daten durchaus ein Spiegel für die Situation von Schulsozialarbeit darstellen, auch wenn man ihr absprechen muss, im strengen Sinne die Kriterien zu erfüllen, die für repräsentative Untersuchungen anzulegen sind.

1983 hat das DJI allen Teilnehmern und Interessenten von Fachtagungen zur Schulsozialarbeit einen Fragebogen zugeschickt, mit dessen Hilfe der Ausbildungsstand, Tätigkeiten und Zielgruppen von Schulsozialarbeitern ermittelt werden sollten (vgl. DJI 1985). Von 606 verschickten Fragebögen wurden 329 ausgefüllt zurückgeschickt. Dies entspricht einer Rücklaufquote von 54,3%. Die Befragten waren etwa je zur Hälfte Männer und Frauen. Dabei waren 5,8% unter 25 Jahre, 71,5% zwischen 25 und 40 Jahre alt und 20,9% waren älter als 40 Jahre. Wie bei dem noch jungen Arbeitsfeld nicht anders zu erwarten, verfügen die Mitarbeiter noch nicht über langjährige Berufserfahrung. Ein Drittel der Befragten arbeitet weniger als drei Jahre im Berufsfeld. Etwa die Hälfte arbeitet 4 bis 10 Jahre als Schulsozialarbeiter und nur jeder sechste hat bereits mehr als 10 Jahre Berufserfahrung. Etwa 20% der Befragten arbeiten nicht im Praxisfeld (Dozenten, Vertreter von Behörden und Trägern). Für 43,4% ist die praktische Schulsozialarbeit Hauptaufgabe und 36,7% widmen sich der Schulsozialarbeit nur zeitweise neben anderen Aufgaben.

Die befragten Schulsozialarbeiter arbeiten überwiegend mit Schülern der Sekundarstufe I. Über die Zielgruppen von Schulsozialarbeit heißt es in der Studie: *„Schulsozialarbeiter kümmern sich am häufigsten um erziehungsschwierige Schüler (63,8%), um Schüler mit Lernschwierigkeiten (63,2%) und Schulschwänzer (42,2%). Fast jeder zweite ist auch mit den sozialen Problemgruppen wie Kinder alleinerziehender oder beiderseits berufstätiger Eltern (48,0%), ausländische Schüler (46,2%) und von Arbeitslosigkeit bedrohte Schüler (33,1%) befaßt. Die „harten" Problemgruppen folgen erst mit einigem Abstand: delinquente Schüler (27,1%), Drogengefährdete (14,9%), gewalttätige Schüler (13,1%) und schwangere Schülerinnen (6,1%). Die Gruppen der körperlich und geistig Behinderten sind mit je 3,6% Nennungen nur äußerst selten eine Zielgruppe der Schulsozialarbeit"* (DJI 1985, o. S.). Entsprechend den Problemen dieser Zielgruppen haben es Schulsozialarbeiter häufig mit Lernschwierigkeiten der Schüler zu tun, mit emotional gestörten Kindern und mit Disziplinkonflikten. Selten oder nie befassen sich Schulsozialarbeiter mit sexuellen Problemen, mit Drogenmissbrauch und Delinquenz. Schulsozialarbeiter widmen sich vorwiegend der Einzelfallhilfe, wohingegen die soziale Gruppenarbeit wie auch die Gemeinwesenarbeit eine geringere Rolle spielen.

Nach ihrem Verhältnis zur Schule befragt, geben ein Drittel an, dass Schulsozialarbeit die Unterstützung durch Lehrer und Schulleitung erhält. Etwa die Hälfte meint, dass *„seine Arbeit zwar zur Kenntnis genommen, in besonderen Fällen unterstützt und er im übrigen in Ruhe gelassen wird"* (ebd.). Überraschend hoch ist nach dieser Befragung der Ausbildungsstand: 43% haben einen Fachhochschulabschluss, 16,4% einen Universitätsabschluss und 14,9% einen Fachschulabschluss (Erzieher).

Aus der bundesweiten Befragung des DJI wird deutlich, dass sich die Arbeitsbedingungen von Schulsozialarbeitern von Bundesland zu Bundesland stark unterscheiden. Das Berufsfeld ist vor allem durch diese Vielfalt der Ansätze charakterisiert. Jedoch schälen sich nach Auffassungen der Projektgruppe Schulsozialarbeit im DJI drei Organisationsmodelle heraus:

1. Schulsozialarbeit als außerunterrichtlicher oder freizeitpädagogischer Fachbereich in der Ganztagsschule.
2. Schulsozialarbeit als Teil eines sozialen Beratungsdienstes (auch an Halbtagsschulen).
3. Schulsozialarbeit als Sozialarbeit in der Schule (auch unter Einbezug externer Träger der Jugendhilfe).

Die Arbeitsplatzsituation, die Anforderungen und Tätigkeiten werden u.a. auch davon bestimmt, in welchen organisatorischen Zusammenhängen Schulsozialarbeiter beschäftigt sind. Detailliertere Einblicke in diese Probleme erhalten wir nur, wenn wir die globale Ebene verlassen und uns den spezifischen Arbeitsbedingungen in einem Bereich zuwenden. Anhand der Situation der Pädagogischen Mitarbeiter an den Berliner Mittelstufenzentren sollen Ausbildungsstand und Tätigkeitsfelder analysiert und diskutiert werden.

Pädagogische Mitarbeiter an den Mittelstufenzentren in Berlin

Im Gegensatz zur Halbtagsschule kann sich die Ganztagsschule nicht mit einem Unterrichtsangebot begnügen, sondern muss auch für die längeren Freizeiten für Betreuung und für sozialpädagogische Angebote sorgen. Für diesen „außerschulischen Bereich" (AUB) sind an den Berliner Ganztags-Gesamtschulen unterschiedlich qualifizierte Pädagogische Mitarbeiter eingestellt worden. Für jede Jahrgangsstufe sind in der Regel ein Sozialpädagoge und zwei Erzieher zuständig. Das Aufgabengebiet des Sozialpädagogen umfasst vor allem die Beratung von

Schülern, sozialpädagogische Angebote in der außerschulischen Zeit (Zusammenarbeit mit den Lehrern bei der Vorbereitung und Durchführung von Schülerfahrten, Ausflügen, Besichtigungen, Hobby- und Freizeitkurse) und die Kooperation mit anderen Einrichtungen und Organisationen. Die hierarchische Struktur des pädagogischen Mitarbeiterteams zeigt sich nicht nur in der unterschiedlichen Bezahlung von Sozialpädagogen und Erziehern, sondern auch daran, dass Aufgaben der Beratung nicht von Erziehern wahrgenommen werden, sondern dass ihr Tätigkeitsbereich die Organisation und Durchführung von außerunterrichtlichen Aktivitäten für je eine Halbjahrgangsgruppe (etwa 150 Schüler) ist.

Die Pädagogischen Mitarbeiter an den Berliner Gesamtschulen sind stärker in die schulischen Abläufe eingebunden als dies in den zuvor beschriebenen Konzepten der Fall ist. Zu ihren Aufgaben gehört die *„Beaufsichtigung von Schülern vor und nach dem Unterricht, in den Pausen, in Freistunden, beim Mittagessen, beim Spiel, bei Schülerfesten und bei besonderen Veranstaltungen"* (Knief/Seiring 1977, S. 9).

Aus allen vorliegenden Berichten über die Arbeitsplatzsituation und die Arbeitszufriedenheit der Pädagogischen Mitarbeiter geht hervor, dass dieser Teil ihrer Tätigkeiten am stärksten in Widerspruch steht mit ihrem Selbstverständnis als Sozialpädagoge. Brigitte Kath zitiert aus Interviews mit Pädagogischen Mitarbeitern und aus Erfahrungsberichten der Gewerkschaften folgende, ihr typisch erscheinende Aussagen: *„Wir haben keine Ausbildung gehabt, um zweimal am Tag für 50 Minuten Kinder zu beschäftigen. Ich habe 19 Aufsichten pro Woche, da sind so viele Kinder, dass ich nur Beschäftigungsmaterial ausgeben kann. (An dieser Schule sind nicht alle Stellen wie vorgesehen besetzt). Ich komme mir als pädagogisch ausgebildeter Polizist vor, der in der Massen-AUA darauf achtet, dass Schule funktionsfähig bleibt"* (Kath 1976, S. 231).

Auch Irmgard John (1977) stellt in ihrer Befragung von 28 Pädagogischen Mitarbeitern fest, dass die Aufsichtspflicht einen relativ großen Anteil der Arbeitszeit beansprucht, die von den Pädagogischen Mitarbeitern als „vertane" Zeit angesehen wird. Viele Mitarbeiter äußerten die Befürchtung, dass sie durch diese Kontrollfunktionen in eine autoritäre Rolle gedrängt würden, und sagten, dass sie solche Situationen als einen Rollenkonflikt erlebten. In diesem Zusammenhang zitiert John die folgende Aussage eines Pädagogischen Mitarbeiters: *„Man schwankt immer zwischen den unmittelbaren Anforderungen von seiten der Schulleitung, nämlich Ruhe und Ordnung herzustellen und eignen Erziehungszielen, die nur langfristig erreicht werden können. Und immer wieder ertappe ich mich dabei, dass ich mich an den unmittelbaren Erfordernissen orientiere – auch aus Angst, ich könnte selbst Schwierigkeiten bekommen, wenn die Tischdienste nicht wie gewünscht funktionieren"* (John 1977, S. 84).

In einer Befragung von 113 Pädagogischen Mitarbeitern stellen Knief u.a. fest, dass mit durchschnittlich neun Stunden für Aufsichten diese einen erheblichen Anteil der wöchentlichen Arbeitszeit beanspruchen (vgl. Knief u.a. 1980). Im Gegensatz zu den Aussagen der Pädagogischen Mitarbeiter, die in der Aufsichtspflicht eine berufsfremde Tätigkeit sehen („*Jede Hausfrau und jeder Rentner könnten die Aufsichtspflicht vielleicht besser erfüllen als ich*" (John 1977, S. 82)), betonen Knief u.a. die der Aufsicht innewohnenden positiven Möglichkeiten: „*Auch fühlen sich relativ viele Pädagogische Mitarbeiter (31 % häufig, 21 % ständig) durch Organisations- und Verwaltungsarbeiten (z.B. Aufsichtsvertretungen) in ihren Außerunterrichtlichen Angeboten eingeschränkt...Genau an diesem Punkt hat sich die beschriebene Einbindung formaler Tätigkeitselemente in inhaltliche Zielsetzungen noch nicht durchgesetzt; ist es doch durchaus möglich, Aufsichten zu nutzen, um sich den Schülern gegenüber darzustellen, die eigne Wahrnehmung zu schulen und Informationskanäle zu öffnen*" (Knief u.a. 1980, S. 14).

Während für die Sozialpädagogen/Sozialarbeiter im Zeitplan eigens Stunden für Beratungstätigkeiten vorgesehen sind, fehlen diese für die Erzieher. Die pädagogische Praxis zeigt jedoch, dass sozialpädagogische Beratung von Schülern in erster Linie bei den ihnen vertrauten Bezugspersonen gesucht wird, also vielfach bei den Erziehern. Auf diesen Tatbestand weist John (1977) in ihrer Untersuchung hin: „*Zum anderen wird vor allem von Erziehern berichtet, dass die Schüler in den seltensten Fällen die Sozialarbeiter aufsuchen, um mit ihnen ihre Probleme zu besprechen. [...] Sie wenden sich viel eher an die Pädagogischen Mitarbeiter, zu dem sie aufgrund von Vorkontakten die intensivste Beziehung haben; meist geschieht dies während oder nach Ablauf eines Hobby-Kurses*" (John 1977, S. 77).

Da jedoch die Beratung offiziell nicht zu den Aufgaben der Erzieher zählt, ergeben sich bei der Realisierung des ihnen von Schülern entgegengebrachten Beratungswunsches Schwierigkeiten: „*Wenn die Pädagogischen Mitarbeiter Zeit haben, sind die Schüler im Unterricht; in den Pausen führen sie Aufsicht oder die Schüler sind gerade dann in den seltensten Fällen motiviert, über ihre Schwierigkeiten zu sprechen*" (John 1977, S. 75). Knief u.a. (1980) kommen in ihrer Untersuchung zu dem Ergebnis, dass 69% der Pädagogischen Mitarbeiter Schülerberatungen durchführen; dabei betreuen sie jährlich etwa 20 Schüler. Anlass für die Beratung sind vorwiegend schulische Probleme oder Konflikte mit den Eltern.

Schwierigkeiten bei der Durchführung von Beratung sehen Knief u.a. vor allem in der unzureichenden Ausbildung nicht nur bei Erziehern, sondern auch bei Sozialpädagogen. In den vom Senat vorgegebenen Tätigkeitsfeldern für die Sozialpädagogen gehört die Beratung zu den besonders hervorgehobenen Aufgaben, ohne dass jedoch näher bestimmt wird, was unter diesem Begriff zu verstehen ist. Knief u.a. schließen aus ihrer Umfrage, dass in der Auseinandersetzung um Funktionen der Pädagogischen Mitarbeiter der Beratungsbegriff überbewertet worden sei, *„da er sich realiter offenbar in ad hoc-Gesprächen ohne Stützung auf methodische Standards erschöpft. So gilt für die Mehrheit der Pädagogischen Mitarbeiter vor Ort nicht, sie von nicht einzulösenden Therapieansprüchen zurückzuhalten, sondern eher, ihre ganz bescheidenen Gesprächsansätze zu verbessern"* (Knief u.a. 1980, S. 23).

Dass Ausbildungsdefizite vorliegen, verwundert nicht, wenn wir den Ausbildungsstand der befragten Pädagogischen Mitarbeiter betrachten, von denen 58% Erzieher und Erzieherinnen, 20% Sozialarbeiter – bzw. Sozialpädagogen waren und 22% aber überhaupt über keine Formalqualifikation verfügten. *„85% hatten auch keine Möglichkeit, sich während ihrer Ausbildung mit Schulsozialarbeit vertraut zu machen"* (ebd., S. 2).

Ein Teil der Berliner Gesamtschulen sind als Bildungszentren gebaut worden, d.h. sie beherbergen unter einem Dach nicht nur die Gesamtschule, sondern auch noch die Volkshochschule, die städtische Bücherei und ein Jugendfreizeitheim. Da die Pädagogischen Mitarbeiter im außerunterrichtlichen Bereich z.T. die gleichen Kinder und Jugendlichen ansprechen wie die Sozialarbeiter des Jugendfreizeitheimes, liegt eigentlich eine enge Zusammenarbeit nahe. Rückblickend lässt sich jedoch feststellen, dass sich die Kooperation lediglich auf die wechselseitige Nutzung der Räume beschränkte, wobei das Jugendfreizeitheim eine entscheidende Einschränkung seiner Arbeitsmöglichkeiten hinnehmen musste: es darf erst nach Schulschluss mit Veranstaltungen und Angeboten beginnen. Unterschiedliche behördliche Zuständigkeiten – für das Jugendfreizeitheim ist die bezirkliche Jugendpflege zuständig und für die Pädagogischen Mitarbeiter der Schule die Schulaufsicht – haben es trotz der räumlichen Nähe verhindert, dass eine inhaltliche Zusammenarbeit stattfindet. Von den 85 befragten Pädagogischen Mitarbeitern, an deren Schule sich ein Jugendfreizeitheim befindet, benutzen 45 selten oder nie die Räume des Jugendfreizeitheimes. Die Kontakte, wenn sie überhaupt bestehen, beschränken sich meist auf die Regelung organisatorischer Fragen und sind vielfach konfliktbeladen. In der zusammenfassenden Bewertung heißt es: *„Hier spiegelt sich ein ‚Urkonflikt' zwischen traditioneller Jugendpflege und Schulsozialarbeit, zwischen Sozial- und Schulpädagogik, der sich noch immer nicht zugunsten der gemeinsamen Zielsetzung – Schüler zur Realitätsbewältigung zu befähigen – gelöst hat"* (ebd., S.28).

An diesem Beispiel aus den 1980er Jahren wird deutlich, welche Barrieren zwischen der Jugendhilfe und der Schule bestanden und dass weder die räumliche Nähe der Institutionen und die gleichartige Ausbildung von Mitarbeitern im Jugendfreizeitheim und im außerunterrichtlichen Bereich der Schule ausreichende Bedingungen für eine Kooperation darstellten.

Schulsozialarbeit setzt sich durch und ist dennoch ungesichert

Zusammenarbeit von Lehrern und Schulsozialarbeitern

Schule ist der gemeinsame Arbeitsplatz von Lehrern und Schulsozialarbeitern. Daraus ergibt sich die Notwendigkeit der Koordinierung, der Kooperation und auch der Abgrenzung von Aufgabenbereichen. Alle vorliegenden Untersuchungen und Erfahrungsberichte thematisieren die hiermit verbundenen Probleme. Neben zahlreichen Aussagen, dass eine intensive Zusammenarbeit von Lehrern und Schulsozialarbeitern bei vielen konkreten pädagogischen Aufgaben stattfindet, sind Aussagen zu Konflikten und Kooperationsbarrieren nicht zu übersehen.

Nach der von der Gemeinnützige Gesellschaft Gesamtschule e.V. (GGG) 1980 vorgelegten Untersuchung zum Arbeitsfeld Schulsozialarbeit an 48 Gesamtschulen im Bundesgebiet ohne West-Berlin bezieht sich die Zusammenarbeit auf folgende Aufgaben (in der Reihenfolge der Häufigkeit der Nennungen): Schülerberatung und -gespräche, Elternberatung, Lehrerberatung und -training, Fahrten, Feste, Wandertage, Freizeit, Projekte und Aktionen u.a.m.

Konflikte entstehen nach dieser Untersuchung da, wo Erwartungen an Schulsozialarbeiter herangetragen werden, die diese von ihrem Selbstverständnis und ihren Fähigkeiten her nicht erfüllen wollen oder können, wenn sie z.B. als „Hilfslehrer" betrachtet werden oder wenn Lehrer „Rezepte" zur Behandlung schwieriger Schüler erwarten. Neben den „falschen" Erwartungen, mit denen sie konfrontiert sind, beklagen sich Schulsozialarbeiter auch darüber, dass einige Lehrer nicht an Schulsozialarbeit interessiert sind und auch die Zusammenarbeit verweigern. Manche Lehrer, so glauben Schulsozialarbeiter. erleben den Sozialpädagogen als „*Eindringling in ihren eignen Zuständigkeitsbereich*" (GGG 1980, S. 45).

Die Autoren dieser Untersuchung sehen die Ursachen für die konfliktreiche Zusammenarbeit mitbedingt durch:

„• *hohe Professionalisierung der Lehrer und Schulleiter (sie sind ‚alte Kämpen' an der Schule);*
• *verstecktes Konkurrieren der Sozialpädagogen mit den Lehrern;*
• *das Agieren gegenüber Lehrern und Schulleitung aus einer schwächeren Position heraus (innerhalb der Organisationshierarchie, von ihrer Abschlußqualifikation her, aus ihren noch randständigen Tätigkeitsbereichen heraus)*" (GGG 1980, S. 57).

Knief u.a. haben an den Berliner Gesamtschulen eine Untersuchung zur Situation der Pädagogischen Mitarbeiter durchgeführt (vgl. Knief u.a. 1980). Die Autoren heben hervor, dass die direkte Begegnung von Sozialpädagogen und Lehrern mit „*wechselseitigen Vorurteilen, Vermeidungsstrategien, Unsicherheiten, Konkurrenzängsten und Statusproblemen belastet*" ist (ebd., S. 5). In ihrer Befragung von 113 Pädagogischen Mitarbeitern an 15 Berliner Gesamtschulen stellen sie fest, dass nur etwa 11% der Befragten eine positive, 32% hingegen eine negative und 57% eine „*mittelmäßige*" Einstellung zu Lehrern haben. Pädagogische Mitarbeiter meinen, dass sie am untersten Ende der schulischen Hierarchie stehen. Dementsprechend gering ist ihr Einfluss auf Entscheidungsprozesse innerhalb der Schule. So geben 68% an, bei der Gestaltung des Stundenplans keine Mitwirkungsmöglichkeiten zu haben, wohingegen sie die Raum- und Aufsichtsplanung im außerunterrichtlichen Bereich weitgehend autonom regeln könnten. Ihr Engagement bei der Gremienarbeit ist relativ gering. Zwar nehmen 81% ständig an der Gesamtkonferenz teil, aber nur 30% besuchen die Jahrgangskonferenzen kontinuierlich. Noch geringer ist ihre Beteiligung bei Zeugnis- und Fachkonferenzen. Die Autoren der Untersuchung fragen auch nach der Wirksamkeit der Gremienarbeit und gelangen hier zu der Einschätzung, dass diese recht gering ist. Eine konstruktive Mitarbeit der Pädagogischen Mitarbeiter scheitere oft daran, dass diese die hierfür notwendigen Arbeitstechniken, wie die Erarbeitung eines Protokolls oder einer Tischvorlage, nur ungenügend beherrschten.

Irmgard John hat ebenfalls in Berlin die Rolle und Funktion von Pädagogischen Mitarbeitern an Gesamtschulen untersucht (vgl. John 1977). Sie hat mit 28 Pädagogischen Mitarbeitern Interviews durchgeführt und dabei u.a. auch nach der Zusammenarbeit mit Lehrern gefragt. Neben durchaus positiven Äußerungen über die Zusammenarbeit werden auch in ihrer Untersuchung die Schwierigkeiten benannt.

Das folgende Zitat eines Pädagogischen Mitarbeiters charakterisiert die Arbeitsbedingungen und Kooperationsprobleme treffend: „*In der Schule dreht sich alles um Unterricht und Lernen, was anderes zählt nicht. Man muß sich dauernd einmischen, aufdrängen, anbiedern, wenn man überhaupt tätig werden will*" (ebd., S. 85). Pädagogische Mitarbeiter meinen, dass Lehrer über ihre Arbeit wenig informiert sind, dass sie fürchteten, Pädagogische Mitarbeiter wiegelten die Schüler gegen Schule und Lehrer auf. Wenn es allerdings Verhaltensprobleme mit Schülern gebe, dann sollten sie „*Feuerwehr spielen und rasch für Abhilfe sorgen*" (ebd., S. 87). In solchen Fällen haben Sozialpädagogen erhebliche Schwierigkeiten, den Lehrern zu vermitteln, dass Verhaltensweisen, „*die sich in 10 oder mehr Jahren verfestigt haben, nicht mit vier oder fünf Gesprächen zu beheben sind*" (ebd.).

Eine weitere Schwierigkeit sieht Krenz, Schulsozialarbeiter in Bremen, in der Institution Gesamtschule: „*Die Unübersichtlichkeit des Systems mit weit über 1000 Schülern, die Schwierigkeit, mit über 100 Lehrern und etwa 50 Kooperationspartnern im sozialen Bereich Zusammenarbeiten zu müssen, war nicht ganz einfach zu bewältigen*" (Krenz 1984, S. 93).

Für die Kooperation von Schulsozialarbeit und Schule erwies es sich in dem Modellversuch „*Sozialarbeit in der Schule*" (Ernst Reuter Schule I, Frankfurt) als günstig, dass Lehrer mit einem Teil ihrer Unterrichtsverpflichtung an das Projekt abgeordnet waren und dort mit den Schulsozialarbeitern eng zusammenarbeiteten. Über ihre Rolle heißt es im Abschlussbericht der wissenschaftlichen Begleitung: *„Im Prozeß sich anbahnender Verständigung und Kooperation nimmt die Gruppe der abgeordneten Lehrer eine herausragende Vermittlerrolle ein. Gerade in der Anfangsphase des Projektes erwies es sich als günstig, das Projekt bei bestimmten Gelegenheiten nicht durch die im Schulsystem noch unerfahrenen Schulsozialarbeiter vertreten zu lassen, sondern durch Lehrer, die als Experten des Projektes und der Schule angesehen wurden"* (Staufer/Stickelmann 1984, S. 204).

Die Kooperationsbarrieren und die z.T. vorhandenen negativen Einstellungen von Schulsozialarbeitern gegenüber Lehrern lassen sich meiner Auffassung nach nicht nur auf Statusunterschiede und divergierende Rollenerwartungen zurückführen. Sozialpädagogen in der Schule werden nicht nur mit den von außen an sie herangetragenen Erwartungen konfrontiert, sondern müssen sich auch mit ihren eignen, durch ihre Berufsarbeit wiederbelebten Schulerfahrungen auseinandersetzen. Welche Gefühle hierdurch wiedererwachen, zeigt der Bericht eines Sozialpädagogen:

„Als Sozialarbeiter in der Schule fühlte ich mich in meine eigne Schulzeit zurückversetzt, spürte ich wieder die gleiche Schulangst wie vor vielen Jahren, blieb ich an der Tür des Lehrerzimmers stehen und mußte mich überwinden einzutreten, machten mir die Akademiker Angst, sie, die ich immer nur strafend und bewertend erlebt hatte und deren Sprache für mich nicht verständlich war" (Arbeitskreis Hessische Sozialarbeit 1978, S. 9).

Gerade diese wiederbelebten Erfahrungen mit Schule, die häufig negativ besetzt sind, können zu einer Abgrenzung zum Lehrer und zu einer starken Identifikation mit dem Schüler führen. Werden die eignen Erfahrungen nicht verarbeitet, sondern unbewusst auf Lehrer und Schüler projiziert, dann sieht der Sozialpädagoge im Schüler sich selbst, identifiziert sich mit dem Schüler und bekämpft im „Lehrer" seine eigne Schulproblematik. Gelingt es nicht, diese unbewussten oder auch halbbewussten Prozesse zu erkennen, dann kann der Sozialpädagoge dem Schüler bei aller Parteilichkeit nicht wirklich helfen, weil er nicht die reale Persönlichkeit des Kindes wahrnimmt, sondern sich selbst in ihm spiegelt. Bernfeld, der die affektive Beziehungsstruktur unter psychoanalytischen Gesichtspunkten analysiert hat, beschreibt das Verhältnis vom Erzieher zum Kind folgendermaßen: *„So steht der Erzieher vor zwei Kindern: dem zu erziehenden vor ihm und dem verdrängten in ihm"* (Bernfeld 1973 (1925), S. 141).

Dass starke Widerstände wirksam sind, die der Bearbeitung der eignen Schulerfahrung entgegenstehen, zeigt der folgende Auszug aus dem Bericht der wissenschaftlichen Begleitung des Modellversuchs „Sozialarbeit in der Schule": *„Erst nach fünf Jahren Projektlaufzeit ist das Team in der Lage, die Fragen möglicher Übertragungen eigner Schulerfahrungen in die sozialpädagogische Praxis des Projektes zu erörtern. Das Team stellt übereinstimmend fest: solche Übertragungen sind im Laufe der Projekt-Entwicklung ‚nur partiell aufgehoben worden'. Die Lehrer tun sich aufgrund ihrer eignen professionellen Lage sehr schwer zu akzeptieren, dass die Mitarbeiter der sozialpädagogischen Arbeit mit Schülern primäre, dem Arbeitsfeld Schule dagegen ‚nur' sekundäre Bedeutung beimessen. Erst die Reflexion der anfänglichen Kollisionen zwischen Schule und Projekt schuf die Plattform, auf der Kooperation zustande kommen konnte. Beide Seiten mußten mühsam lernen, sich gegenseitig als gleichberechtigte Partner zu akzeptieren"* (Staufer/Stickelmann 1984, S. 205).

Auf die gleiche Problematik verweist auch Jochen Krenz in der Reflexion seiner zehnjährigen Praxis als Schulsozialarbeiter: *„Die erste bewußte Einschätzung von Schule wird ja in aller Regel nicht theoretisch vorgenommen, sondern durch den eignen langjährigen Schulbesuch praktisch erworben. Je länger die Abhängigkeit von dem Gebilde Schule oder (subjektiv wahrgenommen) von den Lehrern war, oder je mehr oder je weniger traumatische Erfahrungen man als Schüler mit der Schule machte, desto nachdrücklicher wirken sich diese Erfahrungen zwangsläufig auch später auf die Einstellung zur Schule aus[...] Sich von diesem als Schüler gemachten Schul- und Lehrerbild zu lösen, wenn man nach einigen Jahren der Ausbildung wieder in die Schule kommt, ist mehr als schwierig"* (Krenz 1984, S. 89).

Auch durch die Ausbildung erfuhr das Bild von Schule kaum eine Korrektur. Meist beschränkte sich die Auseinandersetzung mit der Schule als Sozialisationsinstanz darauf, ihre Anpassungsmechanismen und ihre Selektionsfunktion zu kritisieren. Krenz meint im Rückblick auf seine eigne Ausbildung Anfang der siebziger Jahre, dass das Thema Schule kaum als diskussionswürdig erachtet wurde und dass ihnen als Studenten der Eindruck vermittelt worden sei, *„dass die Schule die Geißel der Menschheit darstelle"* (ebd., S. 90).

Auch Lehrer müssen sich mit ihren eignen frühen Schulerfahrungen auseinandersetzen; aber im Gegensatz zu Schulsozialarbeitern bietet ihnen die definierte Rolle des Lehrers, der größere Grad der Professionalisierung und die Ausbildung im Referendariat mehr Möglichkeiten, in die Berufsrolle hineinzuwachsen. *„Im Gegensatz zu Sozialpädagogen besitzen Lehrer beim Eintritt in die Schule aber eine eindeutig definierte Rolle. Bei Sozialpädagogen ist dies nicht so. Sie haben weder einen festen Status noch eine fest umrissene Rollendefinition. Sie sind keine*

Lehrer, aber auch keine Schüler mehr, obwohl sie sich altersmäßig kaum von den älteren Schülern unterscheiden" (ebd., S. 89).

Der Hinweis auf das jugendliche Alter von Schulsozialarbeitern dürfte damit zusammenhängen, dass in dieses neue Berufsfeld vor allem Berufsanfänger gegangen sind. Knief u.a. stellten fest, dass das Durchschnittsalter der Pädagogischen Mitarbeiter bei 30 bis 35 Jahren lag (vgl. Knief u.a. 1980). Dass es sich bei der Gruppe der Pädagogischen Mitarbeiter vorwiegend um Berufsanfänger handelt, geht auch aus der Untersuchung von John hervor: *„Von 28 Befragten arbeiteten 8 bereits länger als zwei Jahre im Berufsfeld, 15 waren zwischen ein und zwei Jahren an einer Gesamtschule oder einem Mittelstufenzentrum tätig und 5 arbeiteten erst kurze Zeit da"* (John 1977, S. 48). Auch aus der Untersuchung von Knief u.a. geht hervor, dass der überwiegende Teil der Pädagogischen Mitarbeiter erst relativ kurze Zeit an Gesamtschulen tätig sind (65% sind maximal seit drei Jahren an einer Gesamtschule tätig). Auffallend ist noch, dass drei Viertel aller Pädagogischen Mitarbeiter Frauen sind, jedoch wird dies an keiner Stelle problematisiert oder auch nur kommentiert.

Der geringe Grad der Professionalisierung hat zu erheblichen Anstrengungen geführt, den Ausbildungsstand von Schulsozialarbeitern durch intensive Fortbildungsangebote zu verbessern. Sowohl in Berlin als auch in Hessen haben sich Schulsozialarbeiter zusammengeschlossen, um ihre berufliche Situation zu diskutieren und um Verbesserungen zu erkämpfen. Hierdurch, wie auch durch die inzwischen gewonnenen praktischen Erfahrungen, hat sich das Berufsbild des Schulsozialarbeiters weiter entwickelt, jedoch ist eine Spezialisierung in der Ausbildung nicht weiter verfolgt worden. Im Allgemeinen fordern Schulsozialarbeiter, dass Schulsozialarbeit als ein möglicher Schwerpunkt im Studium gewählt werden kann, ohne die breite Qualifizierung der Ausbildung zum Sozialarbeiter/-pädagogen aufzugeben.

Die Erzieherausbildung gilt im Allgemeinen als nicht ausreichend, um die Aufgaben von Schulsozialarbeit zu erfüllen. Der Berliner Versuch, im Rahmen von Schulsozialarbeit Tätigkeitsprofile zu entwickeln, die der geringeren Qualifikationsstufe von Erziehern entsprechen, haben sich in der Praxis nicht bewährt, da sich Schulsozialarbeiter komplexen Anforderungen gegenübersehen und folglich auch eine breite, qualifizierte Ausbildung benötigen.

Schulsozialarbeiter – Experten für Sozialisationsprozesse

Die Entstehung der beruflichen Sozialarbeit und Sozialpädagogik ist aufs engste mit der Industrialisierung und den damit verbundenen gesellschaftlichen Entwicklungen verknüpft. Ging es anfangs vor allem darum, materielle Notstände zu beseitigen, so hat die Erkenntnis, dass diese meist auch mit Erziehungsnotständen einhergehen, zu einer fortschreitenden Pädagogisierung der sozialen Arbeit geführt. Ablesbar ist diese am quantitativen Ausbau und der qualitativen Entwicklung des Kindergartens und des Hortes, an der Zunahme der außerschulischen Jugendarbeit und eben auch an der Entstehung von Schulsozialarbeit.

Ich kann an dieser Stelle nicht die umfangreiche und differenzierte wissenschaftliche Diskussion, die den Prozess der Verberuflichung begleitet und vorangetrieben hat, nachzeichnen, dennoch möchte ich einige Aspekte nennen, unter denen diese Entwicklung interpretiert wurde.

Mit dem Zusammenhang von Industrialisierung und der Verschiebung von freiwilliger, ehrenamtlicher Wohlfahrtspflege zur beruflichen Sozialarbeit/-pädagogik befasste sich Mollenhauer in einer sozialhistorischen Untersuchung (vgl. Mollenhauer 1959). Von außerordentlicher Bedeutung für die weitere Entwicklung war die erste deutsche Frauenbewegung, deren führende Mitglieder – wie z.B. Alice Salomon – soziale Frauenschulen gründeten und somit Ausbildungsmöglichkeiten für die sozialen Berufe geschaffen haben. Auf die engen Zusammenhänge zwischen der Sozialarbeit/-pädagogik und der ersten deutschen Frauenbewegung haben vor allem C.W. Müller (1983), Ilka Riemann (1985) und Sachße (2003) hingewiesen.

Frauen haben mit dem von Gertrud Bäumer geprägten Bild der „geistigen Mütterlichkeit" ein Legitimationsmuster entwickelt, das dabei half, die gesellschaftlichen Widerstände gegen die berufstätige Frau zu überwinden und weibliche Berufstätigkeit zuzulassen. Allerdings hatte das zur Folge, dass jahrzehntelang hierdurch Frauen auf sog. weibliche Berufe festgelegt wurden und dies auch in ihr Selbstbild übernahmen.

Zunächst wurden an den Sozialen Frauenschulen nur Frauen ausgebildet. Da es aber für Männer keine vergleichbare Ausbildung gab, nahmen sie später auch Männer auf. In Berlin wurde z.B. 1945 die Soziale Frauenschule Schule für männliche Schüler geöffnet und deshalb 1952 in das „Seminar für soziale Arbeit" umbenannt, das den Status einer Höheren Fachschule hatte.

Bis Ende der 1960er Jahre erfolgte die Ausbildung für die sozialen Berufe an Höheren Fachschulen, deren Schüler und Schülerinnen die Mittlere Reife und eine mehrjährige Berufstätigkeit vorweisen mussten. Ab 1971 wurden die Höheren Fachschulen in Fachhochschulen umgewandelt und außerdem neue Fachhochschulen gegründet. Nunmehr war für die Aufnahme des Studiums das Abitur oder die fachgebundene Hochschulreife erforderlich.

Etwa zur gleichen Zeit wurde an vielen Universitäten der Diplomstudiengang für Pädagogik eingeführt mit den Schwerpunkten Schulpädagogik, Erwachsenenbildung und Sozialpädagogik. Die weitaus meisten Studierenden entschieden sich für den Schwerpunkt Sozialpädagogik. Das seit den siebziger Jahren zu beobachtende zunehmend starke Interesse am Beruf des Sozialarbeiters/-pädagogen wird damit erklärt, dass neben den nach wie vor wirksamen Kriterien von Status, Karriere und Einkommen auch andere Erwartungen an der Beruf gestellt werden wie Selbstverwirklichung und -entfaltung.

Eine weitere zentrale Kategorie für den Beruf des Sozialarbeiters/-pädagogen ist der Begriff der „Hilfe". Schulsozialarbeiter sagen, ihnen sei es besonders wichtig, Kindern und Jugendlichen in schwierigen Lebenssituationen zu helfen. Niemand wird bestreiten, dass dies eine zentrale Aufgabe ist, aber aus psychoanalytischer Perspektive ist diese berufliche Motivation hinsichtlich ihrer unbewussten Dimension problematisiert worden, da sich dahinter u.U. auch eigne Hilflosigkeit verbergen kann. In diesen Fällen kommt es zwischen dem Helfer und dem Hilfesuchenden zu einer eine Interdependenz, die als sog. Helfersyndrom vielfach beschrieben wurde.

Schulsozialarbeiter stehen in der Tradition der Sozialarbeit und Sozialpädagogik und ihre berufliche Problematik unterscheidet sich nicht grundsätzlich von der, die in anderen Bereichen der sozialen Arbeit vorliegen. Jedoch arbeiten sie in einer Institution, die im Allgemeinen nicht als eine Domäne der Sozialarbeit/-pädagogik angesehen wird; sie werden dort mit spezifischen Erwartungen konfrontiert, mit denen sie sich auseinandersetzen müssen. Ein Merkmal dafür, dass das berufliche Profil des Schulsozialarbeiters noch sehr unscharf war, ist die Tatsache, dass für diesen Aufgabenbereich seit den 1970er Jahren unterschiedlich qualifizierte Mitarbeiter eingestellt wurden.

Die unterschiedliche Qualifikation der Mitarbeiter kann hinsichtlich des Ausbildungsniveaus auf gleicher Ebene liegen, jedoch haben die Mitarbeiter unterschiedliche Studiengänge absolviert, wie z.B. Diplompädagogen, Psychologen oder Lehrer. Die Mitarbeiter können aber auch unterschiedlich hoch qualifiziert sein, wie dies in den Berliner Mittelstufenzentren der Fall ist. Hier ist man also offensichtlich von der Vorstellung ausgegangen, dass es im Rahmen von Schulsozialarbeit Tätigkeiten gibt, die eine unterschiedlich hohe Ausbildung voraussetzen.

Aus den Befragungen ist jedoch deutlich geworden, dass eine solche vertikale Gliederung zum einen den realen beruflichen Anforderungen nicht gerecht wird und dass sie zudem unerwünschte Effekte in der Hierarchisierung des Teams hat. Die Unklarheit darüber, was ein Schulsozialarbeiter können muss, führte dazu, dass sich Schulsozialarbeiter ständig legitimieren müssen. Da die Rolle des Schulsozialarbeiters anfangs noch so wenig festgelegt war, haben sie einerseits die Chance, selbst ihren Aufgabenbereich und ihre Rolle innerhalb der Schule zu definieren, andererseits aber können sie sich im Fall von Konflikten auch nicht auf einen Konsens einer definierten Berufsrolle berufen. So müssen sie stets bereit sein, ihr berufliches Handeln zu legitimieren und die Grenzen ihrer beruflichen Kompetenzen müssen stets neu ausgehandelt werden.

Mit der Entstehung des neuen Arbeitsfeldes Schulsozialarbeit verbanden sich seitens der Schule die Hoffnung auf eine Fortführung der Schulreform; seitens der Sozialarbeit wurde vor allem die Erwartung formuliert, antizipatorisch zu sozialisieren und präventive Jugendarbeit zu realisieren. Lehrer haben ihre Erwartungen mit der Formulierung zusammengefasst, dass sie in Schulsozialarbeitern „*Experten für Sozialisationsprozesse*" sehen. D.h. hier handelt es sich um eine Zuschreibung durch die Lehrer. Schulsozialarbeiter stehen in Gefahr, dass sie ein überhöhtes Berufsleitbild übernehmen, dass sie ihre Möglichkeiten und/oder die Grenzen nicht realitätsgerecht einschätzen. Die Folge kann sein, dass sie entmutigt sind und resignieren, es kann aber auch sein, dass sie sich ständig überfordert fühlen. Nach dem Motto, da man nicht genau weiß, wofür Schulsozialarbeiter zuständig sind, was sie leisten können, sind sie für alles zuständig. So müssen Schulsozialarbeiter nicht nur sich selbst, sondern auch gegenüber Lehrern, Schülern und Eltern deutlich machen, wofür sie zuständig sein wollen und können.

Aus dieser Perspektive wird noch einmal die Bedeutung von pädagogischen Konzeptionen sichtbar, die nicht nur der internen Selbstverständigung dienen, sondern dazu beitragen das Berufsbild des Schulsozialarbeiters schärfer zu konturieren. Da sowohl die schulischen Bedingungen wie auch die personelle und räumliche Ausstattung von Schulsozialarbeit sehr unterschiedlich sind, kann es eine generell verbindliche Konzeption nicht geben. Vielmehr geht es darum, sich über die anzustrebenden Ziele zu verständigen, damit für alle Beteiligten deutlich wird, was Schulsozialarbeiter leisten wollen und können. Gelingt es nicht, dies deutlich zu machen, kann es geschehen, dass der Schulsozialarbeiter nicht mehr selbst seine Berufsrolle definiert, sondern die Erwartungen anderer erfüllt.

Mit der Unklarheit der Berufsrolle des Schulsozialarbeiters gehen der niedrige Status und die durchschnittlich geringe Bezahlung einher. Beide sind eine Folge und ein Ausdruck für die Tatsache, dass sich Schulsozialarbeit im Rahmen der Schule noch nicht durchsetzen konnte. Zugleich ist aber der niedrige Status auch selbst ein Hindernis dafür, dass Schulsozialarbeit sich innerhalb der Schule eine angemessene Position erwirbt.

Das Ende der Modellversuche

Aufgrund der positiven Erfahrungen mit Schulsozialarbeit setzte sich die Gewerkschaft Erziehung und Wissenschaft (GEW) bereits 1979 für einen flächendeckenden Ausbau von Schulsozialarbeit ein. Sie forderte die Einrichtung von Schulsozialarbeit an allen Schulen und begründete dies wie folgt: „*Die Zusammenarbeit von Schule und Jugendhilfe wird besonders wichtig angesichts von Sozialisationsbedingungen, die in Folge gesellschaftlichen Wandels schwieriger geworden sind. So gerieten Verhaltensprobleme, Disziplinschwierigkeiten, Probleme von psychisch gestörten und sozial auffälligen sowie alkohol- und drogenabhängigen Kindern und Jugendlichen verstärkt ins Blickfeld des Schulalltags*" (Gewerkschaft Erziehung und Wissenschaft 1979, S. 3). Die GEW verlangte aus diesen Gründen, Schulsozialarbeit als eine Regeleinrichtung einzuführen, wobei sie sich damals hinsichtlich der Trägerschaft nicht festlegte. Nach den Vorstellungen der GEW kann Schulsozialarbeit sowohl in schulischer Trägerschaft als auch in der Trägerschaft eines Jugendhilfeträgers erfolgreich durchgeführt werden.

Auch die Arbeiterwohlfahrt forderte schon damals, Schulsozialarbeit als eine Regeleinrichtung an allen Schulen einzuführen und verwies in ihrer Stellungnahme ebenfalls auf die veränderten Sozialisationsbedingungen. (Arbeiterwohlfahrt Bundesverband 1985). Hinsichtlich der Trägerschaft vertrat die Arbeiterwohlfahrt im Unterschied zur GEW die Auffassung, dass Schulsozialarbeit als ein autonomer Kooperationspartner von Schule nur unter einem Jugendhilfeträger realisierbar ist.

In der Diskussion der 1970er Jahre hat die Frage der Trägerschaft eine große Rolle gespielt, weil ein stringenter Zusammenhang zwischen Konzeption und Trägerschaft vermutet wurde. Inzwischen wird dieser Zusammenhang stark relativiert, weil die finanzielle, personelle und räumliche Ausstattung, die pädagogische Qualifikation der Mitarbeiter und die Kooperationsbereitschaft der Lehrer trägerunabhängige und gewichtigere Faktoren sind, die die pädagogische Konzeption und Praxis beeinflussen.

Mitte bis Ende der 1980er Jahre stagnierte die Entwicklung von Schulsozialarbeit nicht nur, sondern sie war rückläufig. Nachdem die Modellversuchsphase etwa Mitte der 1980er Jahre abgeschlossen war, beendete der Bund seine Förderung und Hessen hat den Wegfall der Bundesmittel trotz der hohen Akzeptanz bei Lehrern, Schülern und Eltern nicht kompensiert mit der Folge, dass Stellen gestrichen werden mussten.

Auch die von der Arbeiterwohlfahrt und der GEW vorgetragenen und gut begründeten Forderungen, an allen Schulen Schulsozialarbeit einzurichten, haben keinen bildungspolitischen Umschwung bewirken können. Es schien damals, dass Schulsozialarbeit ein ähnliches Schicksal erleiden würde wie die Schulpflege, die nach kurzer Blüte während und nach dem Ersten Weltkrieg der Vergessenheit anheimfiel.

Im Unterschied zu Deutschland hat sich Schulsozialarbeit in anderen Industriestaaten bereits zu dieser Zeit wesentlich besser durchsetzen und behaupten können. Iben hat auf die in den skandinavischen Ländern verbreitete Schülerhilfe hingewiesen, die sich dort seit langem bewährt hat (vgl. Iben 1976). Wird in den schwedischen Modellen vor allem der therapeutische Charakter der Schülerhilfe betont, so steht in den in Großbritannien entwickelten Konzepten der sozial integrative Gesichtspunkt im Vordergrund, ist also den Intentionen von Schulsozialarbeit in Deutschland durchaus vergleichbar. Am weitesten fortgeschritten ist die Entwicklung in den USA. Dort hat sich der Beruf des Schulsozialarbeiters und das entsprechende Aufgabenfeld an den Schulen durchsetzen können. Auf die Entwicklungen in Großbritannien und den USA bis in die 1980er Jahre will ich im folgenden Abschnitt eingehen.

Exkurs: Schulsozialarbeit in Großbritannien und den USA

Während in Deutschland die ersten Modellversuche von Schulsozialarbeit eingeführt wurden, also zwischen 1975 und 1980 gab es bereits in beiden Ländern langjährige Erfahrungen in der Zusammenarbeit von Schule und Jugendhilfe. Die folgenden Ausführungen beziehen sich auf Schulsozialarbeit an den großen Gesamtschulen[3] (comprehensive schools), denen zur Bewältigung von Schülerproblemen unterschiedlich organisierte Hilfen zur Verfügung standen:

1. ein von der Schule selbst organisiertes internes Beratungs- und Betreuungssystem ('pastoral care');
2. der „Education Welfare Service", ein von den örtlichen Erziehungsbehörden (entspricht dem Schulamt) getragenes Kontroll- und Beratungssystem und
3. der „Education Social Worker", ein beim Social Service (entspricht dem Sozialamt, bzw. Amt für Jugend und Familie)) angestellter Sozialarbeiter, der speziell den Schulen und den Schülern als Berater zur Verfügung gestellt wurde.

---

3   Nach dem Besuch der vierjährigen Primary School (Grundschule) besuchen die Schülerinnen und Schüler eine der weiterführenden Schulen: die Grammar School (Gymnasium), die Secondary Modern School (entspricht in etwa der Realschule), oder die Comprehensive School (Gesamtschule). Neben diesen öffentlichen Schulen, deren Besuch kostenfrei ist, gibt es eine Vielzahl von meist teuren Privatschulen.

Zu 1): Der Begriff des ‚pastoral care' ist dem Religiösen entlehnt; dort umschreibt er die Tätigkeit des Hirten, der seine Herde behütet und lenkt und wird meist für die seelsorgerische Tätigkeit des Pfarrers oder Pastors verwendet. Im Rahmen schulischer Innovationen sind die betreuenden, beratenden und kontrollierenden Aspekte der Lehrerrolle in dem sog. System des ‚pastoral care' zusammengefasst worden. Die Aufgabe des Lehrers im Rahmen der ‚pastoral care' besteht darin, sich um die emotionalen Bedürfnisse von Schülern zu kümmern. Der Begriff wird von vielen Autoren kritisiert, die die Auffassung vertreten, dass er in ein modernes, demokratisches Schulwesen nicht passt, sondern eher in die Tradition der Public School (Privatschulen) mit ihrer patriarchalischen und moralisierenden Attitüde. Obwohl inzwischen über die Aufgaben und den Ausbau dieses innerschulischen Elements viel geschrieben wurde, fehlt es an einer Definition, was unter ‚pastoral care' zu verstehen ist. Daphne Johnson nennt sieben Arbeitsschwerpunkte eines ‚pastoral care teachers' (vgl. Johnson 1980):

1. Anlauf- und Bezugsperson für Schüler sein;
2. Probleme von Schülern erkennen und darauf eingehen;
3. Anwesenheit, Betragen und Lernfortschritte verfolgen und dokumentieren;
4. Informationen und Unterlagen über den Schüler sammeln und verfügbar machen (z.B. gegenüber Eltern, künftigen Arbeitgebern);
5. Empfehlungen über besondere erzieherische Bedürfnisse einzelner Schüler geben (das kann heißen: Sonderschulüberweisung);
6. Kontakt zu den Eltern pflegen;
7. Zusammenarbeit mit den Einrichtungen der Jugendhilfe (z.B. Jugendfreizeiteinrichtungen) innerhalb und außerhalb der Schule pflegen.

Welche Funktion das System des 'pastoral care' im Rahmen der Schule erfüllt, wird sehr kontrovers diskutiert. Die einen sehen hierin eine wirkliche pädagogische Neuerung, durch die der Schüler effektiv gefördert wird. Kritiker weisen darauf hin, dass hiermit nur die pädagogische Legitimation für eine effektivere Kontrolle der Schüler gegeben wird. Best u.a. verweisen darauf, dass es die Funktion des 'pastoral care'-Systems ist, ein Auffangbecken für die in großen Schulsystemen wachsende Zahl von Schülern mit Orientierungsschwierigkeiten zu bilden (vgl. Best u.a. 1980).

Zu 2): Ganz allgemein gesprochen ist es das Ziel des „Education Welfare Service" dafür zu sorgen, dass kein Kind durch außerhalb der Schule gelegene Umstände daran gehindert wird, das Bildungsangebot der Schule seinen Fähigkeiten entsprechend zu nutzen. Die traditionelle Aufgabe des EWO (Education Welfare Officer) besteht in der Überwachung der Schulbesuchspflicht. Als 1880 die Schulbesuchspflicht eingeführt wurde und man bei ihrer Durchsetzung auf ähnliche Schwierigkeiten stieß, wie sie auch aus Deutschland bekannt sind, stellte man den ‚school board man' ein, der die Einhaltung der Schulbesuchspflicht kontrollieren sollte. Ihm folgte der ‚school attandance officer', dessen primäre Aufgabe ebenfalls die Kontrolle des Schulbesuchs war. Die Spitznamen ‚school bobby' und ‚kid catcher' deuten darauf hin, dass diese Bediensteten weder beliebt waren, noch ein hohes Ansehen genossen. Dass die Einhaltung der Schulpflicht eng mit den sozialen Lebensbedingungen verknüpft ist, wurde schon bald erkannt und daher erweiterte sich ihr Aufgabenbereich. Sie organisierten Kleidersammlungen, vermittelten kostenlose medizinische Behandlung und sorgten für kostenlose Schulmahlzeiten für bedürftige Kinder. Obgleich sich ihr Aufgabenbereich erweitert hat, hatten sie meist keine diesen sozialen und pädagogischen Aufgaben entsprechende berufliche Qualifikation, sondern kamen z.T. aus der Armee oder aus der Polizei. Entsprechend dieses erweiterten Aufgabenverständnisses nannte man nunmehr diese Einrichtung „Education Welfare Service". Trotzdem hat sich das Qualifikationsniveau der EWO kaum gebessert. Noch 1971 hatten nur 1,5% der EWO einen Abschluss als Sozialarbeiter und nur 12% hatten eine berufsbegleitende Weiterbildung absolviert (vgl. Robinson 1978, S. 171). Seither hat die Professionalisierung jedoch große Fortschritte gemacht und als Einstellungskriterium wird seit Mitte der siebziger Jahre im Allgemeinen die Ausbildung zum Sozialarbeiter gefordert; für im Amt befindliche EWO's werden entsprechende Fortbildungsmaßnahmen angeboten. Mit der Anhebung der beruflichen Anforderungen wurden die EWO's seit 1975 auch in Bezug auf die Bezahlung den Sozialarbeitern gleichgestellt. Versuche, den „Education Welfare Service" in den allgemeinen „Social Service" zu integrieren, sind als gescheitert anzusehen. Dagegen haben sich die Schulen zur Wehr gesetzt, weil sie dadurch einen Loyalitätsverlust befürchten, d.h. sie befürchten, dass sich Eltern, Kinder und Sozialarbeiter gegen die Schule verbünden. In den meisten Städten und Gemeinden untersteht daher der „Education Welfare Service" nach wie vor der Erziehungsbehörde.

Zu 3): Mit dem „Education Social Worker" (auch „School Social Worker" genannt) wurde ein neuer Ansatz entwickelt, die Kooperation zwischen Schule und Sozialarbeit zu verbessern. Bislang haben nur wenige Sozialämter für diese Aufgabe einen Sozialarbeiter eingestellt. Der Arbeitsauftrag überschneidet sich mit dem des EWO auf der einen Seite und mit der Familienfürsorge auf der anderen. Der „schulorientierte Sozialarbeiter" hat ein breites Aufgabenfeld. Karen Lyons berichtet aus ihrer Arbeit, dass sie Einzelfallhilfe leistet und dabei steht die Elternarbeit schwergewichtig im Vordergrund; hinzukommen Koordinierungsaufgaben mit anderen Sozialarbeitern und sozialen Diensten sowie die Beratung der Lehrer (vgl. Lyons 1980). Neben der Einzelfallhilfe, die zweifellos der wichtigste Arbeitsschwerpunkt ist, werden auch Angebote in der sozialen Gruppenarbeit gemacht.

In Großbritannien hat sich zwar ein vielfältiges sozialpädagogisches Angebot im Zusammenhang mit der Schule entwickelt, aber die dabei entstandene Struktur ist unübersichtlich und hat zahlreiche Überschneidungen der Arbeitsfelder zur Folge. Ein konturiertes Berufsbild des Schulsozialarbeiters hat sich dabei noch nicht entwickeln können. Ähnlich wie in Deutschland ist der ‚schoolsocial worker' noch eine Ausnahmeerscheinung. Das Image des EWO ist noch immer mit seiner Funktion, den Schulbesuch zu kontrollieren, verbunden und ein sozialpädagogisches Handlungsmuster ist erst in Ansätzen erkennbar. Da allerdings der „Education Welfare Service" in allen Regionen etabliert ist, gibt es hier eine in Richtung Schulsozialarbeit ausbaufähige und entwicklungsfähige Basis.

Anders verhält es sich in den USA, wo Schulsozialarbeit auf eine lange Tradition verweisen kann. Die ersten Ansätze gehen auf die Settlement-Bewegung Anfang des 20. Jahrhunderts zurück. Ähnlich wie in Großbritannien war die Schulbesuchspflicht ein Anstoß dafür, Sozialarbeiter einzustellen, die sich um die häuslichen Verhältnisse kümmerten, damit Kinder das Bildungsangebot der Schule nutzen konnten. Die historische Entwicklung von Schulsozialarbeit fasst E. Raab mit folgenden Worten zusammen:

„Auf die allgemeine gesellschaftspolitische Aufgabe der Eingliederung von Einwanderern zu Beginn dieses Jahrhunderts folgte in den 20er Jahren die sozial- und kriminalpolitische Aufgabe der Delinquenzprävention bei gefährdeten Kindern und Jugendlichen. Die 30er und 40er Jahre brachten den gesundheitspolitischen Auftrag der Bekämpfung mental-psychischer Devianz bei Schülern, was zu einer starken Psychiatrisierung und Einzelfallorientierung der Schulsozialarbeit führte. In den 60er Jahren standen dann im Zusammenhang mit der Bürgerrechtsbewegung die Probleme der ethnischen Minderheiten und die sozial benachteiligten Kinder im Mittelpunkt. In jüngster Zeit erfolgte erneut eine Zielgruppenverlagerung. Gegenwärtig ist die Integration von Behinderten in das amerikanische Regelschulsystem eindeutig der zentrale von der Politik erteilte Auftrag an die Schulsozialarbeit" (Raab 1983, S. 140).

Anders als in der Bundesrepublik ist die Professionalisierung des Schulsozialarbeiters weit fortgeschritten. 1978 hat der Vorstand des amerikanischen Bundesverbandes der Sozialarbeiter (NASW = National Association of Social Workers) Richtlinien für Schulsozialarbeit beschlossen, in denen die Qualifikationsanforderungen festgelegt sind. Neben dem Basiswissen von Sozialarbeit benötigen sie *„zusätzlich besondere Kenntnisse über das öffentliche Schulwesen und den Erziehungsprozeß"* (Costin/Raab 1983, S. 174). Des Weiteren heißt es dort: *„Die berufliche Qualifikation von Schulsozialarbeitern hat sich an den Bedürfnissen von Schülern, Eltern, Lehrern und dem Gemeinwesen zu orientieren"* (ebd.). In diesen Richtlinien sind auch Kriterien für die Einrichtung von Schulsozialarbeit festgelegt. Schulsozialarbeit soll als ein eigner Fachbereich innerhalb der Schule ausgewiesen sein, angemessene Arbeitsbedingungen sind sicherzustellen (z.b. Büro mit Telefon und Bürohilfe, Sprechzimmer und Versammlungsraum). Des Weiteren soll die Schulbehörde für die Möglichkeit der Supervision sorgen und es Schulsozialarbeitern ermöglichen, an Fortbildungen teilzunehmen. Im dritten Teil der Richtlinien geht es um die berufliche Praxis. Für amerikanische Schulsozialarbeiter ist es gar keine Frage, dass sie ihre Arbeit in den Dienst der Schule zu stellen haben. *„Ziele und Aufgaben von Schulsozialarbeit sind eindeutig und direkt auf die Zwecke von Schule zu beziehen, auf den Bildungsprozeß und die Nutzung der Bildungsangebote durch die Schüler"* (ebd. S. 176). Vergleichen wir den Grad der Professionalisierung in den USA mit den bundesdeutschen Verhältnissen, so müssen wir hier einen gewaltigen Rückstand feststellen. Weder sind die Qualifikationsanforderungen in gleicher Weise standardisiert, noch wird die Einsicht in die Notwendigkeit von Schulsozialarbeit allgemein geteilt.

Raab kritisiert, dass Schulsozialarbeit in den USA sozialpolitisch funktionalisiert ist, dass eine kritische Analyse der Institution „Schule" fehlt und dass insgesamt sozialarbeiterische Ansätze gegenüber den pädagogischen bevorzugt werden. Raab meint des Weiteren, dass die Orientierung an der Einzelfallhilfe verhindere, dass Schulsozialarbeit im Rahmen der Schule eine kritische Instanz wird. Insofern hält er es nicht für wünschenswert, das amerikanische Modell auf die Bundesrepublik zu übertragen (vgl. Raab 1983).

Demgegenüber ist die Situation von Schulsozialarbeit in Großbritannien mit der unsrigen durchaus vergleichbar. Finanziell ungesichert und in unterschiedliche Trägerschaften eingebunden, ist Schulsozialarbeit ein schwacher Partner der Schule; aber anders als in den USA hat sich Schulsozialarbeit in beiden Ländern, in Deutschland wie auch in Großbritannien, immer auch als eine kritische Instanz gegenüber der Schule verstanden und zu Wort gemeldet.

Ganztägige Bildung und Erziehung in der DDR (1949-1990)

IX

Das Schulwesen der DDR – ein kurzer Überblick

Gegen Ende des Zweiten Weltkrieges hatten die vier Siegermächte vereinbart, dass jede Besatzungsmacht innerhalb ihrer Besatzungszone eine autonome Militärregierung einrichten sollte. Die unterschiedlichen gesellschaftspolitischen Orientierungen der westlichen Alliierten auf der einen und der Sowjetunion auf der anderen Seite führten bereits in den ersten Nachkriegsjahren dazu, dass sich das Bildungs- und Erziehungswesen in den Westzonen unter dem Einfluss der Amerikaner und Engländer anders entwickelte als in Ostdeutschland, wo die Sowjetische Militäradministration in Deutschland (SMAD) weitgehend die Entwicklungslinien vorgab. Dies führte im Bildungswesen zu gravierenden Unterschieden zwischen West- und Ostdeutschland, die durch die Gründung der beiden deutschen Staaten 1949 und die damit verbundene 40-jährige Teilung Deutschlands noch vertieft wurden.

Unter dem Einfluss der Sowjetischen Militäradministration wurde das gesamte Bildungswesen in der sowjetisch besetzten Zone umgestaltet. Grundlage hierfür war das im Mai/Juni 1946 beschlossene *„Gesetz zur Demokratisierung der deutschen Schulen"*, das für die sowjetisch besetzte Zone galt. Vorbild war das Bildungssystem der UDSSR und deren sozialistische Pädagogik. Zu den vorrangigen Bildungszielen gehörte die Abkehr vom Nationalsozialismus und Rassismus. Die Aufgabe der Schule als Mittlerin der Kultur sollte es sein, die Jugend zu Demokratie und zu einem friedlichen Zusammenleben der Völker zu erziehen. 1952 forderte das Politbüro der Sozialistischen Einheitspartei Deutschlands (SED), die Schule solle *„eine Jugend erziehen, die fähig und bereit ist, den Sozialismus aufzubauen* *und die Errungenschaften der Werktätigen bis zum äußersten zu verteidigen"* (zit. nach Bundesministerium für Gesamtdeutsche Fragen 1956, S. 192).

Einen wichtigen Stellenwert hatte die politisch-ideologische Erziehung, deren Leitbild die Entwicklung der sozialistischen Persönlichkeit war. *„Im gesamten Prozeß der Bildung und Erziehung in der Unterstufe sind die Schüler zur Liebe zu ihrem sozialistischen Vaterland zu erziehen." [...]* Sie sollen *„die Einsicht gewinnen, daß die DDR – im Gegensatz zum westdeutschen Staat – für den Frieden und die glückliche Zukunft aller Menschen eintritt. Hierbei ist die Bereitschaft zu entwickeln, freudig und gewissenhaft zu lernen und nach ihren Kräften am sozialistischen Aufbau teilzunehmen. [...] Von entscheidender Bedeutung für die Erziehung der jüngeren Schulkinder ist es, bei ihnen* <u>feste Gewohnheiten und Verhaltenseigenschaften</u> *herauszubilden, die sich auf ihre gesamte Lebensordnung erstrecken. Besonders kommt es darauf an, Gewohnheiten des Lernens, der Arbeit, der politischen und kulturellen Tätigkeit sowie des kollektiven Lebens zu entwickeln"* (Lost u.a. 1969, S. 45f.; Hervorhebungen im Original). Gefordert wurden Disziplin, Ordnung und Anpassung an das Kollektiv. Zugleich sollten aber auch Kreativität und Fantasie entwickelt und gefördert werden, wobei es fraglich ist, ob eine Synthese dieser gegensätzlichen Erziehungsziele überhaupt gelingen kann.

Alle Kinder sollten, unabhängig von ihrer Herkunft und ihrem Glauben, das Recht auf Bildung entsprechend ihren Anlagen und Fähigkeiten haben. Zur Erreichung dieses Zieles wurde die achtjährige Einheitsschule, die alle Kinder besuchten, eingeführt. Erst danach setzte die Differenzierung des weiteren Bildungsweges ein. Damit wurde die traditionelle Trennung von Volksschule und Höherer Schule aufgehoben, die bis dahin ein Charakteristikum des deutschen Bildungswesens war.

1959 erfolgte eine weitere Reform. An die Stelle der achtjährigen Einheitsschule trat die zehnklassige, allgemeinbildende Polytechnische Oberschule (POS), die von allen Kindern besucht wurde. Sie war gegliedert in die Unterstufe (1.-4. Klasse) und die Oberstufe (5.-10. Klasse). Diese wurde mit dem *Gesetz über das einheitliche sozialistische Bildungssystem der DDR* (vom 25. Februar 1965) weiter differenziert. Die Gliederung der Polytechnischen Oberschule umfasste nun drei Stufen, die Unterstufe (1.-3. Klasse), die Mittelstufe (4.-6. Klasse) und die Oberstufe (7.-10. Klasse).

Weiterführende Schulen waren die Berufsschule, die Fachschule und die Erweiterte Oberschule (11.-12. Klasse), an der die Schüler das Abitur ablegen konnten. Aber nur etwa zehn Prozent eines Altersjahrgangs wurden zum Besuch der Erweiterten Oberschule (EOS) zugelassen, wobei neben den schulischen Leistungen auch politische Kriterien, wie z.B. eine aktive Mitarbeit in der Pionierorganisation, zur Geltung kamen. Die meisten Schülerinnen und Schüler absolvierten eine der Fachschulen oder besuchten die Berufsschule.

Die Reform von 1965 zielte darauf, das Bildungsniveau zu erhöhen und das Bildungssystem rationeller mit dem Beschäftigungssystem zu verknüpfen. Das waren Fragen, die seit Mitte der 1960er Jahre auch in der Bundesrepublik diskutiert, aber nicht zufriedenstellend gelöst wurden. Die Polytechnische Oberschule war im Prinzip eine integrierte Gesamtschule, wobei sie einen besonderen Schwerpunkt in der Verbindung der Schule mit der Arbeitswelt durch den polytechnischen Unterricht setzte.

Familien- und Frauenpolitik

In den 1950er Jahren waren die Lebensbedingungen in der DDR schlechter als in der Bundesrepublik, die aufgrund der Hilfen durch den Marshallplan ihre Wirtschaft rasch wieder aufbauen konnte und hierfür Arbeitskräfte brauchte. Das übte einen Sog auf die Menschen in der DDR aus, so dass viele gut ausgebildete junge Männer und Frauen in den Westen übersiedelten, was durch die noch offenen Grenzen problemlos möglich war. Hierdurch entstand in der DDR ein spürbarer Arbeitskräftemangel. Um eine weitere Abwanderung zu unterbinden, wurde 1961 in Berlin die Mauer errichtet und die Grenzen zur Bundesrepublik hermetisch abgeriegelt.

Da der Anteil erwerbstätiger Frauen, insbesondere der Mütter, gering war, sah man hier ein Reservoir für die dringend benötigten Arbeitskräfte, weshalb man diese zur Aufnahme einer Berufstätigkeit motivieren wollte.

„Im Jahre 1958 hatte die Sozialistische Einheitspartei Deutschlands (SED) auf ihrem V. Parteitag eine breite ideologische Offensive gestartet, die, ausgehend von der sozialistischen Emanzipationstheorie, Frauen dazu aufrief, ihr Recht auf Arbeit zu realisieren. Die noch weit verbreitete traditionelle Vorstellung der Mutter und „unproduktiven Hausfrau" wurde scharf kritisiert. Die gesellschaftlich neu zu implementierende kulturelle Norm der „guten Mutter" war die erwerbstätige Mutter, die am sozialistischen Aufbau teilnimmt und dadurch einen günstigen Erziehungseinfluss auf ihre Kinder ausüben kann" (Mattes 2009, S. 232).

Voraussetzung für die Erreichung dieses Zieles war die ganztägige Betreuung der Kinder. Zunächst war die DDR bestrebt, dieses Ziel durch die Gründung von Tagesschulen zu erreichen. Aber offenbar waren die Kosten hierfür zu hoch, – es blieb bei nur etwa 130 Tagesschulen – so dass durch die Schaffung von Hortplätzen in Kombination mit der Halbtagsschule die ganztägige Betreuung gesichert werden sollte. Schrittweise wurde deshalb der Hort ausgebaut, so dass ab Mitte der 1980er Jahre für etwa 80% der Kinder im Grundschulalter Plätze in den Schulhorten zu Verfügung standen. Parallel dazu wurde auch das ganztägige Angebot an Krippen- und Kindergartenplätzen erweitert, so dass auch nach der Einschulung der Kinder die Mütter weiterhin erwerbstätig bleiben konnten.

Folglich stieg der Anteil berufstätiger Frauen, der bereits in den 1950er Jahren höher war als in der Bundesrepublik. Er wuchs in den folgenden Jahren kontinuierlich bis er in den 1980er Jahren mit 90% annähernd so hoch war wie der prozentuale Anteil berufstätiger Männer (vgl. Staatssekretariat für westdeutsche Fragen 1970, S.17).

Verstaatlichung der Einrichtungen der Jugendhilfe

Bereits vor der Gründung der DDR begannen die strukturellen Veränderungen des Systems der Jugendhilfe mit der sukzessiven Verstaatlichung aller Kinder- und Jugendeinrichtungen. Bildung, Erziehung und Betreuung von Kindern und Jugendlichen wurden als Aufgabe des Staates gesehen, die zentral gelenkt und geplant wurde. Das übergeordnete Ziel aller Bildungseinrichtungen war die Schaffung des „*neuen Menschen*" für die sozialistische Gesellschaft. Das staatliche Monopol führte dazu, dass die konfessionellen Träger der Jugendhilfe, die nach der Gründung der DDR weiter bestanden, in ihren Handlungsmöglichkeiten beschränkt wurden. Sie spielten im Bereich der Jugendhilfe fortan nur eine marginale Rolle. Die Arbeiterwohlfahrt, die im Nationalsozialismus nach der ‚Machtergreifung' Hitlers aufgelöst und verboten war, wurde in der DDR nicht wieder zugelassen.

Hauptmerkmal der Sozialen Arbeit in der DDR, war die Verantwortung des Staates für diesen Bereich. Dadurch erübrigte sich die in der Bundesrepublik übliche Doppelstruktur der Freien Wohlfahrtspflege auf der einen Seite und die staatliche bzw. kommunale Verantwortung auf der anderen.

Schon 1947 befahl die Sowjetische Militärregierung die Überführung der Jugendämter in die Volksbildungsämter: „*Die Jugendämter bei den deutschen Organen für Arbeit und Sozialfürsorge üben immer noch neben den Organen für Volksbildung eine parallele Tätigkeit in der Leitung der Kindereinrichtungen und der Erziehung der Jugendlichen aus. Ein solcher Zustand ermöglicht nicht, eine richtige und einheitliche Lenkung in der Erziehung der Kinder und Jugendlichen festzulegen*" (SMAD-Befehl 156 zit. nach Bundesministerium für Gesamtdeutsche Fragen 1956, S. 65). An die Stelle der Freien Träger der Jugendhilfe sollten staatliche Organe treten. Mit der Gründung des Ministeriums für Volksbildung 1950 wurden die Horte diesem unterstellt und den Schulen angegliedert. Es war das Ziel, eine ganztägige Betreuung und Erziehung aller Kinder unter Beibehaltung der Halbtagsschule aufzubauen.

Nach einem Beschluss des V. Parteitages der SED 1958 sollte an jeder Schule ein Hort eingerichtet werden. Ein ehrgeiziges Ziel, wenn man bedenkt, dass es in dieser Zeit für kaum mehr als zehn Prozent aller Kinder zwischen 6 und 10 Jahren Plätze in Horten gab. Anfangs nahmen die Horte wegen der geringen Anzahl der zur Verfügung stehenden Plätze nur Kinder von berufstätigen Müttern auf. Aber durch den weiteren Ausbau stieg der Anteil der Kinder, die einen Hort besuchten, kontinuierlich. 1970 waren für 47% der Unterstufenschüler Plätze in den Horten vorhanden und zehn Jahre später, 1980, besuchten bereits 75% aller Unterstufenschüler den Hort. 1989 betrug der Anteil der Hortkinder 81%. Somit war die ganztägige Betreuung für Kinder bis zur 4. Klasse die Regel.

Nachdem genügend Hortplätze für die Schüler der Grundstufe zur Verfügung standen, besuchten alle Kinder einer Klasse – mit sehr wenigen Ausnahmen – den Hort. Es gab also an jeder Schule mehrere Hortklassen bzw. -gruppen. Eine der Erzieherinnen war die Leiterin des Hortes und somit auch Mitglied der Schulleitung. Die räumliche Unterbringung der Hortklassen richtete sich nach den örtlichen Gegebenheiten. Es gab Schulen, die ein eigenes Hortgebäude hatten, aber nicht immer standen eigene Räume zur Verfügung und häufig mussten die Hortgruppen die Klassenräume nutzen. Um auch in den Klassenräumen für die außerunterrichtliche Arbeit eine „*lockere Atmosphäre*" zu schaffen, wurden nach dem Unterricht die Tische zu Gruppentischen umgestellt und am Ende des Nachmittags musste der Klassenraum für den Unterricht am nächsten Tag wieder umgeräumt werden.

Die pädagogische Arbeit im Hort

Nach 1945 war die Ausgangslage hinsichtlich des Hortes in West- und Ost-Deutschland die gleiche: Als Teil der Jugendhilfe verstand sich der Hort als außerschulische Einrichtung für sozial benachteiligte Kinder, denen er vor und nach der Schule am Nachmittag die Familie ersetzen wollte. Das blieb er in der Bundesrepublik auch noch viele Jahre, wohingegen der Hort in der DDR durch die Anbindung an die Schule ein anderes Selbstverständnis entwickelte. Ihm oblag die außerunterrichtliche Bildungs- und Erziehungsarbeit, wodurch der Hort im Bewusstsein von Lehrern und Eltern aufgewertet wurde. Der Hort entwickelte sich in der DDR vor allem durch die Erweiterung des Angebots an Plätzen von eine Einrichtung für den Notfall zur Regeleinrichtung mit eigenem Bildungs- und Erziehungsauftrag.

In der DDR gehörte der Schulhort im Rahmen der Tageserziehung fest zum Schulkonzept und war Bestandteil des Bildungswesens. Falk und Lindner definierten die Ziele der Hortarbeit wie folgt: *„Im Schulhort haben die Schüler die Möglichkeit, ihre Hausaufgaben anzufertigen und sich entsprechend ihren Neigungen und Interessen außerhalb des Unterrichts allseitig zu betätigen. Im Schulhort wird den Kindern beim Lernen geholfen, ihre staatsbürgerliche Erziehung unterstützt und ihnen die Möglichkeit zu sinnvoller Freizeitgestaltung und schöpferischer Selbstbetätigung gegeben"* (Falk/Lindner 1969, S. 231).

Schule und Hort sollten eng zusammenarbeiten, dennoch sollte die Arbeit im Hort keine Fortsetzung oder Ergänzung des Unterrichts sein, eine „*Verschulung*" des Hortes, so hieß es in dem Handbuch für Klassenleiter, Lehrer und Erzieher (vgl. Günther 1969), sollte unbedingt vermieden werden. Deshalb wurden die methodischen und didaktischen Unterschiede zwischen dem Unterricht und dem außerunterrichtlichen Bereich betont. Im Unterricht stehen das systematische Lernen und der Wissenserwerb, was mit geistiger Anstrengung verbunden ist, im Vordergrund. *„Im außerunterrichtlichen Bereich sollte hierfür ein Ausgleich geschaffen werden, indem die Kinder viel Gelegenheit erhalten, zu spielen, fröhlich zu sein, sich ausgiebig praktisch zu betätigen und sich täglich im Freien zu bewegen"* (Falk/Lindner 1969, S. 243).

An anderer Stelle heißt es: *„Kein erfahrener Pädagoge wird das außerunterrichtliche Gemeinschaftsleben der Kinder nur als Anwendungsgebiet des Unterrichts oder gar als dessen Anhängsel gelten lassen. Die ‚außerunterrichtliche Tätigkeit' hat ihre eigene ‚Daseinsberechtigung' und Logik. Sie wird hauptsächlich von der Notwendigkeit bestimmt, die Kinder von klein auf [...] zur gesellschaftlichen Produktivität zu erziehen und sie zu lehren, wie man in der Gemeinschaft auf sozialistische Weise spielt und arbeitet, lernt und lebt. Unter solchen Voraussetzungen dürfte es auch am besten möglich sein, der Gefahr der ‚Verschulung' der außerunterrichtlichen Tätigkeit zu entgehen."* (ebd., S. 237).

Die Erzieher arbeiteten eng mit den Lehrern und insbesondere dem Klassenlehrer zusammen, besprachen auch Probleme der Kinder aus den Bereichen Lernen, Leistung und Verhalten. Die Leistungsbeurteilung war allerdings ausschließlich Aufgabe der Lehrer. Der Hort sollte mit seinen spezifischen Möglichkeiten auf andere Weise als der Schulunterricht das Lernen fördern. *„Die außerunterrichtliche Tätigkeit der Unterstufenkinder ist vor allem praktische Auseinandersetzung mit ihrer Umwelt. Die Schüler basteln, sammeln und gestalten, sie spielen und arbeiten, erfüllen Aufträge ihrer Organisation* [gemeint ist die Pionierorganisation; Anm. der Verf.])*, sie beobachten, sammeln Erfahrungen und gelangen ebenfalls zu neuen Einblicken in die Wirklichkeit. Sie erwerben bzw. vertiefen Wissen und Können, sie lernen also – freilich auf andere Weise, als es im Unterricht geschieht"* (ebd., S. 235). Wichtig ist den Autoren, dass im Hort eine *„freudvolle, harmonische Atmosphäre"* geschaffen wird. *„Wir wollen immer an das Alter der*

Kinder denken und nicht vergessen, daß es sich bei den Stunden außerhalb des Unterrichts und der Hausaufgabenzeit um ihre Freizeit handelt." (ebd., 237f.).
Falk und Lindner legten dar, dass die sozialistische Erziehung im Wesentlichen durch den Unterricht geleistet wird, aber dennoch sollte auch der außerunterrichtliche Bereich hierzu beitragen: *„Hier treten die Kinder als Organisatoren und Gestalter ihres eigenen kollektiven Lebens auf und sammeln dabei wertvolle Erfahrungen. [...] In der außerunterrichtlichen Bildung und Erziehung besteht die Notwendigkeit und die Möglichkeit, die Kinder weitgehend selbst über den Inhalt und die Formen der Tätigkeiten entscheiden zu lassen und sie in den Bildungs- und Erziehungsprozeß einzubeziehen"* (Falk/Lindner 1969, S. 238). Allerdings geht es bei der Mitwirkung der Kinder im Wesentlichen um die methodische Herangehensweise und das übergeordnete Ziel, nämlich die Entwicklung der „sozialistischen Persönlichkeit", kann nicht hinterfragt werden.

Tages- und Wochenplan

Für Kinder, deren Eltern schon früh zur Arbeit gingen, öffnete der Hort je nach Bedarf um sechs oder sieben Uhr. In der Mittagspause bzw. nach dem Ende des Unterrichts gingen die Unterstufenklassen zum Mittagessen. Schulküchen und Speiseräume waren an allen Schulen seit den 1950er Jahren vorhanden. Anschließend mussten alle Schüler der ersten Klasse Mittagsschlaf halten. Wenn sie nicht schlafen konnten oder wollten, so sollten sie wenigstens ruhen. Nach dem Mittagsschlaf und der Hygiene folgte die Vesper. Das war eine kleine Mahlzeit für alle Kinder einer Hortgruppe, bei der Gebäck und Tee bzw. Kakao gereicht wurden. Anschließend waren die Hausaufgaben zu erledigen. Der Rest des Nachmittags diente der Freizeitgestaltung, für die die Horterzieher einen Wochenplan entwickelten. Man bemühte sich, diese Zeit abwechslungsreich und kindgemäß zu gestalten. Hierzu ein Beispiel für die Klassen 1 bis 4.: *„An zwei Tagen der Woche finden für die Schüler Interessengemeinschaften statt. Zwei weitere Tage sind der Hortgruppentätigkeit vorbehalten und am fünften Tag findet der Pioniergruppennachmittag statt"* (Falk/ Lindner 1969, S. 240). Für das Programm und die Gestaltung des Pioniergruppennachmittags war der Freundschaftspionierleiter zuständig. Klassenlehrer, Horterzieher und Pioniergruppenleiter sollten eng zusammenarbeiten, Informationen austauschen und Absprachen bei der Programmgestaltung treffen.

Betriebe haben Patenschaften für Hortgruppen übernommen, damit die Kinder – ganz im Sinne der in der alten Bundesrepublik geführten Diskussion um die Gemeinwesenorientierung von Einrichtungen – durch Beziehungen zu Werktätigen,

Einblicke in die Arbeitswelt erhalten. Auch kulturelle Einrichtungen wie Bibliotheken und Kindertheater sollten genutzt werden.

Von einer ganztägigen pädagogischen Betreuung der Kinder versprach man sich ein effektives Instrument zur Verbesserung der schulischen Leistungen vor allem die der Arbeiterkinder. Hierzu sollte insbesondere die Betreuung der Hausaufgaben beitragen, die im Hort ihren festen Platz und Zeitrahmen hatten. Sie sollte zeitlich begrenzt werden, z.b. im ersten Schuljahr 40 Minuten nicht übersteigen, damit noch genügend Freizeit bleibt. Es wurde besonderer Wert gelegt auf Disziplin, Ordnung, Sauberkeit, Beharrlichkeit und Fleiß. Hatte ein Kind die Aufgaben gelöst, legte es die Ergebnisse dem für die Hortgruppe verantwortlichen Erzieher vor. Der Erzieher unterschrieb zum Zeichen des Einverständnisses oder wies gegebenenfalls auf Fehler oder Unzulänglichkeiten in der Form hin. Mit der Unterschrift unter die Hausaufgabe konnte das Kind den Arbeitsbereich verlassen und bis zum Ende seiner Hortzeit frei spielen.

Mit dem folgenden Beispiel zeigt Drewelow, wie die pädagogische Gestaltung der Hausaufgabenzeit praktiziert wurde. Dabei zeigt es sich, dass wenig Spontaneität seitens der Kinder zugelassen wurde und dass die Abläufe reguliert und kontrolliert wurden. Das sind Elemente einer autoritären Erziehung und rufen in der heutigen Zeit, wo besonderer Wert auf die Selbstbestimmung des Kindes gelegt wird, unseren Widerspruch hervor. Allerdings müssen wir die Zeit der 1960er Jahre berücksichtigen, aus der das Beispiel stammt, in der nicht nur in der DDR, sondern auch in der Bundesrepublik ein anderes Verständnis von Kindheit vorherrschte und eine autoritäre Erziehung vielfach in der Familie wie auch in der Schule praktiziert wurde.

Hausaufgabenbetreuung

Im Folgenden wird die Hausaufgabenbetreuung einer Hortgruppe exemplarisch dargestellt. In dem hier geschilderten Fall besuchten alle Kinder der ersten Klasse im Anschluss an den Unterricht den Hort, folglich hatten alle die gleichen Hausaufgaben zu erledigen. Die Klassenlehrerin und die Horterzieherin betreuten die Kinder dabei gemeinsam.

„Die Hausaufgaben werden täglich von 11.30 bis 12.15 angefertigt. Die Schüler kommen von einem kurzen Spaziergang zurück und die Erzieherin führt sie in den Waschraum. Alle waschen sich die Hände. Wer fertig ist, geht in den Klassenraum. Am Eingang stehen zwei Schüler mit einer weißen Armbinde, auf der ein rotes Kreuz ist. Sie sind in dieser Woche die „Hygienekommission" der Klasse.

Sie kontrollieren, ob sich alle ordentlich die Hände gewaschen haben. Bei einem Schüler gibt es Beanstandungen. Er muß noch einmal in den Waschraum zurück[...]. Als die Erzieherin und die Lehrerin pünktlich um 11.30 den Klassenraum betreten, stehen alle Schüler auf und der „Pionier vom Dienst" meldet: „Klasse 1b zur Aufgabenanfertigung bereit!" Die Erzieherin überblickt die Arbeitsplätze der Schüler, fordert einige Kinder auf, das Arbeitsmaterial vollständig und ordentlich bereitzulegen und sagt dann: „Nun beginnen alle mit den schriftlichen Deutschaufgaben" [...]. Nach etwa 10 Minuten haben zahlreiche Schüler die schriftlichen Aufgaben für Deutsch abgeschlossen und beginnen ohne Aufforderung mit den Mathematikaufgaben. Beide Pädagogen ermahnen die „Bummelanten" oder „Langsamarbeiter" und nach 25 Minuten haben alle Schüler – bis auf zwei – die schriftlichen Aufgaben in Deutsch und Mathematik erledigt.

Jetzt tritt eine Arbeitspause von 5 Minuten ein, in der die Schüler einfache gymnastische Übungen bei geöffnetem Fenster ausführen.

Dann beginnt das Lesen. Jeder einzelne Schüler hat ein selbst angefertigtes Lesefenster. Lehrerin und Erzieherin gehen von Schüler zu Schüler und lassen sich zwei, drei oder vier Sätze halblaut vorlesen. Sie korrigieren Fehler und fordern leseschwache Schüler auf, das Lesefenster zu benutzen. Nach weiteren 5 Minuten sind auch die beiden letzten Schüler mit den schriftlichen Aufgaben fertig und beginnen gleichfalls zu lesen.

Nach insgesamt 40 Minuten schließt die Erzieherin die Aufgabenzeit ab, die Schüler legen ihre Arbeitsmaterialien in die Schultaschen zurück und verlassen den Klassenraum" (Drewelow 1969, S. 313).

Die gute personelle Ausstattung ermöglichte es, dass Horterzieher/in und Lehrer/in gemeinsam die Hausaufgaben betreuten. Hinzu kam, dass Erzieherinnen gelegentlich im Unterricht hospitierten; auf diese Weise gab es also eine enge Verzahnung zwischen Schule und Hort.

Die Jungen Pioniere

Die Pionierorganisation war die Jugendorganisation der DDR, der die weitaus meisten Kinder und Jugendlichen angehörten. Kinder vom 6. bis zum 10. Lebensjahr bildeten die Gruppe der „Jungpioniere", danach wurden sie Mitglieder der „Ernst Thälmann" Pionierorganisation und schließlich ab dem 14. Lebensjahr konnten sie der FDJ (Freie Deutsche Jugend) beitreten. Nach eigenen Angaben gehörten 1982 der Pionierorganisation „Ernst Thälmann" fast zwei Millionen Kinder an. (Saß/Böttcher/Otto 1982, S. 8)

Die Aufnahme der Kinder in die Pionierorganisation wurde unter aktiver Mitwirkung der Schulleitung und der Lehrer systematisch vorbereitet. Nachdem der

Klassenlehrer die Zustimmung der Eltern zum Eintritt ihrer Kinder in die Pionierorganisation erlangt hatte, was nur sehr wenige Eltern verweigerten, bereitete er zusammen mit dem Pionierleiter und einer Jungpioniergruppe der 4. Klasse die feierliche Aufnahme vor (vgl. Falk/Lindner 1969, S. 325), bei der der Mitgliedsausweis und das blaue Halstuch überreicht wurden. Die Mitgliedschaft in der Pionierorganisation war freiwillig, aber für eine erfolgreiche Schullaufbahn fast unabdingbar. Es war „normal" Mitglied zu sein, so dass 1989 etwa 98% der Kinder und Jugendlichen den Pionieren angehörten.

Für die neu aufgenommenen Jungpioniere übernahm eine an der Schule bereits bestehende Pioniergruppe die Patenschaft und vermittelt den Schulanfängern Informationen über die Ziele, Gebote und Symbole der Jungpioniere und den Aufbau der Pionierorganisation an ihrer Schule. In dem Statut der „Thälmann-Organisation" hieß es:

„Wir wollen und wirken aktiv mit, daß alle Jungen Pioniere und Schüler sich mit dem Marxismus-Leninismus, der Weltanschauung der Arbeiterklasse beschäftigen. Wir eignen uns die neuesten Erkenntnisse aus Wissenschaft und Technik an, erobern uns die Schätze der Kunst und Kultur, greifen gern zum Buch und gewinnen alle für eine regelmäßige sportliche Betätigung.

Wir gestalten unser Pionierleben so, daß bei allen jungen Pionieren der Wunsch entsteht, würdige Mitglieder der Freien Deutschen Jugend – des treuen Helfers und der Reserve der SED – zu werden" (Schmidt 1982, S. 100).

Für die Anleitung und Betreuung der Jungpioniere gab es an allen Schulen hauptamtlich beschäftigte pädagogische Fachkräfte, die Pionierleiter; sie waren Jugendfunktionäre der FDJ. Ihre Aufgabe war es, mit allen Pionieren ihrer Schule kindgemäße Freizeitbeschäftigungen zu organisieren und sie dabei auch zu aktiven, politisch bewussten jungen Staatsbürgern zu erziehen.

Ausbildung

Die Ausbildung der Horterzieher und der Pionierleiter erfolgte an staatlichen Fachschulen, die in der DDR zu den Hochschulen zählten und dem Ministerium für Hoch- und Fachschulwesen unterstellt waren. Inhaltlich und fachlich war das Ministerium für Bildung und Wissenschaft zuständig. Die Ausbildung begann nach dem Abschluss der 10. Klasse der Polytechnischen Oberschule. Das Studium zum Horterzieher erfolgte an den gleichen Institutionen, an denen auch Lehrer ausgebildet wurden. Die Auswahl der Bewerberinnen und Bewerber erfolgte zentral durch den Kreisschulrat, nachdem die FDJ die pädagogische Eignung bestätigt hatte. Alle Studierenden erhielten ein Grundstipendium von 200,00 Mark. Nach dem zweiten Studienjahr wurde ihnen ein Arbeitsplatz zugesichert und zugewiesen.

Die Ausbildung zum Pionierleiter wurde nur an einigen Orten angeboten („Zentralinstitut der Pionierorganisation Ernst Thälmann", an den Pädagogischen Hochschulen in Dresden, Halle und Zwickau) und dauerte vier bis fünf Jahre. Schwerpunkte des Studiums lagen auf den Gebieten der Staatsbürgerkunde nach den Grundsätzen des Marxismus-Leninismus, der Freizeitpädagogik und dem Studium eines Unterrichtsfaches. Seine Aufgabe war die pädagogische Arbeit mit den Pioniergruppen. Daneben konnte der Pionierleiter bis zu sechs Wochenstunden unterrichten.

Zusammenfassung

In der ehemaligen DDR besuchten mehr als 90% aller Kinder im Grundschulalter einen Hort, dessen Besuch kostenlos war. Nur für das Essen zahlten die Eltern einen relativ geringen Betrag. Mit dem Ausbau des Hortes war seit Beginn der 1980er Jahre die ganztägige Betreuung der Kinder gewährleistet und ermöglichte beiden Eltern die volle Berufstätigkeit. Im Unterschied zur Bundesrepublik, in der nur etwa die Hälfte der Mütter berufstätig waren, war die Quote der auf vollen Stellen arbeitenden Frauen in der DDR mit annähernd 90% fast so hoch wie die der Männer (91%). Die Ausbildung der Horterzieherinnen erfolgte wie das der Lehrer an Fachschulen für Lehrerbildung bzw. Pädagogischen Hochschulen.

Es war üblich, dass fast alle Schulanfänger Mitglieder der Pionierorganisation wurden, der Kinder- und Jugendorganisation der FDJ (Freie Deutsche Jugend). Der an Pädagogischen Hochschulen oder Instituten der Lehrerbildung ausgebildete Pionierleiter gestaltete in der Regel für die Jungpioniergruppen an der Schule jeweils einen Nachmittag pro Woche. Neben Freizeitangeboten war die politische Bildung und Erziehung nach dem sozialistischen Menschenbild der DDR seine zentrale Aufgabe.

Die Wende

Mit der Vereinigung beider deutscher Staaten am 3. Oktober 1990 wurde die politische Teilung Deutschlands nach 41 Jahren überwunden. Vorausgegangen waren der politische und wirtschaftliche Zusammenbruch der DDR und der von den großen Bürgerbewegungen erzwungene Rücktritt der Regierung Erich Honeckers. Mit der Wiedervereinigung wurde der Geltungsbereich des Grundgesetzes auf das Gebiet der ehemaligen DDR ausgedehnt und die Verfassung der DDR sowie deren Gesetze außer Kraft gesetzt.

Untergegangen war damit ein Staat, der den Anspruch gestellt hatte, eine sozialistische Gesellschaft aufzubauen, und dessen Gesellschafts- und Bildungssystem dem Marxismus-Leninismus verpflichtet war. Trotz vieler Mängel in der Versorgung der Bevölkerung mit Konsumgütern und einer totalitären und repressiven Machtstruktur von Partei und Staat gab es für den Einzelnen einen festen Rahmen für seine Lebensgestaltung. Dazu gehörten das in der Verfassung verankerte Recht auf Arbeit und der Anspruch auf eine kostenlose Kinderbetreuung.

Unmittelbar nach der Wende 1989 bildeten sich in der DDR „runde Tische", d.h. Gesprächskreise, an denen sich vor allem Vertreter der Bürgerbewegungen und der Kirchen der DDR beteiligten. Hier wurden in erster Linie allgemeine Probleme der Demokratisierung der Gesellschaft diskutiert. Es gründete sich auch ein „runder Tisch", der sich speziell mit pädagogischen Fragen auseinandersetzte und die inhaltliche Erneuerung aller pädagogischen Einrichtungen und Konzepte forderte.

In diesem Kreis wurden in den ersten Monaten nach der Wende Themen wie das »Menschenbild« und das »Bild vom Kind«, die der Pädagogik der DDR zugrunde gelegen hatten, diskutiert und die Ideologisierung und Kontrolle der pädagogischen Institutionen kritisiert. Aber schon nach wenigen Monaten verebbte in der Öffentlichkeit das Interesse an einer Aufarbeitung der pädagogischen Praxiserfahrungen und der Entwicklungen. In den Vordergrund traten angesichts der bevorstehenden grundlegenden Umgestaltung des gesamten Bildungssektors die Sorge um den Erhalt der Arbeitsplätze in den Horten sowie das Bemühen um die Anerkennung der Berufsausbildungen von Pionierleitern und Horterziehern.

Innerhalb von nur wenigen Monaten wurde das gesamte Schulsystem der DDR an die Strukturen des Bildungswesens der Bundesrepublik angepasst. Die 10-klassige Einheitsschule, die Polytechnische Oberschule (POS), wurde abgeschafft und an ihre Stelle trat das gegliederte Schulsystem mit Grundschulen und die weiterführenden Schulen. Aufgelöst wurden die SED und die FDJ sowie die ihr angegliederten Pionierorganisationen, die einen erheblichen Teil der Nachmittagsangebote für Kinder und Jugendliche geleistet hatten. „*Denn mit dem Ende der Polytechnischen Oberschule (POS) und ihrer Ablösung durch ein gegliedertes Schulsystem ging eine deutliche Veränderung des schulischen Auftrags und des Berufsverständnisses von Lehrerinnen und Lehrern einher. Die sehr weitgehende soziale Verantwortung der Schule der DDR für ihre Schülerinnen und Schüler erschien durch den Vorwurf der damit verbundenen Indoktrination diskreditiert.*

Dies betraf besonders die Nachmittagsangebote – Arbeitskreise und Zirkel – die ganz überwiegend in Trägerschaft der Pionierorganisation bzw. der FDJ und unter maßgeblicher Mitwirkung von Lehrerinnen und Lehrern bestanden hatten" (Rademacher 2009, S. 27).

Im Rahmen des Einigungsverfahrens der beiden deutschen Staaten wurde das Kinder- und Jugendhilfegesetz (KJHG) auf das Gebiet der ehemaligen DDR übertragen und trat dort bereits am 3. Oktober 1990 in Kraft, also ein Vierteljahr früher als in den alten Bundesländern. Da es zum Zeitpunkt der Vereinigung auf dem Gebiet der DDR noch keine föderative Struktur gab, übernahm der Bund für eine Übergangszeit bis zum 30. Juni 1991 die Kosten für die Tageseinrichtungen, um deren Weiterführung zu gewährleisten.

Bis dahin mussten die Voraussetzungen für die strukturelle Umgestaltung geschaffen werden; d.h., die Länder mussten konstituiert sowie die Landesjugendämter und die Jugendämter in den Kreisen aufgebaut werden. Dann erst konnten die Städte und Gemeinden die Horte als Träger übernehmen. Auch die Freien Träger der Jugendhilfe mussten sich erst in den neuen Bundesländern konstituieren, ehe sie Träger von Einrichtungen werden konnten. Die Tatsache, dass durch die Übernahme des KJHG der Hort dem Sozialministerium unterstellt wurde, also nicht mehr – wie in der ehemaligen DDR – dem Bildungsbereich zugeordnet war, erlebten viele Horterzieher und -erzieherinnen als eine Abwertung ihres Status und ihrer Arbeit.

Mit der Auflösung der FDJ verloren alle Pionierleiter und -leiterinnen ihre Stellen und für die Kinder und Jugendlichen entfiel damit bereits ein Teil des Freizeitangebots. Auch viele Horte wurden geschlossen, u.a. weil die nunmehr nicht mehr kostenlose Betreuung im Hort aufgrund der gestiegenen Arbeitslosigkeit der Eltern weniger nachgefragt wurden. Das Ergebnis dieser Entwicklungen war der Zusammenbruch der ganztägigen Bildung und Betreuung der Kinder im Grundschulalter.

Der Wegfall dieser Angebote und Leistungen und die krisenhaften Begleiterscheinungen des sozialen Wandels in den neuen Bundesländern führten dazu, dass dort nach Kompensationsmöglichkeiten gesucht wurde. So haben die Kultusministerien in den neuen Bundesländern Programme für neue sozialpädagogische Leistungen aufgelegt und stellen hierfür auch die finanziellen Mittel zur Verfügung. Den rechtlichen Rahmen bildete das im KJHG verankerte Gebot der Zusammenarbeit von Jugendhilfe und Schule (§ 81). Auf diese Entwicklungen wird im folgenden Kapitel eingegangen.

Schule in einer sich wandelnden Gesellschaft

X

Neue Einflüsse und Entwicklungen Ende des 20. Jahrhunderts

Der Bedeutungswandel schulischen Lernens

Ein neues sozialpädagogisches Arbeitsfeld wie das der Schulsozialarbeit, durch das Sozialpädagogen das ihnen traditionell zugewiesene Feld der „außerschulischen" Jugendarbeit verließen und in die Schule eindrangen, muss es sich gefallen lassen, dass man danach ragte, welche neuen (oder alten) Aufgaben wahrgenommen, welche Probleme gelöst werden sollten, und warum dies mit den Mitteln der Sozialpädagogik geschehen sollte. So stand Schulsozialarbeit unter einem hohen Legitimationsdruck. Die Begründungen für Schulsozialarbeit erfolgten, wie zuvor gezeigt wurde, aus der Perspektive der Sozialpädagogik.

Schulsozialarbeit wurde verstanden a) als Kompensation für gesellschaftliche und familiale Sozialisationsdefizite (Abels); b) als ein Angebot des erweiterten Rollenlernens (Dittmann-Kohli) und c) als eine notwendige sozialstaatliche Maßnahme (Schefold). Zwar sind schon in diese Begründungen einzelne Aspekte aus der schultheoretischen Diskussion eingeflossen, reflektierten aber nicht hinreichend, dass angesichts raschen gesellschaftlichen Wandels Schule und Erziehung generell sich vor grundlegend neue Anforderungen gestellt sah und dass dies auch für die Definition von Schulsozialarbeit folgenreich war, die m.E.n. nicht von den Defiziten von Schule und Familie begründet werden konnte, sondern integraler Bestandteil der schulischen Erziehung sein sollte.

Verfolgen wir die erziehungswissenschaftliche Diskussion seit Ende der 1970er Jahre, so stellen wir fest, dass immer wieder die folgenden Problembereiche angesprochen wurden:

- Welche Bedeutung hat schulisches Lernen angesichts des raschen gesellschaftlichen Wandels?
- Welche Auswirkungen haben Veränderungen im Beschäftigungssystem (Jugendarbeitslosigkeit und Veränderungen der Arbeitswelt durch neue Technologien) auf die Schule?
- Welche Folgerungen müssen aus der Tatsache gezogen werden, dass immer mehr Jugendliche immer mehr Zeit in der Schule verbringen und dass die Schule damit auch verstärkt sozialisatorische Aufgaben wahrnehmen muss?

Ehe ich auf die Problematik des schulischen Lernens eingehe, soll zuvor geklärt werden, was wir unter dem Begriff des Lernens hier verstehen wollen. Ich gehe von einem weiten Begriff aus und begreife Sozialisation, wie das schon Hartley/Hartley (1969) getan haben, als Lernprozess, in dem das Kind Normen, Werte, Sitten, Gebräuche, Fähigkeiten und Fertigkeiten der umgebenden Gesellschaft und Kultur allmählich übernimmt. Lernen kann auch die willentliche und systematische Anstrengung bedeuten, einen gegebenen Inhalt aufzunehmen, sich mit ihm auseinanderzusetzen und mit vorhandenen, d.h. zuvor gelernten Inhalten zu verbinden. Das kann ohne Schwierigkeiten möglich sein, wenn mit dem zuvor Gelernten keine unvereinbaren Widersprüche auftreten, wenn also das neu Gelernte integrierbar ist. Treten Widersprüche auf, so gibt es a) die Möglichkeit, das zuvor Gelernte zu revidieren oder b) den neuen Inhalt als unvereinbar abzulehnen. Lernen ist also beschreibbar als ein Vorgang, in dem Erfahrungen reflektiert und verarbeitet werden.

Das Spezifische des schulischen Lernens ist es nun, dass es in der Gefahr steht, die außerhalb der Schule gemachten Erfahrungen nicht in die Lernprozesse einzubeziehen. Inhalte und Formen schulischen Lernens abstrahieren weitgehend von den außerhalb der Schule liegenden Lebensbereichen. Für das Kind ist es kaum möglich, im Unterricht Erfahrungen zu thematisieren, die nicht unmittelbar den Unterrichtsgegenstand betreffen, sondern in außerschulischen Erfahrungen des Kindes begründet sind. Das ist sicherlich für Jugendliche kein Problem, deren Familien die gleichen Orientierungsmuster vermitteln wie die Schule. Anders verhält es sich jedoch in den Fällen, in denen familiale und schulische Wertstrukturen nicht identisch sind, in denen also unvereinbare Widersprüche zwischen dem in der Schule zu Lernenden und dem in der Familie Gelernten auftreten.

Bildung und Erziehung sind immer auf die Zukunft gerichtet; d.h. sie wollen dem Heranwachsenden diejenigen Kenntnisse und Fähigkeiten vermitteln, die zur Bewältigung gegenwärtigen und künftigen Lebens notwendig sind. In einer sich nur langsam wandelnden Gesellschaft treten hierbei nur geringe Probleme auf, da ein Konsens und allgemeines Wissen besteht, welche Kompetenzen der Heranwachsende erwerben muss. Schon wesentlich schwieriger ist es in einer offenen demokratischen Gesellschaft zu antizipieren, welche Qualifikationen ein Jugendlicher erwerben muss, damit er für die Anforderungen in der Erwachsenenwelt vorbereitet ist.

Wenn wir uns die Frage vorlegen, welchen Stellenwert das Lernen in der Schule hat, müssen wir uns zunächst vor Augen führen, welche Aufgaben und Funktionen die Schule bei der Bewahrung und Tradierung von Wissen und Kultur erfüllt. Bis zu Beginn unseres Jahrhunderts hatte die Schule bei der Vermittlung von Kenntnissen eine kaum angefochtene Monopolstellung. Es war unbestritten, dass ein junger Mensch nur durch den Schulbesuch in den Besitz von Kenntnissen und Fähigkeiten gelangen konnte, die für sein erwachsenes Leben wichtig und bedeutungsvoll sein würden. Die Inhalte schulischen Lernens legitimierten sich vor allem aus dieser Funktion des „Lernens auf Vorrat". Zwar wurde schon früh in Zweifel gezogen, dass Schule diesem Anspruch genügen könne, dennoch hat die Schule ihre Monopolstellung bis in unsere Zeit hinein behauptet.

Als erstes hat die Erwachsenenbildung immer wieder darauf hingewiesen, dass das von der Schule vermittelte Wissen nicht für das ganze Leben ausreiche und dass vor allem durch gesellschaftliche und technologische Veränderungen das in der Schule erworbene Wissen veralte. Die Erwachsenenbildung hat daher gefordert, dass ein „lebenslanges Lernen" für jeden als eine Bildungsmöglichkeit geboten werden müsse. Die Schule muss den Jugendlichen darauf vorbereiten, auch als Erwachsener sich ständig weiterzubilden. *„Es geht nicht mehr um die Vermittlung verdinglichter Kenntnisse, sondern einer geistigen Methode, die weniger auf das Wissen selbst als auf die Lernfähigkeit abzielt. Es geht nicht mehr um die Übermittlung logisch strukturierter Informationen, sondern um die Ausbildung der kritischen Fähigkeit, Informationen auszuwählen. [...] Es sollen nicht so sehr Antworten gelernt werden, als viel mehr die Kunst, die richtigen Fragen zu stellen"* (Fragniere 1976, S. 44).

Mit der Entstehung und Verbreitung der modernen Massenmedien und vor allem des Internets sind neue Zugangsmöglichkeiten zu Information und Wissen entstanden, die die Bedeutung der Schule im Hinblick auf Lernen mindern bzw. verändern. Informationen und Kenntnisse werden nicht nur durch die Schule, sondern auch durch die Medien vermittelt. Jedoch unterscheiden sich die durch die Schule gesteuerten Lernprozesse in mehrfacher Hinsicht von denen, die durch audio-visuelle Medien geleitet werden. Dort vollzieht sich die Vermittlung von Informationen anonym, d.h. sie ist nicht eingebettet in personale Beziehungen, wie dies beim schulischen Unterricht der Fall ist. Des Weiteren würden Generationsunterschiede verwischt, weil das Fernsehen Kindern, Jugendlichen und Erwachsenen gleichermaßen als Informationsquelle dient (vgl. Postman 1992). Postman , der schon damals die Auffassung vertrat, dass Kindheit als eine abgegrenzte Phase menschlicher Entwicklung künftig so nicht mehr bestehen und dass sich die Unterschiede zwischen Erwachsenem und Kind verwischen werden, stellte die These auf, dass Literalität, die einst die Differenz zwischen Kindern und Erwachsenen begründet habe, angesichts der Bildkultur der Massenmedien weiterhin an Bedeutung verlieren werde und dass die Bildkultur der Massenmedien die einzelnen Altersstufen gleichsam gleichschalte. Postman hat sich nur mit den Wirkungen des Fernsehens auseinandergesetzt, denn das Internet war damals noch nicht erfunden, aber viele Aspekte seiner Analyse lassen sich auch auf dieses Medium übertragen.

Giesecke, der sich mit dieser These Postmans auseinandersetzte, teilte die Analyse Postmans insoweit, als sie einen wichtigen Aspekt der Lage beschreibe, allerdings sah er die Ursache, und hierin stimme ich mit ihm überein, für die Entstehung der Kindheit weniger in der Literalität begründet, als vielmehr durch die Organisation der Arbeit in der bürgerlich-kapitalistischen Gesellschaft (vgl. Giesecke 1985). *„In der frühindustriellen Phase gab es noch Kinderarbeit – also gerade nicht die Trennung der Generationen – aber auf Dauer mussten die Kinder nicht wegen der Literalität aus dem industriellen Arbeitsprozess ausgegliedert werden, sondern weil sie der verbesserten Technologie und der damit verbundenen größeren Verantwortung im Umgang mit ihr physisch und geistig nicht mehr gewachsen waren. Die Organisation der modernen Arbeit wurde zum Kern der gesellschaftlichen Arbeit überhaupt, und ausgegliedert bzw. an den Rand gedrängt wurden nicht nur die Kinder, sondern die Familie überhaupt, die Alten, die Irren und die Armen"* (ebd., S. 9).

Auch Husén reflektiert, wie sich die Funktion des schulischen Lernens verändert hat. In der informationsarmen Gesellschaft der Vergangenheit *„wurden Schulen eingerichtet, um ein gewisses Maß an stellvertretender Fremderfahrung verfügbar zu machen. In unserer Zeit haben sich die Bedingungen in dieser Beziehung jedoch durch Massenmedien und Reisemöglichkeit radikal geändert"* (Husén 1980, S. 83).

Die Schule hatte nicht nur ein Informationsmonopol, sondern auch ein Monopol in der Auswahl dessen, was gelernt werden sollte. *„Diese Macht der wertgesteuerten Auswahl, im allgemeinen auf religiöser Grundlage, gab der Schule tatsächlich auch die Möglichkeit, die Wertvorstellungen der Schüler zu prägen. Schulbücher und Fibeln dienten auch zur Vermittlung von Moralbegriffen und religiösen Glaubensvorstellungen"* (ebd.). An die Stelle der Vermittlung verbindlicher Wert- und Normvorstellungen, wie es für eine statische, sich nur langsam verändernde Gesellschaft noch angemessen ist, muss die Schule heute in einer pluralistischen Gesellschaft ihre Ziele neu formulieren. Sie muss den Heranwachsenden befähigen, sich mit den unterschiedlichen Wertvorstellungen auseinanderzusetzen, sie muss ihn kritikfähig machen und ihn instand setzen, eigne Orientierungsmuster aufzubauen.

Nun muss sich aber die Schule auf gesellschaftlich akzeptierte Sinn- und Wertstrukturen stützen, wenn sie Jugendliche zu verantwortlich handelnden Menschen erziehen will. Auf die Tatsache, dass in unserer Gesellschaft diese allgemein akzeptierten Wertmuster fehlen, dass allenfalls ein Minimalkonsens besteht, der sich auf die Formel einer „*demokratischen Leistungsgesellschaft*" bringen lässt, hat Hurrelmann hingewiesen (vgl. Hurrelmann 1977). Obwohl nur begrenzt verwirklicht, orientiert sich die Schule an dieser Leitvorstellung. Jedoch zeigte es sich zunehmend, dass das Leistungsprinzip als eine sinnstiftende Orientierung höchst problematisch ist. Als Anfang bis Mitte der 1980er Jahre die Jugendarbeitslosigkeit gestiegen war, ist diese Legitimierung gesellschaftlicher Verteilungsmuster immer brüchiger geworden, zweifelten immer mehr Menschen daran, dass ihr beruflicher Misserfolg oder ihre Arbeitslosigkeit mit ihren Leistungen zusammenhing. Der Glaube daran, dass jeder, wenn er nur tüchtig genug ist, auch beruflich erfolgreich sein wird, dass eine wie immer auch geartete Rationalität herrsche, die erbrachte Leistungen anerkennt und mit den entsprechenden sozialen Positionen belohnt, war zunehmend im Schwinden begriffen.

Auch für die Legitimation schulischer Lernanforderungen gilt, dass die Brüchigkeit dieser Wertorientierung zum Verlust von Lernmotivation geführt hat. Die Widersprüchlichkeit, unter der Schüler leiden, besteht darin, dass die Schule an der hohen Bewertung schulischer Leistungen festhält, dass auch die Erwartungen der Eltern in diese Richtung weisen und dies um so mehr, als nur besonders herausragende Leistungen noch dazu führen können, die ersehnte Lehrstelle oder den gewünschten Studienplatz zu bekommen. Zugleich wissen Schule, Eltern und Schüler, dass auch gute Leistungen hierfür keine Garantie sind. „*Für die heranwachsenden Individuen, die auf normative Welt- und Lebensentwürfe stärker als Erwachsene angewiesen sind, kann es* [das Leistungsprinzip; Anm. der Verf.] *in seiner gegenwärtigen Form je nach Persönlichkeitstyp und sozialem Verkehrskreis verschiedene Irritationen, Orientierungsschwierigkeiten und Überforderungen zur Folge haben. Ein dominant auf individuelle Leistungserbringung nach starr fest gelegten Schemata zugeschnittenes Interaktionssystem von solch großer Bedeutung für die persönlichen Entwicklungsprozesse wie die heutige Schule muss unvermeidbar bei einer Reihe von Schülern psychische und soziale Befriedigungsdefizite hinterlassen*" (Hurrelmann 1977, S. 9).

Hurrelmann verweist darauf, dass nicht die Leistungsbezogenheit als solche negative Wirkungen habe, sondern dass die spezifische Ausgestaltung des Leistungsthemas, wie sie gegenwärtig vorherrsche, diese Folgen habe. Hurrelmann unterscheidet drei Schülergruppen, die er tendenziell als gefährdet einstuft (vgl. ebd.):

1. einseitig begabte Schüler;
2. Schüler, bei denen eine Diskrepanz besteht zwischen dem hohen Aspirationsniveau der Eltern und den Möglichkeiten des Schülers, diese zu erfüllen.
3. Schüler, die aufgrund ihrer Konstitution (Angstbereitschaft, Somatisierungstendenzen, geringe Frustrationstoleranz) wenig belastbar sind.

Zu ergänzen ist, dass auch Schüler und Schülerinnen mit Migrationshintergrund zusätzlichen Förderbedarf haben. Nach der offiziellen Definition der Kultusministerkonferenz ist bei Schülerinnen und Schülern ein Migrationshintergrund anzunehmen, wenn mindestens eines der folgenden Merkmale zutrifft: keine deutsche Staatsangehörigkeit, nichtdeutsches Geburtsland, nichtdeutsche Verkehrssprache in der Familie bzw. im häuslichen Umfeld (Verband deutscher Städtestatistiker 2013, S. 25).

Der Anteil dieser Gruppe an der Gesamtheit der Schülerinnen und Schüler unter 16 Jahren ist vor allem in den Großstädten stark gewachsen und betrug z.B. 2012 in Frankfurt am Main 67%. (vgl. Verband Deutscher Städtestatistiker 2013, S. 25) Betrachten wir die Verteilung dieser Schüler auf die unterschiedlichen Schulformen, so ist deren Benachteiligung augenfällig: An den Hauptschulen Frankfurts betrug ihr Anteil 52%, wohingegen nur 16,3% der Schüler an Gymnasien einen Migrationshintergrund aufweisen. Vergleicht man die Verteilung auf die einzelnen Schulformen so fällt auf, dass je niedriger das Abschlussniveau einer Schulform ist, desto höher ist der Anteil der Schülerinnen und Schüler mit Migrationshintergrund (vgl. Stadt Frankfurt am Main 2013, S. 32).

Schule und Beschäftigungssystem

Im Wesentlichen waren es drei Argumente, die zu Beginn der Bildungsreform der 1970er Jahre vorgetragen wurden und mit denen der erfolgreiche Ausbau des Bildungswesens begründet wurde:

1. Die Bildungsreform versprach bessere Berufsmöglichkeiten durch eine bessere Bildung.
2. Nur durch die Ausschöpfung aller Begabungsreserven könne die Bundesrepublik auch wirtschaftlich weiterhin erfolgreich sein.
3. Bei den Eltern ist durch die von der Bildungspolitik erfolgte Bildungswerbung angenommen worden. Mehr Schüler als je zuvor erreichten höherwertige Abschlüsse.

Die quantitativen Ziele der Bildungsreform, die darauf gerichtet waren, den Anteil der Schüler mit höherwertigen Schulabschlüssen zu vergrößern, sind erreicht worden. Arbeiterkinder und Mädchen haben aufgeholt und ihre sozialen Benachteiligungen im Bildungssystem ausgeglichen.

Baethge wies darauf hin, dass der Erwartungshorizont der Eltern ganz wesentlich davon bestimmt war, dass sie die von der Bildungsreform versprochenen besseren Berufsmöglichkeiten durch bessere Bildung einforderten (vgl. Baethge 1984). Diese Erwartungen sind seit Ende der 1970er Jahre, verstärkt jedoch in den 1980er Jahren enttäuscht worden. Im Beschäftigungssystem stehen wir folglich vor einer schwierigen Situation. Einerseits haben Eltern und Schüler aufgrund der vorangegangenen Bildungsreform eine andere Erwartungshaltung gegenüber der Schule als zuvor. Andererseits können die Versprechungen, dass nämlich der Schulabschluss mit einem entsprechenden Berufsstatus konform sei, nicht erfüllt werden. Hierfür gibt es zwei Gründe, die einen kumulierenden Effekt haben. Nach Baethge sind in den 1970er Jahren aufgrund der technologischen Entwicklung ca. drei Millionen Arbeitsplätze verloren gegangen; zugleich aber drängen seit Ende der 1970er Jahre die geburtenstarken Jahrgänge in die Universitäten und das Beschäftigungssystem (vgl. ebd.). Baethge analysiert, welche Folgen es hat, dass dem Arbeitsmarkt nunmehr mehr Schulabgänger mit höheren Bildungsabschlüssen zur Verfügung stehen bei einer gleichzeitigen Verknappung der Arbeitsplätze. Die Erwartung der Absolventen nach dem Abitur ein Studium zu beginnen, um sich nach dessen Abschluss in der entsprechenden Berufsposition für Akademiker zu finden, musste angesichts der Arbeitsmarktlage enttäuscht werden. Der Arbeitsmarkt kann die Absolventen nicht dem traditionellen Muster der Statuszuweisung entsprechend aufnehmen, *„was schließlich zur Aufweichung des traditionellen Zuweisungsmusters führt"* (ebd., S. 37). Die Folge war ein Verdrängungsmechanismus, nach dem die Abiturienten die Realschüler, die Realschüler die Hauptschüler und die Hauptschüler jene ohne Schulabschluss und die Sonderschüler verdrängen. Damit werden ganze Gruppen von Schulabgängern marginalisiert und/oder ganz vom Arbeitsmarkt ausgeschlossen. Von diesem Verdrängungsmechanismus waren Mädchen stärker betroffen als Jungen.

Durch diese Selektion hat sich bei den Berufen eine Umschichtung hinsichtlich der schulischen Vorbildung bei der Besetzung von Ausbildungsplätzen ergeben, *„so dass man von einer hierarchischen Neustrukturierung der Ausbildungsberufe nach Vorbildung in dem Sinne sprechen kann, dass es heute in weitaus stärkerem Maße als zu Beginn der 70er Jahre typische „Hauptschüler-" und typische „Realschülerberufe" gibt. Hier zeigt es sich, dass unter der Bedingung Verknappung des Ausbildungsplatzangebotes und gestiegener Konkurrenz unter den Bewerbern in einzelnen Berufen die betriebliche Selektion der Bewerber ein neues* *schulisches Eingangsniveau setzt und[...], damit den Wert der unterschiedlichen Schulabschlüsse neu definiert"* (ebd., S. 44).

In den anspruchsvolleren Ausbildungsberufen dominieren die Realschulabsolventen und haben Hauptschüler aus Berufen verdrängt, die noch Anfang der 1970er Jahre eindeutig eine Domäne der Hauptschüler waren. Diese weichen in Handwerkerberufe (Kfz-Mechaniker, Bäcker, Fleischer, Tischler oder dergl.) aus; Berufe, in denen Hauptschüler ohne Abschluss und Sonderschüler noch Anfang der 1970er Jahre häufig einen Ausbildungsplatz gefunden haben.

Für die weiblichen Auszubildenden konstatierte Baethge die entsprechende Entwicklung. Auch dort verdrängten die Mädchen mit Realschulabschluss die Hauptschülerinnen aus den qualifizierten kaufmännischen und dienstleistenden Berufen, die auf Berufe wie Friseuse, Verkäuferin, Schneiderin und Bekleidungsnäherin u.ä. abgedrängt wurden.

Baethge fasste seine Analyse in folgenden drei Punkten zusammen (vgl. ebd.; S. 48):

- Die Hauptschule wird zur Restschule. Sie kann ihren Bildungsauftrag zunehmend schwerer erfüllen; zum einen weil sie auf die Zusammensetzung der Schüler (z.B. mit einem hohen Ausländeranteil) weder organisatorisch noch didaktisch vorbereitet ist; zum anderen, weil sie für die Schüler kaum positive Ziele setzen kann; sie haben eine unsichere Berufs- und Arbeitsperspektive und sind von qualifizierten Berufen ausgeschlossen.
- Die Absolventen der Realschule (vor allem die männlichen) haben im gewerblichen wie im kaufmännischen Bereich noch relativ stabile Berufsperspektiven.
- Dem Gymnasium bescheinigt Baethge die stärkste Widersprüchlichkeit. Das Abitur ist *„keineswegs mehr der Königsweg zu Studium und akademischer Berufslaufbahn"* (ebd.). Damals prognostizierte Baethge, dass das Abitur seine eindeutig positive Bewertung verlieren würde, was angesichts der seither stark gestiegenen Abiturientenquote nicht eingetroffen ist (ebd.).

In einer vergleichenden Untersuchung hat Husén festgestellt, dass die Abneigung gegen die Schule mit dem Alter der Schüler wächst, zugleich aber halten viele Schüler gute Noten für wichtig (vgl. Husén 1980). Trotz der Abneigung gegen die Schule besuchen viele Schüler auch nach Erfüllung der Schulpflicht die Schule weiter. Diesen scheinbaren Widerspruch erklärt Husén so, dass er sagt, dass den meisten Schülern die Bedeutung der schulischen Vorbildung für beruflichen Aufstieg bewusst sei, und dass dies eine hinlänglich starke extrinsische Motivation abgibt, um durchzuhalten (ebd., S. 93).

Besonders scharf kritisiert Husén den Kult von Schulabschlüssen und Noten. *„Der Prüfungsglaube führt zur Vernachlässigung der etwas schwerer greif- und messbaren Ziele wie Initiative, Ausdauer, Lernfähigkeit, Kooperations- und Verantwortungsbereitschaft"* (ebd., S. 96). Angesichts des zunehmenden Konkurrenzdrucks (z.B. durch den Numerus clausus) spielen Noten eine außerordentliche Rolle für die Berufschancen und -wahl. Damit vergrößert sich die Schere zwischen den leistungsstarken und leistungsschwachen Schülern, die nach Husén die neue Unterschicht bilden. *„Sie wird von denen gebildet, die (oft von Anfang an) in der Schule versagen, von Kindern mit Leseschwächen, Sitzenbleibern, Abbrechern, wobei es sich vielfach um Kinder aus sozial benachteiligten Elternhäusern handelt. Sie bilden nicht nur die Rekrutierungsbasis für die niedrigen Arbeiten, sondern in starkem Maße auch für die sozialen Krankheitserscheinungen wie Kriminalität und Drogensucht. Ihre Situation wird immer schwieriger, je länger sie zur Schule gehen. In gewissen Großstadt-Sekundarschulen Nordeuropas und Nord-Amerikas fehlen an manchen Tagen 30-35% aller Schüler, weil sie „mit den Füßen gewählt haben"."* (ebd., S. 97).

Die Analysen von Baethge und Husén führen uns deutlich vor Augen, dass die Beziehungen zwischen Bildungs- und Beschäftigungssystem sehr problematisch sind und dass vor allem der Übergang von der Schule in den Beruf schwieriger geworden ist. Baethge warnt dennoch davor, die Bezüge zwischen Schule und Arbeitswelt zu verleugnen und *„nach einer Neubegründung des Sinns von Schule außerhalb des Bezuges zur Arbeit"* (Baethge 1984, S. 33) zu suchen.

Es ist Baethge zuzustimmen, wenn er darauf hinweist, dass die Schule immer auch Qualifikationen vermitteln muss, die berufsrelevant sind. Zugleich ist bei der Bestimmung der Lernziele aber auch zu bedenken, dass durch Verkürzung der Lebensarbeitszeit wie auch der wöchentlichen Arbeitszeit die Zeit, die jedem zur freien Verfügung steht, gewachsen ist. Die Konsequenz für das Lernen in der Schule ist es, dass die Schule sich in der Auswahl der Lernziele und -gegenstände nicht mehr ausschließlich an der Arbeitswelt orientieren kann, sondern auch auf den Umgang mit der von Erwerbsarbeit nicht ausgefüllten Zeit vorbereiten muss.

Husén kritisiert, dass zwischen Schule und Arbeitswelt wie auch zwischen Schule und Gesellschaft generell eine Kluft bestehe. Auch die Größe der Schulen verhindere, dass die für kontinuierliche Lernprozesse unabdingbaren Voraussetzungen des Lernens in konstanten Kleingruppen fehle. Denn echte Bildungs- und Erziehungsprozesse bedürfen der Kleingruppe *„mit ihrem informellen Charakter, ihrer Flexibilität und ihrem dauerhaften persönlichen Kontakt"* (Husén 1980, S. 98).

Wenn auch in der Analyse und Kritik des Schulwesens Husén weitgehend die Argumente der Entschulungsbewegung[4] aufnimmt, folgert er daraus nicht, dass Schule abgeschafft werden müsse oder überhaupt abgeschafft werden könne. Vielmehr fordert er neue Lösungsstrategien für die folgenden Problembereiche (vgl. ebd.):

1. Übergangsproblematik Schule/Beruf,
2. Lenkung und Verwaltung des Bildungssystems in eine Bildungsgesellschaft,
3. Schulleben innerhalb wie außerhalb des Unterrichts.

Betrachten wir die Konzepte von Schulsozialarbeit, so stellen wir fest, dass sie zur Lösung dieser Probleme einen wichtigen Beitrag leistet.

Soziales Lernen in der Schule – ein ungelöstes Problem

Eine Folge der Bildungsreform ist es, dass Schüler länger die Schule besuchen als zuvor. Sie bleiben auf der Schule, um einen höherwertigen Schulabschluss zu erlangen; vielfach besuchen sie die Schule aber auch nur deshalb, weil sie keinen Ausbildungsplatz gefunden haben. In den 1980er Jahren erlebten viele Schulen, dass Jugendliche von der Schule abgehen, vergeblich darum bemüht sind, einen Ausbildungsplatz zu finden, und mangels anderer Alternativen zur Schule zurückkehren, allerdings mit geringer Hoffnung, dort das zu lernen, was sie interessiert. Diesen Schülern kann die Schule nur wenig anbieten, da sie handlungsarm ist, und diese Jugendlichen vor allem Handlungsmöglichkeiten benötigen. Die Schule wird in diesem Fall zum Parkplatz und nur selten gelingt es, diese Schülergruppe zum Lernen zu motivieren.

Da immer mehr Jugendliche die Einmündung in die Arbeitswelt hinausschoben, fielen der Schule sozialisatorische Aufgaben zu, die zuvor von der Arbeitswelt geleistet wurden. Husén wies darauf hin, welchen Einfluss diese strukturellen Bedingungen auf die Entwicklung des Jugendlichen hat. *„Die Jugendlichen treten nicht mehr in die Erwachsenenwelt ein, um hier Erwachsenenrollen zu lernen, sondern durchlaufen Institutionen, die ihnen nur begrenzt Kontakt mit der Arbeitswelt er-*

---

4   Ende der 1960er Jahre entstand in den USA und in Großbritannien die Entschulungsbewegung, die das bestehende staatliche Schulwesen scharf kritisierte (vgl. Richmond 1975). Diese Diskussion wurde auch in Deutschland aufgegriffen und führte zu Gründungen von Alternativschulen wie z.B. die Glocksee-Schule in Hannover (1972), zu dessen Gründern Oskar Negt zählt (vgl. Negt 1997), und die Freie Schule in Frankfurt a.M., gegründet u.a. von Monika Seifert (vgl. Aden-Grossmann 2014).

möglichen. Tatsächlich spielt sich vor unseren Augen eine Art Segregation oder Apartheit der verschiedenen Altersgruppe ein" (Husén 1980, S. 78).Husén nahm die Argumente der Entschulungsbewegung wieder auf, indem er kritisierte, dass Schule die Schüler von produktiver Arbeit fernhielte. Schule verhindere ferner, dass Schüler es lernen, selbstverantwortlich zu handeln und soziale Reife zu entwickeln. Husén wies auf zwei wesentliche Unterschiede zwischen der Arbeitswelt und der Schule hin, die für die Entwicklung der Sozialreife des Heranwachsenden folgenreich wären (vgl. ebd.):

Sozialreife, so führte er aus, könne nur durch verantwortliches Handeln gefördert werden und gerade dies ist im Gegensatz zur handlungsreichen Arbeitswelt in der handlungsarmen Schule kaum möglich. Ein weiterer relevanter Unterschied liegt darin, dass in der Arbeitswelt Menschen unterschiedlichen Alters miteinander in Kontakt sind, wohingegen in der Schule die Erwachsenenwelt lediglich durch den Lehrer oder die Lehrerin repräsentiert wird. Das führt dazu, dass die Kontakte zwischen den Generationen abnehmen.

Eine Folge davon ist, dass sich die Jugendlichen verstärkt an der eignen Altersgruppe orientieren und sich eine eigne Jugendkultur ausbildet. Darüber hinaus werden auch durch die Bildung altershomogener Klassen innerhalb der Schule altersgemischte Gruppenbildungen weitgehend verhindert, wodurch die Vielfalt von Sozialbeziehungen beschränkt wird. Auf diese Folge der Jahrgangsklassen hatten bereits die Reformpädagogen hingewiesen, und es sei in diesem Zusammenhang an Peter Petersen erinnert, der in seiner Jena-Plan-Schule altersgemischte Klassen, die sog. Stammgruppen, gebildet hat, die den natürlichen Spielgruppen von Kindern nachgebildet waren.

Als Merkmale einer Jugendkultur werden von Husén genannt:

- In Abgrenzung zur Erwachsenengesellschaft bedienen sich die Jugendlichen eines eignen Bekleidungsstils, bevorzugen eine bestimmte Art von Musik und schaffen einen eignen Sprachstil. In ihrem Lebensstil orientieren sie sich stark an der eignen Altersgruppe, sind also „binnenorientiert".
- Jugendliche streben nach Unabhängigkeit und stellen Konventionen und Wertvorstellungen der Erwachsenen in Frage. Die neuen sozialen Bewegungen (Ökologie-Bewegung, Frauenbewegung) werden zum großen Teil von Jugendlichen und jungen Erwachsenen getragen und die Konflikte innerhalb dieser Bewegungen stellen sich auch als Generationenkonflikt dar.

Es ist unbestritten, dass Jugendliche sich stark an der eignen Altersgruppe orientieren, dennoch zeigen alle jugendsoziologischen Untersuchungen, dass der Einfluss der erwachsenen Generation auf die Norm und Wertvorstellungen der

Jugendlichen nach wie vor bestimmend ist. Dies hebt auch Husén hervor und bezweifelt folglich, ob wir tatsächlich von einer eignen Jugendkultur in dem Sinne sprechen können, dass die Wertvorstellungen der Jugendlichen sich nicht an denen der Erwachsenen orientieren. Das Jugendalter ist u.a. von Erik Erikson sozialisationstheoretisch als eine Phase der Diskontinuität, der Identitätskrise und der Neuorientierung beschrieben worden. Jugendliche übernehmen nicht automatisch und vollständig die Werte der erwachsenen Generation, sondern treffen eine Auswahl.

„Es besteht immer ein gewisser Spielraum für die Auswahl der Leitwerte im Sozialisationsprozess, besonders wenn den jungen Leuten sprachliche Mittel zu Gebote stehen, wie das bei den Angehörigen der neuen Jugendbewegung besonders häufig der Fall ist. Sie sind dann die Vorreiter, die neue Denkmodelle und Wertsetzungen proklamieren. Danach erst verbreiten sich die neuen Werte in größerem Maßstab in der Jugend" (Husén 1980, S. 87).Husén verweist auf internationale Untersuchungen, die belegen, dass Unterschiede innerhalb der eignen Generation viel stärker sind als zwischen den Generationen. Die Faktoren Schichtzugehörigkeit und Bildungsniveau überlagern den Faktor Alter und prägen die Einstellungsmuster stärker als jene.

Fragen wir im Folgenden danach, welcher Wertwandel bei Jugendlichen festzustellen ist. In Frage gestellt werden Werte wie Arbeit, Leistung und technischer Fortschritt, wohingegen mehr Lebensqualität bezogen auf den Lebensstil des einzelnen gefordert wird, wie auch auf die gesellschaftlichen Bedingungen im ganzen (Natur, Friedenssicherung, Gestaltung der Arbeit, Verbindung von Arbeit und Leben). Zu den bemerkenswerten Aspekten des neuen Wertemusters gehörte eine neue Bewertung von Arbeit und beruflicher Karriere. Es wird größerer Wert auf Selbstverwirklichung, Sicherheit und die Entwicklung befriedigender Freizeitinteressen gelegt. Von der Schule wird erwartet, dass sie die Entwicklung der ganzen Persönlichkeit fördert. Bei der Bestimmung der von der Schule zu vermittelnden Kompetenzen unterscheidet Husén grundsätzlich zwei Arten von Fähigkeiten: 1. kognitive Kompetenzen und 2. Sozialfähigkeit.

Die Vermittlung kognitiver Kompetenzen wird seit jeher als eine zentrale Aufgabe der Schule akzeptiert. Weitaus problematischer ist es, die Frage zu beantworten, welche Möglichkeiten die Schule hat, soziale Kompetenzen, *„die im affektiven Bereich wurzeln und sich auf interpersonelle Beziehungen, Entscheidungs- und Organisationsfähigkeiten beziehen"* (ebd., S. 102) zu fördern. Husén vertrat die Auffassung, dass die Schule nur wenig geeignet sei, dieses zu leisten. *„Andere Sozialisationsagenten wie Familie, örtliche Gemeinschaften und berufliche Umwelt müssen hier die Hauptlernorte für die Entwicklung zur Sozialreife stellen"* (ebd., S. 102).

In der Tat ist die Schule, sofern sie sich als Unterrichtsanstalt versteht, kaum imstande, soziale Kompetenzen der Schüler zu entwickeln. Aber andererseits bringt die Verschiebung dieses Problems auf die genannten Sozialisationsfelder auch keine Lösung. Die strukturellen Veränderungen in der Familie (Zunahme erwerbstätiger Mütter, Verringerung der Anzahl der Familienmitglieder auf die Zwei-Generationen-Familie mit ein bis zwei Kindern und Zunahme der Alleinerziehenden) haben zur Folge, dass die Familie selbst der ergänzenden Erziehungseinrichtungen und -angebote bedarf. Auch die örtlichen Gemeinschaften können nur sehr bedingt die Sozialreife fördern, da wir in unseren Städten und Gemeinden die hierfür notwendige Infrastruktur nicht überall vorfinden. Vor allem in den Großstädten und in den modernen Trabantenstädten fehlen gewachsene Strukturen von vornherein oder sie wurden zerstört. Mit der Tendenz, die Berufseinmündung durch einen längeren Schulbesuch altersmäßig hinauszuschieben entfällt für einen Teil der Jugendlichen die Chance, die berufliche Umwelt als einen Lernort zu erleben.

Dies führt uns zu der Frage zurück, ob nicht doch die Anforderung an die Schule zu stellen ist, auch die sozialen Kompetenzen der Schüler zu fördern und zu entwickeln. Sie wird diese Aufgabe allerdings nur wahrnehmen können, wenn sie institutionelle Verkrustungen auflöst. Im folgenden Abschnitt will ich deshalb der Frage nachgehen, inwieweit Schulsozialarbeit hierzu beitragen kann.

Zur Kritik an der Institution Schule

Die radikale Kritik an der Institution Schule lässt sich auf die Anfang der 1970er Jahre entstandene Entschulungsbewegung zurückführen, als radikale Schulkritiker wie z.B. Ivan Illich und Everett Reimer die Abschaffung der Schule als Institution forderten (vgl. Illich 1972, Everett 1972). Es entstanden in Großbritannien alternative Schulen, wohingegen in der Bundesrepublik Deutschland die Gedanken der Entschulungsbewegung zwar aufgenommen worden sind, jedoch aufgrund der bestehenden Gesetzeslage, die die Gründung von Privatschulen erschwert, kaum praktisch umgesetzt wurden.

Auch W. Kenneth Richmond ist als ein Vertreter dieser radikalen Schulkritik einzuschätzen, allerdings plädiert er nicht für eine Abschaffung der Schule, sondern für derenVeränderung (vgl. Richmond 1975). Die Schule, so führt Richmond aus, bestimmt weitgehend die sekundäre Sozialisation eines jeden Menschen in unserer Gesellschaft. Nach Richmond ist die wesentliche Leistung der Schule nicht so sehr in der Vermittlung von Wissensstoffen zu sehen – diese könnten auch außerhalb der Schule durch Medien oder Personen aus der unmittelbaren Umgebung des Kindes vermittelt werden – sondern in der Formung des Charakters. Die besonderen Rahmenbedingungen der Schule, die zur Nivellierung individueller Unterschiede führen, die in dem diskriminierenden System von Zensuren und Sitzenbleiben liegen, bewirken keineswegs eine Ermutigung des Lernenden, sondern Anpassung und Unterordnung. Diese weitgehend nicht diskutierten und verborgenen Wirkungen der Schule sind der „*heimliche Lehrplan*", dessen negativer Einfluss auf die Persönlichkeitsentwicklung noch immer unterschätzt wird (vgl. ebd.).

Richmond greift die Fundamente des bestehenden Schulsystems an, wenn er gegen eine Verlängerung der Schulpflicht Stellung nimmt und den Nutzen der Schulpflicht in Zweifel zieht. Die ursprüngliche mit der Einführung der Schulbesuchspflicht verbundene Intention war es, Kinder vor der Ausbeutung durch Unternehmen und auch durch Eltern zu schützen und dadurch ihren Bildungs- und Erziehungsanspruch zu sichern. Diese Intention hat sich nach Auffassung von Richmond in ihr Gegenteil verkehrt, und man müsse sich fragen, ob die Schule nicht sogar das Lernen verhindert (vgl. Singer 1973). Richmond zeigt in seiner fundierten Analyse auf, wie durch die Institutionalisierung die Schule ihre eignen Maßstäbe und Verhaltensnormen aufstellte und sich vom gesellschaftlichen Umfeld abkapselte.

Richmond geht es bei der Veränderung der Institution Schule vor allem um eine Veränderung des Lernklimas. „*Um wirklich frei zu sein, muss die Schule eine sehr viel gastfreundlichere Aufnahme bieten. Sie muss der Ort sein, wo man sich trifft, für jedermann und zu jeder Zeit offen, ein Zentrum, wo man aus der Kälte kommt. Der Schulbesuch regelt sich von selbst in einer Lerngemeinschaft, in der Erziehungsangebot und Erziehungsnachfrage flexibel gehalten werden*" (Richmond 1975, S. 112).

Wenn Richmond die Forderung nach einer Entschulung der Gesellschaft erhebt, so meint er damit nicht die Abschaffung der Schule. Die Entschulung der Gesellschaft heißt für Richmond, viele Anforderungen und Praktiken des bestehenden Schulsystems zu lockern, „*weil sie ihren ursprünglichen Zweck überlebt haben*" (ebd., S. 145). Husén greift auf die Argumente der Entschulungsbewegung zurück, fordert aber nicht eine Entschulung der Gesellschaft, sondern eine Entinstitutionalisierung der Schule (vgl. Husén 1980). Husén geht davon aus, dass das Bildungswesen alle Merkmale einer Bürokratie trägt und damit weitgehend resistent gegenüber Innovationen ist und unfähig, Konflikte zwischen der Basis (Lehrer, Schüler, Eltern) und den übergeordneten Instanzen (Rektor, Schulamt, Kultusministerium) zu lösen. Jedoch differenziert er zwischen drei verschiedenen Organisationsmodellen, in denen die Relation zwischen den Zielen und der zur Verwirklichung eingesetzten sozialen Struktur unterschiedlich akzentuiert sind (vgl. Husén 1980, S. 68 ff.):

1. Das Bürokratiemodell im Weberschen Sinn funktioniert auch nach dem Prinzip rationaler und legaler Autorität und deren hierarchischer Verteilung von oben nach unten. *„Kontakte sollen unpersönlich, formal korrekt und ‚objektiv' abgewickelt werden"* (Husén 1980, S.68).
2. Das technizistische Modell beruht auf der in sich problematischen Trennung von Ziel und Mittel. *„Sind die Ziele der Organisation einmal spezifiziert, dann tritt der Techniker auf und entwirft eine optimale Problemlösungsstrategie"* (ebd.). Auf dieser Grundlage beruht die Bildungstechnologie, die von der Annahme ausgeht, dass Bildungsziele voll operationalisierbar seien. Husén kritisierte, dass in diesem Modell unberücksichtigt bleibt, dass Bildungsprozesse notwendig in sich *„diffus"* sind und die Bildungstechnologie *„irrationale Aspekte des Faktors Mensch"* nicht berücksichtige (ebd.).
3. Beim Human-Relation-Modell werden persönliche und soziale Bedürfnisse der Handelnden in der Organisation anerkannt; damit wird dieses Modell den Problemen im Bildungsbereich am ehesten gerecht, wo die Interaktion zwischen Personen von zentraler Bedeutung ist.Husén weist darauf hin, dass mit der Entstehung des Massenbildungswesens auch dessen Bürokratisierung einsetzte, weil mit dem Wachstum der Bildungseinrichtungen auch ein Bedarf an Koordination entstand. Auch dadurch, dass die Schule als Zuweisungsinstanz für die Besetzung sozialer Positionen eine wichtige gesellschaftliche Funktion erhielt, wurde die Bürokratisierungstendenz gefördert. Für die Lehrer hatte der Bürokratisierungsprozess durchaus auch Vorteile, da hierdurch die Professionalisierung verstärkt wurde und sich durch den Ausbau der Verwaltung neue Karrieremöglichkeiten eröffneten. Nach Husén lassen sich vier Hauptmerkmale in bürokratisierten Bildungssystemen beobachten:

„1. Starkes Gewicht formaler Regeln, von denen die Beteiligten Schüler, Lehrer, Verwaltungsbeamte – nicht abzugehen wünschen oder wagen;
2. Betonung der sozialen Distanz zwischen den Systemebenen und Mangel eines Gesellschaftsgeistes;
3. Die Beziehungen zwischen den Systemebenen sind mehr in Hierarchiebegriffen formuliert als in Begriffen, die sich auf gemeinsame Aufgaben beziehen;
4. Für die Motivation im System haben äußere Anreize, wie dienstliche Beurteilungen (oder Schulnoten) und Gehaltsstreifen größere Bedeutung als intrinsische Belohnungen, wie etwa durch Freude an der Arbeit oder Befriedigung eines Erkenntnisinteresses" (Husén 1980, S. 72f.).

Ein wesentliches Merkmal dafür, dass die Schule als Institution etabliert ist, ist die Tatsache, dass nur examinierte Lehrer befugt sind, Unterricht zu erteilen. Dies verstärkt nach Huséns Auffassung die Tendenzen, dass Schule sich von der umgebenden sozialen Umwelt abschließt und ein relativ geschlossenes System wird, in dem schulische Rituale (Formen und Abläufe des Unterrichts, Notengebung etc.) sich ausbilden. Auch die Art der Lehrerbildung trägt dazu bei, dass die Schule eine in sich abgeschlossene Einrichtung bleibt, die relativ wenige Außenbezüge hat.

Um der Isolierung der Schule entgegenzuwirken, schlägt Husén vor, sog. schulfremde Personen einzubeziehen. Des Weiteren fordert er praktische Tätigkeiten für ältere Schüler im sozialen Bereich wie z.B. in Kindergärten, Krankenhäusern und in der Altenpflege. Damit entstünden Kontaktmöglichkeiten mit der jüngeren oder älteren Generation und anderen sozialen Milieus. Heranwachsende könnten lernen, für andere Verantwortung zu übernehmen. Auch innerhalb der Schule sollten die Kontakte zwischen älteren und jüngeren Schülern intensiviert werden, indem z.B. ältere Schüler jüngere unterrichten (vgl. ebd., S.72 f.).

Die hier von Husén an das allgemeinbildende öffentliche Schulwesen gestellten Anforderungen waren nicht neu und auch nicht revolutionär. In den von den Reformpädagogen Anfang des 20. Jahrhundert gegründeten Schulen war dies eine z.T. seit Jahrzehnten geübte Praxis. Allerdings treffen auf diese Schulen die von Husén kritisierten Bürokratisierungstendenzen in sehr viel geringerem Maß zu als im öffentlichen Schulsystem. Im Zusammenhang mit Schulsozialarbeit stellt sich die Frage, ob diese dazu beitragen könnte, die Schule zu „entinstitutionalisieren", d.h. die von Husén kritisierten negativen Erscheinungen der Bürokratisierung zu verändern.

Schulsozialarbeit – ein Beitrag zur Entinstitutionalisierung

Die folgende tabellarische Übersicht soll verdeutlichen, welche unterschiedlichen Arbeitsansätze und -möglichkeiten es für Lehrer und Sozialarbeiter in der Schule gibt. Diese aber auch durch die unterschiedlichen historischen Traditionen vorgegebenen Ansätze können produktiv, d.h. im Sinne der Entinstitutionalisierung von Schule bewusst genutzt und gefördert werden, sie können aber auch – und dies ist in vielen Projekten der Schulsozialarbeit zu beobachten – Ursache und Anlass von Konflikten sein.

Schema 1 Strukturelle Unterschiede zwischen Schule und Schulsozialarbeit (eigene Darstellung)

Schule	Schulsozialarbeit
Hoher Professionalisierungsgrad (Lehrer mit 1. und 2. Staatsprüfung)	Geringerer Grad der Professionalisierung. Gemeint ist, dass unterschiedlich qualifizierte Mitarbeiter tätig sind (Sozialarbeiter, Sozialpädagogen, Erzieher, Diplompädagogen etc.)
Hierarchie: Entscheidungsstrukturen durch entspr. Verwaltungsvorschriften vorgegeben.	Geringerer Grad der Hierarchie: Entscheidungen werden vorwiegend im Team getroffen.
Zeitstruktur: durch Stundentafel und Stundenplan vorgegeben; wenig flexibel.	Zeitstruktur: tendenziell bedürfnisorientiert innerhalb eines weit gesteckten Rahmens flexibel.
Altershomogene Gruppen (Jahrgangsklassen)	Altersheterogene Gruppenarbeit sind möglich. Einzelfallhilfe.
Kommunikation: Im Unterricht sachorientiert; Ausgrenzung von emotionalen Bedürfnissen; ritualisiert; Bewertung der Äußerungen der Schüler (Noten).	Kommunikation: offen, orientiert an den Problemen der Jugendlichen; demgegenüber tritt der Stoff in den Hintergrund.
Lernort: Schule (Klassen- und Fachräume).	Lernort: Schule, Stadtteil, von den Jugendlichen gestaltete Räume.

Im Gegensatz zum Beruf des Lehrers weist der des Schulsozialarbeiters einen geringeren Professionalisierungsgrad auf. Wenn es auch als wünschenswert angesehen wird, dass Schulsozialarbeiter einen Fachhochschulabschluss zum Sozialarbeiter oder Sozialpädagogen haben, zumindest aber die Qualifikation zum Erzieher oder zu Erzieherin (Fachschulabschluss) nachweisen können, so gibt es jedoch keine Mindestkriterien für die Einstellung. Daher finden sich in den Teams sehr unterschiedlich qualifizierte Mitarbeiter. Schulsozialarbeiter werden generell niedriger bezahlt als Lehrer, ihre Arbeitszeit leisten sie in der Schule ab, d.h. sie haben nur wenig oder keine Vorbereitungszeit für ihre pädagogische Arbeit. Nicht nur aufgrund der höheren Formalqualifikation haben Lehrer einen höheren sozialen Status als Schulsozialarbeiter, sondern auch deshalb, weil ihre Tätigkeiten (unterrichten und benoten) höher bewertet werden als die des Schulsozialarbeiters (betreuen, beraten).

Es wurde schon darauf hingewiesen, dass der hohe Grad der Institutionalisierung der Schule eine Bürokratisierung und Verrechtlichung zur Folge hatte. Für den Lehrer bedeutet dies, dass er eingebunden ist in eine vorgegebene Hierarchie, dass Entscheidungsprozesse formalisiert sind und dass er innerhalb dieses vorgegebenen Rahmens pädagogisch handeln soll. Damit sind dem Lehrer enge Grenzen gesetzt, auf spontane Bedürfnisse der Schüler einzugehen und vor allem die nicht messbaren Entwicklungen in der Sozialreife der Schüler zu fördern.

Demgegenüber hat der Schulsozialarbeiter mehr Spielräume, Entscheidungen im Team zu treffen, wobei allerdings die Institution Schule hier auch den Rahmen abgibt, d.h. die Handlungsmöglichkeiten des Schulsozialarbeiters begrenzt. Hierzu gehört vor allem, dass der Unterricht gegenüber den Belangen der Schulsozialarbeit stets Priorität genießt. Der Schulsozialarbeiter ist nicht einem Bildungsplan verpflichtet, kann zeitlich flexibler arbeiten, und vor allem ist er nicht daran gebunden, nur mit den Jahrgangsklassen oder -stufen zu arbeiten. Er kann andere Kriterien als das Alter für die Gruppenzusammensetzung setzen (z.B. Geschlecht, Lebenslage, Interesse an einem Gegenstand).

Für die meisten Lehrer ist die Schule, d.h. das Schulgebäude, der Lernort schlechthin und die sich in der Umwelt anbietenden Lernmöglichkeiten werden kaum je genutzt. Schulen haben zu dem Gemeinwesen, zu dem sie gehören, meist keine räumliche und organisatorische Beziehung. So werden Leben und Lernen als zwei voneinander getrennte Bereiche erlebt. In der von der Europäischen Kulturstiftung vorgelegten Studie (vgl. Thomas 1976) kritisieren Erziehungswissenschaftler dies und fordern eine bildungswirksame Umwelt. *„Tatsächlich sind die zahlreichen bildungswirksamen Aktivitäten, an denen Kinder, Jugendliche und Erwachsene freiwillig oder unfreiwillig teilnehmen, nicht zu einer bildungswirksamen Umweltl integriert, sondern gleich zusammenhanglos im physischen wie im psychischen Raum verstreut"* (ebd., S. 108). Unter einer ‚bildungswirksamen Umwelt' versteht Helga Thomas die Gesamtheit der Räume, der sozialen und individuellen Aktivitäten, Kommunikationsmittel und Prozesse, die gemeinsam das optimale Bildungsergebnis bewirken. Die Realisierung dieses bildungsökologischen Ansatzes kann nicht von bildungspolitischen Maßnahmen auf Bundes- oder Landesebene erwartet werden, sondern nur durch Aktivitäten auf kommunaler Ebene.

Mit Schulsozialarbeit wurde eine Einrichtung geschaffen, die schon von ihrem konzeptionellen Ansatz her ökologisch ist. Schulsozialarbeitern geht es darum, die außerschulischen Erfahrungen und Lernmöglichkeiten zu nutzen. Sie haben dabei aber auch gelernt, dass es notwendig ist, gemeinsam mit den Jugendlichen negative Erfahrungen zu verarbeiten und sie bei der Bewältigung von Anforderungen außerhalb der Schule zu unterstützen und zu beraten. Auch in der Gestaltung der Räume folgt Schulsozialarbeit anderen Notwendigkeiten als die Schule. Richtet sich die Einrichtung der Klassen- und Fachräume ausschließlich nach den Anforderungen, die durch den Unterricht gestellt werden (Tafel, Sitzordnung, Notwendigkeit des Schreibens), so orientiert sich Schulsozialarbeit an den Bedürfnissen des Jugendlichen (Kommunikation, Entspannung, Spiel, Bewegung) und das heißt, dass Schulsozialarbeit auch anders gestaltete und eingerichtete Räume benötigt als die Schule. Die in der Tabelle einander gegenüber gestellten unterschiedlichen Arbeitsrahmen von Lehrern und Schulsozialarbeitern haben in der Vergangenheit vielfach zu Konflikten geführt.

Aussagen von Lehrern und Schulsozialarbeitern belegen jedoch, dass Schulsozialarbeit durch die Zusammenarbeit mit Lehrern inzwischen viel zur Verbesserung des Sozialklimas an den Schulen beiträgt. Voraussetzung hierfür ist, dass beide akzeptieren, dass sie unter je spezifischen Bedingungen und Anforderungen in der gleichen Institution arbeiten. Dann können sich innerhalb der Schule die Kommunikationsstrukturen verändern, so dass die Schule ein lebendiger kultureller und sozialer Mittelpunkt im Leben von Jugendlichen, ihren Eltern und Lehrern wird.

Schulsozialarbeit für das 21. Jahrhundert

Ende der 1980er Jahre schien es für Schulsozialarbeit in der Bundesrepublik keine Zukunft zu geben. An einigen Schulen blieben auch nach dem Ende der Modellförderung die Projekte erhalten, allerdings mit einer geringeren Personalausstattung. Die Entstehung von Schulsozialarbeit, die in den 1970er Jahren mit den Modellversuchen so hoffnungsvoll begonnen hatte, stagnierte, denn es wurden kaum neue Projekte gegründet. Ein Umschwung kam erst durch das neue Kinder- und Jugendhilfegesetz (KJHG) das in den neuen Bundesländern mit dem Tag der Wiedervereinigung am 3. Oktober 1990 und in den alten Bundesländern drei Monate später, am 1. Januar 1991 in Kraft trat. In diesem Gesetz wird in § 81 die Zusammenarbeit der Jugendhilfe mit der Schule gefordert.

> *„Die Träger der öffentlichen Jugendhilfe haben mit anderen Stellen und öffentlichen Einrichtungen, deren Tätigkeit sich auf die Lebenssituation junger Menschen und ihrer Familien auswirkt, insbesondere mit*
> *1. Schulen und Stellen der Schulverwaltung,*
> *2. Einrichtungen und Stellen der beruflichen Aus- und Weiterbildung, [...]. zusammenzuarbeiten."* (KLHG §81)

Im § 13 wird festgelegt, dass die Jugendhilfe benachteiligten Jugendlichen berufsbezogene Hilfen anbieten soll, um deren schulische und berufliche Ausbildung, die Eingliederung in die Arbeitswelt und ihre soziale Integration zu fördern.

Im Unterschied zu dem bis dahin geltenden Jugendwohlfahrtgesetz wird hier erstmals die Zusammenarbeit der Jugendhilfe mit der Schule gefordert. Diese Forderung bleibt jedoch ein vager Appell, denn vergebens hatten sich die Freien

Wohlfahrtsverbände und auch die Gewerkschaft Erziehung und Wissenschaft dafür eingesetzt, Schulsozialarbeit als verpflichtende Aufgabe in das KJHG aufzunehmen. Hermann Rademacker, der als wissenschaftlicher Mitarbeiter des Deutschen Jugendinstituts die Entwicklung von Schulsozialarbeit über viele Jahre begleitet und untersucht hat, kennzeichnet die Verwirklichung dieser Forderung in den folgenden Jahren als ‚grass root' Entwicklung: „*Es waren die vor Ort wahrgenommenen Bedarfslagen, für die hie und da, aber keineswegs systematisch Ansätze und Initiativen für eine Zusammenarbeit von Jugendhilfe und Schule oder auch für die Einbeziehung sozialpädagogischer Angebote in das schulische Leistungsspektrum ausgelöst hatten*" (Rademacker 2009, S. 27). So entstanden ungezählte Einrichtungen von Schulsozialarbeit, die in unterschiedlicher Trägerschaft, u.a. Arbeiterwohlfahrt, Caritas, Internationaler Bund für Sozialarbeit, Paritätischer Wohlfahrtsverband, realisiert wurden.

Einen weiteren Schub zur Ausbreitung von Schulsozialarbeit bewirkte das Urteil des Bundesverfassungsgerichtes vom 9. Februar 2010. In diesem Urteil wurde kritisiert, dass die Bildungschancen ungleich verteilt sind und dass insbesondere Kinder und Jugendliche aus armen Familien geringere Chancen auf einen höherwertigen Schulabschluss haben. Die Bundesregierung sollte daher der Benachteiligung dieser Kinder mit geeigneten Maßnahmen entgegenwirken. „*Daraufhin legte die damalige Arbeits- und Sozialministerin Ursula von der Leyen (CDU) ein ‚Bildungs- und Teilhabepaket (BuT)' auf. Es enthielt ein Bündel von Maßnahmen wie Nachhilfe, Schulausflüge, Sport- und Kulturangebote sowie Mittagessen in Schulen und Horten und deren Finanzierung. Nach energischen Protesten der Fachverbände und der GEW ist es in langwierigen Auseinandersetzungen im Vermittlungsausschuss von Bundestag und Bundesrat gelungen, auch für die Schulsozialarbeit Gelder aus dem BuT zu bekommen. 400 Millionen Euro jährlich, befristet bis Ende 2013*" (Laurer 2015, S. 33).

Aus diesen Mitteln wurden allein in **Nordrhein-Westfalen** etwa 1.500 Stellen für Schulsozialarbeiter finanziert, bundesweit nach Schätzungen mehrere tausend. Um die Stellen auch nach Beendigung des Programms zu erhalten hat z.B. die Landesregierung von Nordrhein-Westfalen mit den Vertretern der kommunalen Spitzenverbände zugesagt, dass sie von 2015 bis 2017 insgesamt 144 Millionen Euro in den Erhalt der Stellen investieren wird. Zugleich haben sich die kommunalen Spitzenverbände verpflichtet – je nach Haushaltslage –, 20 bis 50% der Personalkosten zu tragen.

Auch andere Bundesländer haben seither in ihren Haushalten Mittel für Schulsozialarbeit vorgesehen. Hierzu einige Beispiele:

Baden-Württemberg: Von 2012 bis 2014 stellte die grün-rote Landesregierung 55 Millionen Euro bereit. Schulsozialarbeit wird in jedem Stadt- und Landkreis an mehr als 2.600 öffentlichen Schulen angeboten. Damit stieg die Anzahl der vom Land geförderten Beschäftigten innerhalb von zwei Jahren von 1 286 auf 1 807 Beschäftigte.

Rheinland-Pfalz fördert 165,5 Personalstellen an 227 allgemeinbildenden Schulen, wofür 2014/15 jährlich 5,6 Millionen Euro zur Verfügung gestellt werden.

Schleswig-Holstein unterstützt die Kommunen seit 2011 bei der Finanzierung von Schulsozialarbeit. Im Landeshaushalt 2014 sind dafür 4,6 Millionen Euro eingeplant.

Sachsen-Anhalt hat Mittel aus dem Programm des Europäischen Sozialfonds (ESF) für Schulerfolg beantragt, aus dem bislang 211 Schulsozialarbeiter in 203 Projekten finanziert wurden.

Hessen: Seit den 1970er Jahren bis 2015 hat das Land Hessen sieben Projekte Schulsozialarbeit mit jährlich etwa 400.000 Euro gefördert. Seit 2015 wurde die direkte Förderung allerdings eingestellt. (Laurer 2015, S. 32)

Zum Stand der Entwicklung

Verlässliche Zahlen, wie viele Schulsozialarbeiterinnen und Schulsozialarbeiter an den Schulen tätig sind, gibt es nicht, denn auf Bundesebene ist es bisher nicht gelungen, eine Statistik der Schulsozialarbeit aufzubauen, obgleich das Statistische Bundesamt alle vier Jahre die jeweils aktuelle Jugendhilfestatistik veröffentlicht. Bernhard Eibeck erläutert, dass dies vor allem der unzureichenden gesetzlichen Regelung sowie der begrifflichen Unschärfe zuzuschreiben ist.

Bei der Erhebung der Daten werden auf den Fragebögen von den Trägern unterschiedliche Bezeichnungen verwendet. Vielfach taucht der Begriff „Schulsozialarbeit" nicht auf, sondern als Bezeichnungen für das Arbeitsfeld werden auch „Jugendsozialarbeit an Schulen" und „Ausbildungsbezogene Jugendsozialarbeit" von den befragten Trägern angegeben. Bei der Zusammenführung der erhobenen Zahlen kommt Bernhard Eibeck zu dem Ergebnis, dass im Jahr 2010 in dem Arbeitsbereich „Schulsozialarbeit" bundesweit 3025 Personen beschäftigt waren (Eibeck 2013, S. 26f.).

Auf eine andere Schwierigkeit weist Angelika Iser hin: *„Schulsozialarbeit ist ein zugleich expandierendes wie heterogenes Tätigkeitsfeld mit hoch differenzierten Strukturen, Trägerschaften, Arbeitsfeldern und Bezeichnungen. Es gehört zwar zu den am intensivsten erforschten Bereichen der Kinder- und Jugendhilfe im Hinblick auf Begleitforschungsprojekte, zugleich fehlt aber jeglicher gesicher-*

te bundesweite Überblick über den Bestand, die Entwicklungszahlen, Anstellungsverhältnisse und die jeweiligen Qualifikationsstandards" (Iser 2013, S. 47).

In den meisten Bundesländern sind die zur Verfügung gestellten Mittel unzureichend, mit der Folge dass überdurchschnittlich viele Sozialpädagoginnen und Sozialpädagogen Teilzeitstellen haben und/oder auf befristeten Stellen arbeiten. Mancherorts versuchen Fördervereine an Schulen, die Finanzierungslücken durch Spenden zu schließen.

Zwar gibt es auf dem Arbeitsmarkt insgesamt eine allgemeine Tendenz dahingehend, dass die Anzahl der auf Vollzeitstellen Beschäftigten in den letzten Jahren rückläufig ist, aber ein Vorreiter dieser Entwicklung sind die sozialen Berufe. Waren 1998 noch 71% der Sozialarbeiter (spezielle Zahlen für Schulsozialarbeiter liegen nicht vor) auf Vollzeitstellen beschäftigt, so sank deren Anteil innerhalb von zehn Jahren auf 57% (2008) (vgl. Statistisches Bundesamt).

Über den hohen Anstieg der Teilzeitstellen im Arbeitsfeld Schulsozialarbeit schreibt Bernhard Eibeck, Referent für Jugendhilfe und Sozialarbeit beim Bundesvorstand der Gewerkschaft Erziehung und Wissenschaft: *„Besorgniserregend ist der starke Anstieg der teilzeitbeschäftigten Personen. Deren Zahl ist von 2006 bis 2010 um 88 Prozent gestiegen. Überproportional fällt die Steigerung bei Einrichtungen im Bereich des Paritätischen Wohlfahrtsverbandes mit 153 Prozent aus"* (Eibeck 2013, S. 27f.).

Welche Ausmaße die Befristung von Stellen angenommen hat, zeigt der Fall einer Schulsozialarbeiterin in Hessen, die elf Jahre an einer Schule mit befristeten Verträgen mit unterschiedlicher Stundenzahl und Vergütung arbeitet, wobei die Arbeitsanforderungen gleich geblieben sind. Wenn aufgrund von Finanzierungsschwierigkeiten Stellen wegfallen, dann besteht zu wenig Kontinuität und das, was bis dahin erreicht wurde, verpufft wieder schnell.

Angesichts dieser prekären Situation, in der sich Schulsozialarbeiter befinden, dringt die GEW darauf, *„die projektabhängige Finanzierung zu überwinden und durch dauerhaft garantierte, institutionelle Regelfinanzierung zu ersetzen. [...] Die GEW fordert deshalb Bund, Länder und Gemeinden dazu auf, eine Finanzierung der Schulsozialarbeit zu gewährleisten, die den bedarfsgerechten Ausbau an jeder Schule sicherstellt. In einem ersten Ausbauschritt ist eine Größenordnung von einer Vollzeitstelle für Schulsozialarbeit pro 150 Schülerinnen und Schüler zu realisieren. [...] Die Schulsozialarbeit braucht zu ihrer dauerhaften Absicherung eine klare gesetzliche Regelung im Kinder- und Jugendhilfegesetz. Dazu fordert die GEW, in das SGB VIII einen eigenen Paragraphen aufzunehmen, der den gesetzlichen Auftrag präzisiert und die Zuständigkeit klärt."* (Gewerkschaft Erziehung und Wissenschaft 2013).

Mit ähnlichen Formulierungen drängen auch Wohlfahrtsverbände, Elternbund und Landeselternbeiräte darauf, wegzukommen von der kurzzeitigen Projektfinanzierung hin zu einer verlässlich geregelten Institutionalisierung von Schulsozialarbeit an allen Schulen, denn in den Augen der Fachleute hat sich Schulsozialarbeit bewährt.

Zusammenfassend stelle ich fest, dass sich Schulsozialarbeit seit Mitte der 1970er Jahre vielfach bewährt hat,

- weil sie mit vergleichsweise geringen finanziellen und personellen Mitteln effektive Präventionsarbeit leistet,
- weil sie Schülerinnen und Schülern insbesondere bei akuten Krisen einen niedrigschwelligen, unbürokratischen Zugang zum Beratungsangebot bietet,
- weil Schulen und Lehrer neue Aufgaben wie z.b. Inklusion und Förderung von Flüchtlingskindern besser mit Unterstützung von Schulsozialarbeit bewältigen können,
- weil es mit Hilfe von Schulsozialarbeit gelingt, die Quote der Schulabbrecher zu verringern,
- weil Schulsozialarbeit wirksam berufsvorbereitend tätig ist und den Übergang Schule – Beruf erfolgreich begleitet,
- weil Schulsozialarbeit bei Gefährdung des Kindeswohls oft als die erste Instanz in der Lage ist, helfend einzugreifen,
- weil durch Schulsozialarbeit das soziale Klima an der Schule sich entscheidend verbessert.

Obgleich von allen, die über Erfahrungen mit Schulsozialarbeit verfügen, diese Angebotsform für unverzichtbar halten und wissenschaftliche Untersuchungen deren Erfolge belegen (vgl. Speck/Olk 2010), ist es bislang nicht gelungen, Schulsozialarbeit als Regeleinrichtung an allen Schulen zu verwirklichen. Aber die Forderungen von Schulen, Elternbeiräten, Wohlfahrtsverbänden und Gewerkschaften sind nachdrücklicher geworden, so dass zu hoffen bleibt, dass diese durchgesetzt werden können.

Literaturverzeichnis

Abels, Heinz (1972): Sozialisation und Chancengleichheit. Differenzierte Erziehung am Modell der Schulsozialarbeit. Düsseldorf: Bertelsmann Universitätsverlag.
Abels, Heinz/Peltzer-Gall, Hannelore (1976): Schulsozialarbeit in der Kollegstufe. In: Neue Praxis 6/1976, S. 314-329.
Aden-Grossmann, Wilma (2001): Jugendhilfe und Schule. In: Nyssen, Elke/Schön, Bärbel (Hrsg.): Perspektiven für pädagogisches Handeln. Eine Einführung in Erziehungswissenschaft und Schulpädagogik. 2. Aufl., München: Juventa, S. 227-258.
Agahd, Konrad (1909): Lehrerschaft und Jugendfürsorge in Stadt und Land. Berlin: Gerdes & Hödel.
Agahd, Konrad (1926): Mitarbeit der Lehrerschaft bei der Durchführung des Schutzes arbeitender Kinder. In: Deutsches Archiv für Jugendwohlfahrt unter Mitwirkung des Deutschen Lehrervereins (Hrsg.): Jugendwohlfahrt und Lehrerschaft. Berlin: F.A., Herbig Verlag, S. 110-113.
Agnew, Gerda/Raab, Erich/ Rademacker, Hermann (1987): Handbuch Schulsozialarbeit. Konzeption und Praxis sozialpädagogischer Förderung von Schülern. München: Juventa.
Albers, Hermine (1927): Die Organisation der Jugendwohlfahrtspflege für Klein- und Schulkind. Berlin: Carl Heymann.
Alleker, J. (Hrsg.)(1873): Die Volksschule. Freiburg i. Br.: Herdersche Verlagshandlung.
Alt, Robert (1958): Kinderausbeutung und Fabrikschulen. Berlin: Verlag Volk und Wissen.
Alt, Robert (1982): Die Industrieschulen. Ein Beitrag zur Geschichte der Volksschule. Urspr. 1948. In: Koneffke, Gernot (Hrsg.): Zur Erforschung der Industrieschule des 17. und 18. Jahrhunderts. Vaduz: Topos Verlag, S. 401-496.
Arbeitsgemeinschaft für Lehrerfortbildung Hohenwestedt (Hrsg.) (1929): Jugendheim und Jugendarbeit auf dem Lande. Berlin: L. Oehmigke.
Baethge, Martin (1984): Die Bedeutung der Veränderungen von Arbeits- und Arbeitsmarktstrukturen für das Bildungssystem. In: Bohnsack, Fritz (Hrsg.): Sinnlosigkeit und Sinnperspektive. Frankfurt, Berlin: Diesterweg, S. 32-48.

Bauer, Hans G./Berg, Regina/Kuhlen, Vera (1976): Forschung zu Problemen der Jugendhilfe. Bestandsaufnahme und Analyse. München: Juventa.

Bäumer, Gertrud (1922): Das RJWG (Reichsgesetz für Jugendwohlfahrt) und der Entwicklungsstand der Jugendhilfe. In: Jahrbuch des Zentralinstituts für Erziehung und Unterricht. Berlin: Mittler.

Bäumer, Gertrud (1929): Die historischen und sozialen Voraussetzungen der Sozialpädagogik und die Entwicklung ihrer Theorie. In: Nohl, Herman/Pallat, Ludwig (Hrsg.): Handbuch der Pädagogik. Band 5 Sozialpädagogik. Langensalza: Julius Beltz, S. 3-17.

Bäumer, Gertrud (1929): Sozialpädagogische Erzieherschaft und ihre Ausbildung. In: Nohl, Herman/Pallat, Ludwig (Hrsg.): Handbuch der Pädagogik. Band 5 Sozialpädagogik 1929, S. 204- 26.

Bäumer, Gertrud (1930): Heimatchronik während des Weltkrieges. Berlin: Herbig.

Bäumer, Gertrud (1930): Schulaufbau, Berufsauslese, Berechtigungswesen. Berlin: Heymann.

Bäumer, Gertrud (1931): Die sozialpädagogische Aufgabe der Jugendwohlfahrtspflege. In: Deutscher Verein für öffentliche und private Fürsorge (Hrsg.): Die Stellung der Wohlfahrtspflege zur Wirtschaft, zum Staat und zum Menschen. Karlsruhe: G. Braun.

Bäumer, Gertrud (1934): Die Stellung der Sozialbeamtin und der Sinn der Wohlfahrtspflege. In: Die Frau. Wieder abgedruckt in: Die Frau Jg. 43.,Nr. 33, S. 746-750.

Bäumer, Gertrud (1934): Eine notwendige Antwort. In: Die Hilfe – Zeitschrift für Politik, Wirtschaft und geistige Bewegung. Sonderdruck aus 40. Jg., Nr. 4.

Bäumer, Gertrud(1933): Lebensweg durch eine Zeitenwende. Tübingen: Wunderlich.

Baumert, Gerhard (1952): Jugend der Nachkriegszeit: Lebensverhältnisse und Reaktionsweisen. Darmstadt: E. Roether.

Bayer, Manfred/Karsten, Maria Elenora/Sünker, Heinz (Hrsg.)(1981): Schule und Sozialpädagogik. Bielefeld.

Bendele, Ulrich (1981): Krieg und Schule 1914-1918. In: Arbeitsgruppe pädagogisches Museum: Ein Bilder-Lese-Buch über Schule und Alltag Berliner Arbeiterkinder. Berlin (West): Elefanten Press, S. 106-109.

Bernfeld, Siegfried (1973): Sisyphos oder die Grenzen der Erziehung. Urspr. 1925. Frankfurt am Main: März Verlag.

Best, Ron (Hrsg.) (1980): Perspectives on Pastoral Care. London: Heinemann Educational Books.

Bethke, Rudolf (1925): Sonderwerte für die Hilfsschulen. In: Kindergarten Heft 3, S. 73-76.

Blaum, Kurt u. a. (1921): Die Jugendwohlfahrt. Leipzig: Klinkhardt.

Blonskij, Pawel Petrowitsch (1963): Die Arbeitsschule. In: Reble, Albert (Hrsg.): Die Arbeitsschule. Klinkhardts Pädagogische Quellentexte. Bad Heilbrunn: Klinkhardt.

Böttrich, Paula (1922): Der Kinderhort. In: Joerger, Kuno (Hrsg.): Caritashandbuch. Freiburg. i. Br., S. 193-199.

Bracher, Tobias (1978): Schule ohne Sozialerziehung. In: Neue Sammlung 7. Jg., Heft 5/1965, S. 429-435. Nachgedruckt in: Lohmann, Christa (Hrsg.): Schule als soziale Organisation. Bad Heilbrunn: Klinkhardt, S. 99-106.

Brodel, Hermann (1982): Die Entstehung des Industrieschulgedankens in England im 17. Jahrhundert. Urspr. 1929/30. In: Koneffke, Gernot (Hrsg.): Zur Erforschung der Industrieschule des 17. und 18. Jahrhunderts. Liechtenstein: Topos Verlag, S. 13-28.

Literaturverzeichnis

Brückner, Nathanael (1895): Erziehung und Unterricht vom Standpunkt der Sozialpolitik. Berlin: Siemenroth & Worms.

Bundesarbeitsgemeinschaft Jugendaufbauwerk (Hrsg.) (1973): Schulsozialarbeit. Ein Leitfaden zur Einrichtung und Durchführung von Modellversuchen sozialpädagogischer Jugendarbeit an Schulen. Schriften zur Schulsozialarbeit. Band 1. Bonn.

Bundesminister für Bildung und Wissenschaft (Hrsg.) (1978): Schulsozialarbeit. Erste Erfahrungen und einige Konsequenzen aus den Modellversuchen Sozialarbeit. Bonn.

Bundesminister für Bildung und Wissenschaft (Hrsg.) (1980): Gesprächskreis Bildungsplanung verabschiedet Überlegungen und Empfehlungen zu Ganztagsschulen. In: Informationen aus Bildung und Wissenschaft, Heft 5.

Bundesminister für Jugend, Familie und Gesundheit (Hrsg.) (1974): Mehr Chancen für die Jugend – Grundlegende Vorstellungen über Inhalt und Begriff moderner Jugendhilfe. Berlin, Köln, Mainz, Stuttgart.

Bundesministerium für gesamtdeutsche Fragen (Hrsg.) (1956): Die sowjetische Besatzungszone Deutschlands in den Jahren 1945-1954. Bonn: Deutscher Bundesverlag.

Campe, Joachim H. (1969): Über einige verkannte, wenigstens ungenützte Mittel zur Beförderung der Industrie, der Bevölkerung und des öffentlichen Wohlstandes. In zwei Fragmenten. Urspr. 1786. Neudruck Frankfurt: Sauer & Auvermann.

Centrale für private Fürsorge (Hrsg.) (1922): Reichsjugendwohlfahrtsgesetz und Schule. Langensalza: Beyer & Söhne.

Cordmann, Margarethe (1928): Die Schulkinderfürsorge als Teilaufgabe der allgemeinen Wohlfahrtspflege. In: Soziale Praxis. Jena: Fischer, Band 30, Spalte 885.

Corte, Erna (1926): Tagesstätten für Schulkinder. In: Deutsches Archiv für Jugendwohlfahrt unter Mitwirkung des Deutschen Lehrervereins (Hrsg.): Jugendwohlfahrt und Lehrerschaft. Ein Handbuch für die Jugendwohlfahrtspflege. Berlin: Herbig, S. 94-99.

Corte, Erna (1928): Schulkinderpflege. In: Zentralinstitut für Erziehung und Unterricht (Hrsg.): Das deutsche Schulwesen. Jg. 1927; Berlin, S. 262-267.

Corte, Erna (1930): Die Familienverhältnisse von Kindern aus Krippen, Kindergärten, Horten und Tagesheimen. In: Deutsches Archiv für Jugendwohlfahrt. Berlin.

Costin, Lela B./Raab, Erich (1983): Schulsozialarbeit in den USA. München: Dt. Jugendinstitut.

Dammer, Susanna (1986): Nationalsozialistische Frauenpolitik und soziale Arbeit. In: Otto, Hans-Uwe; Sünker, Hans (Hrsg.): Soziale Arbeit und Faschismus. Bielefeld: Karin Böllert, S. 269-287.

Dettbarn, Hermann (1981): Schulsozialarbeit aus der Sicht der Jugendhilfe. In: Raab, Erich/ Rademacker, Hermann (Hrsg.): Schulsozialarbeit. Beiträge und Berichte von einer Expertentagung. München: Dt. Jugendinstitut, S. 93-94.

Deutsche Zentrale für Jugendfürsorge (1911): Aufsichtslose Schulkinder (6 Vorträge der Kinderhort-Konferenz Dresden). Dresden.

Deutscher Bildungsrat (Hrsg.) (1970): Strukturplan für das Bildungswesen. Stuttgart: Klett Verlag.

Deutscher Verein für öffentliche und private Fürsorge (1922): Denkschrift zu dem Entwurf eines Reichsjugendwohlfahrtsgesetzes. Frankfurt am Main.

Deutscher Verein für öffentliche und private Fürsorge (Hrsg.) (1980): Fachlexikon der sozialen Arbeit. Frankfurt: Eigenverlag.

Deutsches Archiv für Jugendwohlfahrt (1926): Jugendwohlfahrt und Lehrerschaft. Ein Handbuch für die Jugendwohlfahrtspflege. Berlin: F. A. Herbig Verlagsbuchhandlung.

Deutsches Rotes Kreuz/Deutscher Verein für öffentliche und private Fürsorge/Deutsches Archiv für Jugendwohlfahrt (Hrsg.) (o. J.): Deutsche Jugendwohlfahrt – Denkschrift zum Weltkongress für Kinderhilfe, August 1925 in Genf. Berlin.

Dewe, Bernd/Otto, Hans-Uwe (1984): Professionalisierung. In: Eyferth, Hans/Otto, Hans-Uwe/Thiersch, Hans: Handbuch der Sozialarbeit/Sozialpädagogik. Neuwied und Darmstadt: Luchterhand, S. 775-811.

Dietrich, Ingrid (Hrsg.) (1978): Schulverdrossenheit. Königstein: Scriptor.

Dittmann-Kohli, Freya (1981): Lebensbewältigung und Persönlichkeitsentwicklung als Leitziele für die Aufgaben von Schulsozialarbeit. In: Raab, Erich/Rademacker, Hermann (Hrsg.): Schulsozialarbeit. Beiträge und Berichte von einer Expertentagung. München: Dt. Jugendinstitut, S. 20-23.

Drewelow, Horst (1969): Anfertigung der Hausaufgaben (1969). In: Günther, W. u.a. (1969): Die Erziehung des jüngeren Schulkindes. Handbuch für Klassenleiter, Lehrer und Erzieher. Berlin: Volk und Wissen Volkseigener Verlag, S. 305-320.

Drigalski, Wilhelm von (1926): Die Gesundheitsfürsorge für die schulpflichtige Jugend. In: Deutsches Archiv für Jugendwohlfahrt: Jugendwohlfahrt und Lehrerschaft. Ein Handbuch für die Jugendwohlfahrtspflege. Berlin: F.A. Herbig Verlagsbuchhandlung, S. 75-82.

Eibeck, Bernhard (2013): Schulsozialarbeit braucht Professionalisierung – Professionalisierung braucht Statistik. In: Iser, Angelika; Kastirke, Nicole; Lipsmeier, Gero (Hrsg.): Schulsozialarbeit steuern. Vorschläge für eine Statistik zur Sozialen Arbeit an Schulen. Wiesbaden: Springer VS, S. 21-31.

Engelhorn, Ernst (1888): Schulgesundheitspflege. Stuttgart: E. Krabbe.

Erikson, Erik (1957): Kindheit und Gesellschaft. Zürich: Pan-Verlag.

Eßbach-Krenzer, Uschi/Eßbach, Wolfgang (1974): Solidarität und soziale Revolution. Frankfurt: Europäische Verlagsanstalt.

Eyferth, Hans (1950): Gefährdete Jugend. Erziehungshilfe bei Fehlentwicklung. Hannover: Wiss. Verlagsanstalt.

Falk, Lothar/Lindner, Werner (1969): Inhalt, Aufgaben und Grundsätze der außerunterrichtlichen Tätigkeit. In:Günther, Walter (Hrsg.): Die Erziehung des jüngeren Schulkindes. Handbuch für Klassenleiter, Lehrer und Erzieher. Berlin, DDR: Volk und Wissen. Volkseigener Verlag, S.227-244.

Faulstich-Wieland, Hannelore/Tillmann, Klaus-Jürgen (1984): Schulsozialarbeit zwischen Konflikt und Akzeptanz. München: Dt. Jugendinstitut.

Feidel-Mertz, Hildegard (Hrsg.) (1983): Schulen im Exil. Die verdrängte Pädagogik nach 1933. Reinbek bei Hamburg 1983.

Feidel-Mertz, Hildegard/Grossmann, Wilma (Hrsg.): (1974) Gettos in unseren Schulen. Materialien zum Bildungsnotstand ausländischer Arbeiterkinder am Beispiel des Rhein-Main-Gebietes. Frankfurt a.M.: Material- und Nachrichtendienst der Gewerkschaft Erziehung und Wissenschaft Nr. 137.

Feidel-Mertz, Hildegard/Schnorbach, Herman (1981:) Lehrer in der Emigration. Der Verband deutscher Lehreremigranten (1933-1939) im Traditionszusammenhang der demokratischen Lehrerbewegung. Weinheim und Basel: Beltz.

Felisch, Paul (1918): Wesen und Aufgabe der Jugendpolitik. Aus: Felisch, Paul (Hrsg.): Schriften über Jugendpolitik Heft 1. Berlin: Hermann Bouffet Verlag der Jugendlese.

Feuerstack, Käthe (1923): Berufsberatung. In: Oestreich, Paul (Hrsg.): Bausteine zur neuen Schule. Vorschläge entschiedener Schulreformen München: Rösl & Cie.

Fischer-Defoy, Werner (1926): Fürsorge für die Gesundheit der schulpflichtigen Jugend. In: Stern, Erich (Hrsg.): Jugendwohlfahrt und Schule. Dortmund: Fr. Wilhelm Ruhfus, S. 42-89.

Fragnière, Gabriel (1976): Lernen für ein neues Jahrhundert. Eine Studie der europäischen Kulturstiftung. Deutsch herausgegeben und eingeleitet von Thomas, Helga. Frankfurt, Berlin, München: Diesterweg.

Friedländer, Walter A./Pfaffenberger, Hans (Hrsg.) (1969): Grundbegriffe und Methoden der Sozialarbeit. Neuwied und Berlin: Luchterhand.

Frommann, Anne (1984): Schulsozialarbeit. In: Eyferth, Hans/Otto, Hans-Uwe/Thiersch, Hans (Hrsg.): Handbuch zur Sozialarbeit/Sozialpädagogik. Neuwied und Darmstad: Luchterhand, S. 870-880.

Fuchs, Lieselotte/Grossmann, Wilma /Stickelmann, Bernd /Wülfers, Wilfried: (1982) Bibliographie Schulsozialarbeit. 2. Aufl., Berlin: Pädagogisches Zentrum.

Fürstenau, Peter (1974): Zur Psychoanalyse der Schule als Institution. In: Fürstenau, Peter (Hrsg.): Der psychoanalytische Beitrag zur Erziehungswissenschaft. Darmstadt: Wissenschaftliche Buchgesellschaft, S. 264-283.

Füssel, Hans-Peter (2013): Zum Bildungs- und Erziehungsauftrag der Schulsozialarbeit. Überlegungen aus (verfassungs-)rechtlicher Sicht. Expertise im Auftrag der Max Träger-Stiftung. Frankfurt: Gewerkschaft Erziehung und Wissenschaft.

Gamm, Hans-Jochen (1964): Führung und Verführung – Pädagogik des Nationalsozialismus. München: List.

Gans, August (1982): Das ökonomische Motiv in der preußischen Pädagogik. In: Koneffke, Gernot (Hrsg.): Zur Erforschung der Industrieschule des 17. und 18. Jahrhunderts. Vaduz: Topos Verlag , S. 233-400.

Gaudig, Hugo (1963): Die Schule im Dienste der werdenden Persönlichkeit. Aus: Reble, Albert (Hrsg.): Die Arbeitsschule. Texte zur Arbeitsschulbewegung. Bad Heilbrunn: Klinkhardt.

Gemeinnützige Gesellschaft Gesamtschule (Hrsg.) (1980): Schulsozialarbeit an Gesamtschulen. Arbeitsmaterialien 1/80. Ammersbek.

Gierke, Anna v. (1924): Mein Jugendheim – Erinnerungen. Berlin-Charlottenburg.

Gierke, Anna v. (1929): Jugendwohlfahrtswesen und Schule. Aus: Nohl, Herman/ Pallat, Ludwig (Hrsg.). Handbuch der Pädagogik. Band 5: Sozialpädagogik. Langensalza: Beltz, S .41-63.

Giesecke, Hermann (1985): Das Ende der Erziehung. Neue Chancen für Familie und Schule. Stuttgart: Klett.

Gottschalk-Scheibenpflug, Johanna (1982): Konflikt oder Kooperation? Wie Lehrer und Sozialarbeiter miteinander umgehen. In: Tillmann, Klaus-Jürgen (Hrsg.): Schulsozialarbeit. Problemfelder und Erfahrungen aus der Praxis. München: Juventa, S. 74-86.

Gottstein, Adolf (1926): Schulgesundheitspflege. Leipzig: Quelle & Meyer.

Graetzer-Hepner, Gertrud (1919): „Die Frau in der Schulpflege als Schulärztin, Schulzahnärztin, Schulschwester und Schulpflegerin". In: Altmann-Gottheimer, Elisabeth (Hrsg.): Jahrbuch des Bundes Deutscher Frauenvereine. Handbuch der kommunal-sozialen Frauenarbeit. Leipzig und Berlin: Teubner, S. 41-51.

Grossmann, Wilma (1981): Thesen zur Geschichte der Sozialpädagogik in ihrem Verhältnis zur Schule. In: Bayer u.a. (Hrsg.): Schule und Sozialpädagogik. Bielefeld. S. 83-91.
Grossmann, Wilma (1987): Aschenputtel im Schulalltag. Historische Entwicklungen und Perspektiven von Schulsozialarbeit. Weinheim: Deutscher Studienverlag.
Grossmann, Wilma (1987): Kindergarten. Eine historisch-systematische Einführung in seine Entwicklung und Pädagogik. Weinheim: Beltz.
Grossmann, Wilma/Stickelmann. Bernd (1982): Schulsozialarbeit im Schnittpunkt von Schule und Jugendhilfe – Versuch einer gesellschaftlichen Funktionsbestimmung. In: Tillmann, Klaus-Jürgen (Hrsg.): Schulsozialarbeit – Problemfelder und Erfahrungen aus der Praxis. München, S. 42-62.
Günther, Walter (Hrsg.) (1969): Die Erziehung des jüngeren Schulkindes. Handbuch für Klassenleiter, Lehrer und Erzieher. Berlin, DDR: Volk und Wissen. Volkseigener Verlag.
Harnack, Elisabeth v. (1918): Fürsorge für schulpflichtige Kinder in Kinderhorten. (Diss.) Berlin: Trowitzsch.
Hartley, Eugene L./Hartley, Ruth E. (1969): Die Grundlagen der Sozialpsychologie. 2. Aufl. Berlin: Rembrandt Verlag.
Helbrecht-Jordan, Ingrid (1978): Sozialpädagogik in der Gesamtschule. In: Der Bundesminister für Bildung und Wissenschaft (Hrsg.): Schulsozialarbeit. Erste Erfahrungen und einige Konsequenzen aus den Modellversuchen Sozialarbeit. Bonn, S. 17 – 30.
Hellwig, Albert (1919): Der Schutz der Jugend vor erziehungswidrigen Einflüssen. Langensalza: Beyer und Söhne.
Herrnstadt, Ernst (1927): Die Lage der arbeitslosen Jugend in Deutschland. Berlin: Decker.
Heymann, Lida G. (1977): Erlebtes – Erschautes. Deutsche Frauen kämpfen für Freiheit, Recht und Frieden (1850- 1941). Meisenheim am Glem: Hain.
Hilker, Franz (Hrsg.) (1924): Deutsche Schulversuche. Bericht über Versuchsschulen aller Gattungen. Berlin: C. A. Schwetschke.
Hirtsiefer, Heinrich (Hrsg.) (1930): Jugendpflege in Preußen. Aus Anlaß des 10-jährigen Bestehens des Preußischen Ministeriums für Volkswohlfahrt. Eberswalde: Müller.
Hodermann, Wolfram (1928): Das neue Jugendwohlfahrtsrecht. Berlin: Landgemeinde Verlag.
Hösle, Alois (1917): Die Schulpflegerin – ein neuer Frauenberuf. Leipzig: Quelle & Meyer.
Hurrelmann, Klaus (1977): Beanspruchung von Schülern – Analyse der außerschulischen Dimensionen des Problemfeldes „Überbeanspruchung von Schülern", bmbw Werkstattberichte. Bonn.
Husén, Torsten (1980): Schule in der Leistungsgesellschaft. Kann die Schule überleben? Braunschweig: Westermann.
Iben, Gerd (1967): Schule und Sozialpädagogik. In: Roeder, Peter-Martin (Hrsg.): Pädagogische Analysen und Reflexionen. Festschrift für Elisabeth Blochmann zum 75. Geburtstag. Weinheim und Berlin: Julius Beltz, S. 365-380.
Iben, Gerd (1975): Psychohygienische Probleme im gegenwärtigen Bildungswesen der Bundesrepublik Deutschland. In: Ehrhardt, Helmuth E. (Hrsg.): Aggressivität, Dissozialität, Psychohygiene. Bern, Stuttgart, Wien: Huber, S. 106-122.
Iben, Gerd (1976): Das Verhältnis von Schule und Sozialpädagogik. Eine historische Betrachtung. In: Tillmann, Klaus-Jürgen (Hrsg.): Sozialpädagogik in der Schule. Neue Ansätze und Modelle. München: Juventa, S. 16-26.

Illich, Ivan (1973): Die Entschulung der Gesellschaft. Entwurf eines demokratischen Bildungssystems. Reinbek bei Hamburg: Rowohlt.
Iser, Angelika (2013): Statistik der Schulsozialarbeit. Forschungsstand und Forschungsprojekt. In: Iser, Angelika/Kastirke, Nicole/Lipsmeier, Gero (Hrsg.): Schulsozialarbeit steuern. Vorschläge für eine Statistik zur Sozialen Arbeit an Schulen. Wiesbaden: Springer VS, S. 47-58.
Johnson, Daphne (1980): Secondary Schools and Neighbourhood Welfare Agencies. In: Craft, Raynor, Cohen (Hrsg.): Linking Home and School. London: Harper & Rowe, S. 316-326.
Junk, Margarete (1934): Die Stellung der Schule im System der Jugendwohlfahrtspflege. Dissertation, München: Kallmünz.
Kanitz, Otto Felix (1925): Das proletarische Kind in der bürgerlichen Gesellschaft. Jena: Urania Verlagsgesellschaft.
Karsen, Fritz (1921): Die Schule der werdenden Gesellschaft. Stuttgart: Dietz Nachf.
Karsen, Fritz (Hrsg.) (1924): Die neuen Schulen in Deutschland. Langensalza: F. Beltz.
Kath, Brigitte (1976): Schule als Bildungszentrum. Mittelstufenzentren in West-Berlin. In: Tillmann, Klaus-Jürgen (Hrsg.): Sozialpädagogik in der Schule. Neue Ansätze und Modelle. München: Juventa, S. 213-240.
Kawerau, Siegfried (1923): „Volkstümliche" Erklärung der Produktionsschule. In: Oestereich, Paul (Hrsg.): Bausteine zur neuen Schule. Vorschläge entschiedener Schulreformer. München: Rösle & Cie.
Keim, Wolfgang (1995): Erziehung unter der Nazi-Diktatur. Antidemokratische Potentiale, Machtantritt und Machtdurchsetzung. Darmstadt: Wissenschaftliche Buchgemeinschaft.
Kenworthy, Leonhard S. (1947): Der Lehrer und das Nachkriegskind in den vom Kriege zerstörten Ländern. Heidelberg: Lambert Schneider.
Kersten, Bernhard (1981): Schule als Feld von Sozialarbeit. In: Raab, Erich/Rademacker, Hermann (Hrsg.): Schulsozialarbeit. Beiträge und Berichte von einer Expertentagung. München: Dt. Jugendinstitut, S. 94-98.
Kledzik, Ulrich/Wölfing, Willi (1984): Ungeliebtes Kind: Gesamtschule. Interview zur Situation der Berliner Gesamtschulen. In: Informationsschrift zur Lehrerbildung, Lehrerfortbildung und pädagogischen Weiterbildung. Heft 27, S. 33-38.
Klumker, Christian J. (1923): Kinder- und Jugendfürsorge. Einführung in die Aufgaben der neueren Gesetze. Langensalza: H. Beyer & Söhne.
Klumker, Christian J. (1927): Der Erziehungsgedanke im Reichsjugendwohlfahrtsgesetz. In: Beiträge zur Jugendwohlfahrtspflege (Sonderdruck). Zweite Folge: Der Erziehungsgedanke im modernen Jugendrecht. Frankfurt: Seminar für Fürsorgewesen und Sozialpädagogik Universität Frankfurt.
Knief, Marianne/Lachmund, Michael/Rieck, Anneliese (1975): Sozialpädagogische Aspekte des Ganztagsbetriebs und des außerunterrichtlichen Bereichs an Gesamtschulen. Literaturbericht. Berlin: Pädagogisches Zentrum.
Knief, Marianne/Möller, Holger/Rieck, Anneliese/Schütte, Hanfried (1980): Zur Situation der Pädagogischen Mitarbeiter an den Berliner Gesamtschulen. Trendbericht und Interpretation (Stand: Oktober 1979). Berlin: Pädagogisches Zentrum.
Knief, Marianne/Seiring, Wilfried (1977): Rechts- und Organisationsfragen im außerunterrichtlichen Bereich an Berliner Gesamtschulen. Ein Leitfaden für Pädagogische Mitarbeiter. Berlin: Pädagogisches Zentrum.

Koneffke, Gernot (1968): Einführung. In: Sextro, Heinrich Philipp: Über die Bildung der Jugend zur Industrie. Urspr. 1785. Frankfurt: Sauer & Auvermann (Nachdr.), S. 5-36.

Koneffke, Gernot (Hrsg.) (1982): Zur Erforschung der Industrieschule des 17. und 18. Jahrhunderts. Schriften von Hermann Brodel, Kurt Iven, August Gans und Robert Alt. Vaduz: Topos Verlag.

Kraus, Hertha (1925): Über die Ernährungsfürsorge des Schulkindes. In: Deutsches Rotes Kreuz, Deutscher Verein für öffentliche und private Fürsorge, Deutsches Archiv für Jugendwohlfahrt. Mitarbeiter: Marie Baum, Gertrud Bäumer (Hrsg.): Denkschrift zum Weltkongreß für Kinderhilfe, August 1925 Genf. Berlin: Deutsches Rotes Kreuz, S. 26-30.

Krenz, Jochen (1984): Arbeitsteilung und Kooperation von Lehrern und Sozialpädagogen in der Schule: Selbstverständnis, gegenseitige Sichtweisen, Handlungsperspektiven. In: Projekt Schulsozialarbeit (Hrsg.): Schule – Arbeitsplatz für Lehrer und Sozialpädagogen (DJI Materialien, Schulsozialarbeit Band 11). München: Dt. Jugendinstitut, S. 87-102.

Kreuzer, Max (1982): Ausgleichende Erziehung in der Grundschule – Entwicklung eines integrativen Förderkonzepts. München: Kösel.

Kuczynski, Jürgen (1969): Die Geschichte der Lage der Arbeiter unter dem Kapitalismus. Band 20. Berlin: Akademie Verlag.

Kuhr, Irma (1952): Schule und Jugend in einer ausgebombten Stadt. Darmstadt: Roether Verlag.

Lachmann, Carl L. F. (1973): Das Industrieschulwesen – ein wesentliches Bedürfnis aller Bürger und Landschulen (Braunschweig und Helmstedt 1802). Mit einer Einleitung von Gernot Koneffke. Glashütten i. Ts.: Unveränderter Neudruck Auvermann.

Lassahn, Rudolf (Hrsg.) (1969): Das Schulleben. Klinkhardts pädagogische Quellentexte. Bad Heilbrunn: Klinkhardt.

Lost u.a. (1969): Ziele und Aufgaben der Erziehung des jüngeren Schulkindes. In: Günther, W. u.a. (1969): Die Erziehung des jüngeren Schulkindes. Handbuch für Klassenleiter, Lehrer und Erzieher. Berlin: Volk und Wissen Volkseigener Verlag, S. 43-68

Lyons, Karen (1980): Social Work and the School. In: Craft/, Maurice/Raynor, John/Cohen, Louis (Editor): Linking Home and School. London 1980, S. 233-235.

Maas, Henry S. (1969): Soziale Einzelhilfe (Social Casework). In: Friedländer, Walter A.j/ Pfaffenberger, Hans (Hrsg.): Grundbegriffe und Methoden der Sozialarbeit. Neuwied und Berlin: Luchterhand, S. 15-112.

Mahling, D. (1925): Die Fürsorge für die schulpflichtige Jugend außerhalb der Schule. In: Beutel, Hermann (Hrsg.): Kirche und Jugendwohlfahrt. Darstellungen der einzelnen Arbeitsgebiete sowie praktische Winke für die Mitarbeit. Berlin-Dahlem: Wichern Verlag. S. 96-105.

Mayer-Kulenkampff, Lina (1928): Ausbildungsstätten für weibliche soziale Berufe. In: Nohl, Herman; Pallat, Ludwig (Hrsg.): Handbuch der Pädagogik. Band 4: Die Theorie der Schule und der Schulausbau. Langensalza: Beltz, S. 282-293.

Menne, Alex (1928): Schullaufbahnberatung und Berufsberatung. In: Reichsarbeitsverwaltung und Zentralinstitut für Erziehung und Unterricht (Hrsg.): Die Schule im Dienst der Berufserziehung und Berufsberatung. Berlin: Verlag Hobbing.

Mollenhauer. Klaus (1969): Sozialisation und Schulerfolg. In: Deutscher Bildungsrat (Hrsg.): Begabung und Lernen. Stuttgart; Klett, S. 269-296.

Müller, C. Wolfgang (1982): Wie Helfen zum Beruf wurde. Eine Methodengeschichte der Sozialarbeit. Weinheim und Basel: Beltz.

Müller, C. Wolfgang (Hrsg.) (1985): Einführung in die soziale Arbeit. Weinheim und Basel: Beltz.

Neuner, Ingrid (1980): Der Bund entschiedener Schulreformer 1919-1933. Bad Heilbrunn: Klinkhardt.

Nieslony, Frank (1981): Schule und Sozialpädagogik. Eine historische Analyse zum Verständnis einer sozialpädagogisch orientierten Schule. Köln: Pahl-Rugenstein.

Nohl, Herman/Pallat, Ludwig (Hrsg.) (1928/29): Handbuch der Pädagogik in 5 Bänden. Langensalza: Beltz.

Oestreich, Paul (1921): Die elastische Einheitsschule. Berlin: C. H. Schwetschke & Sohn.

Oestreich, Paul (1923): Die Schule zur Volkskultur. München und Leipzig: Rösl & Cie.

Oestreich, Paul (1927): Großstadt-Erziehung. Itzehoe: Gottfried Martin Verlag.

Oestreich, Paul (1947): Aus dem Leben eines politischen Pädagogen. Selbstbiographie. Berlin und Leipzig: Volk und Wissen.

Oevermann, Ulrich (1969): Schichtenspezifische Formen des Sprachverhaltens und ihr Einfluß auf die kognitiven Prozesse. In: Der Deutsche Bildungsrat (Hrsg.): Begabung und Lernen. Stuttgart: Klett, S. 297-356.

Pfaffenberger, Hans (1965): Die Zusammenarbeit von Schule, Schulpsychologie und Sozialpädagogik. In: Recht der Jugend. 13. Jg. Nr. 2, S. 36-39.

Polligkeit, Wilhelm (ca. 1920): Schule und Jugendwohlfahrt. In: Zentralinstitut für Erziehung und Unterricht Berlin (Hrsg.): Die Reichsschulkonferenz in ihren Ergebnissen. Leipzig: Quelle und Meyer, S. 200-209.

Postman, Neil (1992): Das Verschwinden der Kindheit (1983) Frankfurt am Main: S. Fischer 99.-106. Tsd..

Pottag, Alfred (1926): Aufgaben und Stellung des Lehrers im Rahmen der Jugendwohlfahrtsarbeit. In: Stern, Erich (Hrsg.): Jugendwohlfahrt und Schule. Dortmund: Fr. Wilh. Ruhfus, S. 213-225.

Prinzhorn, Martha (1923) Beeinflussung der Fortbildungsschülerinnen. Im besonderen grundsätzliches über Jugendpflege. In: Sander, Else: Lebenskunde, Bd. 1., 3. Aufl. Leipzig: Klinkhardt, S. 213-225.

Raab, Erich (1983): Schulsozialarbeit in den USA – anders aber keineswegs alternativ. In: Costin, Lela B./Raab, Erich: Schulsozialarbeit in den USA. München: Dt. Jugendinstitut. S. 131-172.

Raab, Erich/Rademacker, Hermann (1982): Eine sozialpädagogische Schule als staatliche Regelschule. Der pragmatische Umgang mit einem utopischen Konzept. In: Tillmann, Klaus-Jürgen (Hrsg.): Schulsozialarbeit. München: Juventa, S. 143-159.

Radde, Gerd (1966): Festschrift für Fritz Karsen. Berlin: Kompass Verlag.

Rademacker, Hermann (2009): Schulsozialarbeit – Begriff und Entwicklung. In: Pötter, Nicole; Segel, Gerd (Hrsg.): Profession Schulsozialarbeit. Wiesbaden: VS Verlag für Sozialwissenschaften, S. 13-31.

Rehm, Max (1925): Das Kind in der Gesellschaft. München: Ernst Reinhardt.

Reichsarbeitsverwaltung und Zentralinstitut für Erziehung und Unterricht (Hrsg.) (1928): Die Schule im Dienst der Berufserziehung und Berufsberatung. Berlin: Hobbing.

Reichsministerium des Innern (Hrsg.) (1921): Die Reichsschulkonferenz 1920. Ihre Vorgeschichte und Vorbereitung und ihre Verhandlungen. Leipzig: Quelle & Meyer.

Reichsministerium des Innern (Hrsg.) (1923): Zur Mitarbeit der Lehrkräfte in den Jugendämtern. In: Die Lehrerin Nr. 3.

Reimer, Everett (1972): Schafft die Schule ab! Befreiung aus der Lernmaschine. Reinbek bei Hamburg: Rowohlt Taschenbuchverlag.

Reyer, Jürgen (1976): Die Barrieren zwischen Schule und sozialpädagogischen Institutionen. Gesellschaftliche Ursachen und historischer Wandel. In: Tillmann, Klaus-Jürgen (Hrsg.): Sozialpädagogik in der Schule. Neue Ansätze und Modelle. München: Juventa, S. 27-43.

Reyer, Jürgen (1984): Die Schule – Eine ursprünglich sozialpädagogische Einrichtung? In: Neue Praxis Nr. 2, S. 140-153.

Richmond, W. Kenneth (1975): Freie Schule – offene Universität. Mit einer Einleitung von Wilma Grossmann. Köln: Kiepenheuer & Witsch.

Riehl, Wilhelm Heinrich (1925): Die Familie. Stuttgart und Berlin. Urspr. 1854, 13. Aufl. Cotta'sche Buchhandlung Nachfolger.

Riemann, Ilka (1985): Soziale Arbeit als Hausarbeit. Von der Suppendame zur Sozialpädagogin. Frankfurt: Fachhochschulverlag.

Ritter, Gerhard A. (1980): Staat, Arbeiterschaft und Arbeiterbewegung in Deutschland. Vom Vormärz bis zum Ende der Weimarer Republik. Berlin und Bonn: Dietz.

Robinson, Margaret (1978): Schools and Social Work. London: Routledge & Kegan.

Roloff, Ernst M. (Hrsg.) (1913-1917): Lexikon der Pädagogik in 5 Bänden. Freiburg i. Br.: Herder.

Rüden, Peter von /Koszyk, Kurt (Hrsg.) (1981): Dokumente und Materialien zur Kulturgeschichte der deutschen Arbeiterbewegung: 1848-1918. Frankfurt am Main, Wien, Zürich: Büchergilde Gutenberg.

Rühle, Otto (1971): Illustrierte Kultur- und Sittengeschichte des Proletariats. Urspr. 1930. Frankfurt am Main: Verlag Neue Kritik.

Rühle. Otto (1911): Das proletarische Kind. München: Albert Langen.

Rutter, Michael /Maughan, Barbara/ Mortimer, Peter/ Ouston, Janet (1980): Fünfzehntausend Stunden. Schulen und ihre Wirkungen auf Kinder. Weinheim und Basel: Beltz.

SachßE, Christioph (2003): Mütterlichkeit als Beruf: Sozialarbeit, Sozialberuf und Frauenbewegung 1871-1929. Weinheim u.a.: Beltz.

Salomon, Alice (1901): Die Frau in der sozialen Hilfstätigkeit. In: Lange, Helene/Bäumer, Gertrud (Hrsg.): Frauenbewegung und soziale Frauentätigkeit. Berlin: Moeser.

Salomon, Alice (1917): Soziale Frauenarbeit und Soziale Berufsarbeit. Leipzig: Teubner.

Salomon, Alice (1927): Die Ausbildung zum sozialen Beruf. Berlin: Heymann.

Salomon, Alice (1983): Charakter ist Schicksal – Lebenserinnerungen. Hrsg. Baron, R. und Landwehr R. mit einem Nachwort von Joachim Wieler. Weinheim und Basel: Beltz.

Sander, Else (1923): Lebenskunde: Handbuch für den erziehenden Unterricht in Mädchen-Fortbildungs-, Haushalt- und Gewerbeschulen: ein Hilfsbuch für die weibliche Jugendpflege. 2. Bd., Leipzig.

Schefold, Werner (1980): Jugendpolitik und Bildungspolitik. In: Böhnisch, Lothar; Müller-Stackebrandt, Jutta; Schefold, Werner: Jugendpolitik im Sozialstaat. München: Juventa, S. 234-279.

Schefold, Werner (1981): Sozialwissenschaftliche Begründung von Schulsozialarbeit. In: Raab, Erich/Rademacker, Hermann: Schulsozialarbeit – Beiträge und Berichte von einer

Expertentagung. Reihe: Materialien zur Schulsozialarbeit Band 1. München: Dt. Jugendinstitut, S. 17-19.
Schefold, Werner (1982): Hilfen für Schüler und Schule durch Schulsozialarbeit. IN: Hilfen für Schüler und Schule durch Sozialarbeit. Beiträge, Materialien und Ergebnisse einer Fachtagung. Reihe: Materialien zur Schulsozialarbeit, Band 4. München: Dt. Jugendinstitut, S. 8-13.
Scheibner, Otto (1963): Die didaktischen Prinzipien der Freitätigkeit und der Arbeit. In: Reble, Albert: Die Arbeitsschule. Texte zur Arbeitsschulbewegung. Bad Heilbrunn: Klinkhardt, S. 90-91.
Schiffeis, Josef (1911): Pädagogische Chronik – Rundschau über das Volksschulwesen des Jahres 1910. Arnsberg in Westfalen.
Schmidt, Siegfried (Hrsg.)(1982): Die Führung der Jungpioniergruppe. Berlin (DDR): Volk und Wissen Volkseigener Verlag.
Schneider, Jens (1982): Abjesoffen III. Ein sozial- und unterrichtspädagogisches „Schülerprojekt" an einer Berliner Gesamtschule. Reihe: Materialien zur Schulsozialarbeit, Band 6, München: Dt. Jugendinstitut.
Schreck, Carl (1924): Horte und Heime. In: Juchazc, Marie u.a.: Jugendwohlfahrt. Berlin, S. 35-36.
Schulz, Heinrich (1919): Die Schulreform der Sozialdemokraten. Berlin: Schmidt & Co.
Schulz, Heinrich (1920): Der Weg zum Reichsschulgesetz. Leipzig: Quelle & Meyer.
Schwartz, Erwin (1969): Die Grundschule – Funktion und Reform. Braunschweig: Westermann.
Schwartz, Erwin (1969): Die Grundschule: Funktion und Reform. Braunschweig: Westermann
Seidel, Robert (1963): Die Schule der Zukunft, eine Arbeitsschule. In: Reble, Albert (Hrsg.): Die Arbeitsschule. Texte zur Arbeitsschulbewegung. Bad Heilbrunn: Klinkhardt.
Sextro, Heinrich Philipp (Nachdruck 1968): Über die Bildung der Jugend zur Industrie. Ein Fragment. Urspr.1785. Mit einer Einleitung von G. Koneffke, Frankfurt: Sauer und Auvermann.
Siegel, Elisabeth (1981): Dafür und dagegen. Ein Leben für die Sozialpädagogik. Stuttgart: Radius Verlag.
Simon, Helene (1907): Schule und Brot. Hamburg und Leipzig: L. Voss.
Simon, Helene (1909): Die Schulspeisung. Leipzig: Duncker und Humblot.
Simon, Helene (1922): Aufgaben und Ziele neuzeitlicher Wohlfahrtspflege. Berlin: Dietz.
Simon, Helene (1922): Landwirtschaftliche Kinderarbeit. Ergebnisse einer Umfrage des Deutschen Kinderschutzverbandes über Kinderlandarbeit im Jahre 1922 unter Zugrundelegung der staatlichen Erhebung über die Lohnbeschäftigung von Schulkindern in der Landwirtschaft vom 15. November 1904. Berlin: Herbig.
Simonsohn, Berthold (2012): Die Aggression als soziales und erzieherisches Problem. Urspr. 1969. In: Aden-Grossmann, Wilma (Hrsg.): Berthold Simonsohn – Ausgewählte Schriften. Kassel: kassel universitiy press, S. 122-134.
Simonsohn, Berthold (2012): Die Rolle der Sozialpädagogik in der Lehrerbildung. In: Unsere Jugend 20. Jg./1/1968, S. 515-518. Urspr. 1968 In: Aden-Grossmann, Wilma (Hrsg.): Berthold Simonsohn – Ausgewählte Schriften. Kassel: kassel universitiy press, S. 96-100.
Singer, Kurt (1970): Lernhemmung, Psychoanalyse und Sozialpädagogik. München: Ehrenwirth.

Staatssekretariat für westdeutsche Fragen (Hrsg.) (1970): Das schöne Geschlecht und die Gleichberechtigung in der DDR. Berlin DDR.

Staufer, Jochen (1981): Sind Schülerhilfen eine Hilfe für Schüler? In: Bayer, Manfred/Karsten, Maria Eleonora/Sünker, Heinz (Hrsg.): Schule und Sozialpädagogik, Bielefeld, S. 138-150.

Staufer, Jochen/Stickelmann, Bernd (1984): Klient Schule? „Erfahrungen machen" im Spannungsfeld zwischen Jugendhilfe und Schule. Frankfurt: Verlag Jugend und Politik.

Stern, Erich (Hrsg.) (1926): Jugendwohlfahrt und Schule. Dortmund: Fr. Wilh. Ruhfus.

Stickelmann, Bernd (1981): Schulsozialarbeit und Stadtteilstrukturen. In: Bayer, Manfred (Hrsg.): Schule und Sozialpädagogik. Bielefeld, S. 172-182.

Stickelmann, Bernd (2014): Provokation Jugendgewalt. Sozialpädagogisches Handeln in Krisen und Konflikten. Stuttgart: Kohlhammer.

Strauß, Käthe (1922): Fürsorge für schwächliche Kinder. Schulgesundheitspflege, Ferienkolonien, Erholungsheime, Landaufenthalt für Stadtkinder. In: Joerger, Kuno: Caritashandbuch. 3. Aufl. Freiburg i. Br.: Caritasverlag, S. 200-208.

Stürmer, Michael (1979): Herbst des alten Handwerks. Quellen zur Sozialgeschichte des 18. Jahrhunderts. München: dtv.

Tandler, Julius (1928): Wohlfahrtspflege in der Schule. In: Kongressleitung (Hrsg.): Die neuzeitliche deutsche Volksschule. Bericht über den Kongress 1928. Berlin. S. 119-129.

Thüringer Ministerium des Inneren (Hrsg.) (1928): Ausbildungsgänge und Prüfungsbestimmungen für sozialpflegerische und sozialerzieherische Berufe. Weimar.

Thurnwald, Hilde (1948): Gegenwartsprobleme Berliner Familien. Eine soziologische Untersuchung an 498 Familien. Berlin: Weidmann'sche Verlagsbuchhandlung.

Tillmann, Klaus Jürgen (1981): Begründung von Schulsozialarbeit als konstitutiver Bestandteil von Schulreform. Aus: Raab, Erich/Rademacher, Hermann (Hrsg.): Schulsozialarbeit. Beiträge und Bericht von einer Expertentagung. München: Dt. Jugendinstitut, S. 14-17.

Tillmann, Klaus Jürgen (Hrsg.) (1982): Schulsozialarbeit – Problemfelder und Erfahrungen aus der Praxis. München.

Tillmann, Klaus-Jürgen (Hrsg.)(1976): Sozialpädagogik in der Schule. Neue Ansätze und Modelle: München: Juventa.

Trumpp, Joseph (1928): Schulkinderpflege. Stuttgart: E. H. Moritz.

Tugendreich, Gustav (1925): Gesundheitsfürsorge für das Kleinkind und Schulkind. In: Deutsches Rotes Kreuz/Deutscher Verein für öffentliche und private Fürsorge/Deutsches Archiv für Jugendwohlfahrt: Denkschrift zum Weltkongress für Kinderhilfe, August 1925 Genf. Berlin. S. 21-26.

Valentin, Veit (1979): Geschichte der Deutschen. Köln: Kiepenheuer & Witsch.

Verein für Armenpflege und Wohltätigkeit (Hrsg.) (1896): Fürsorge für arme Schulkinder durch Speisen bzw. Verabreichung von Nahrungsmitteln. Leipzig.

Vierkandt, Alfred (1920): Die sozialpädagogische Forderung der Gegenwart. Berlin.

Wagemann, Arnold (1971): Über die Bildung des Volkes zur Industrie. Urspr. 1791. Mit einer Einleitung von G. Koneffke. Glashütten i. Ts.: Auvermann.

Wagemann, Ludwig G. (1982) (1789): Göttingisches Magazin für Industrie- und Altenpflege. Band 1. Urspr. 1789, unveränderter Neudruck Göttingen: Vandenhoeck u. Ruprecht,.

Wehn, Otto (1925): Die Bekämpfung schädlicher Erwerbstätigkeit von Kindern als Problem der Fürsorge. Langensalza: H. Beyer & Söhne.

Wilker, Karl (1989) : Der Lindenhof, Bad Heilbrunn: Lichtkampf-Verlag. Urspr. 1921. Neu herausgegeben und ergänzt durch ein biographisches Vorwort von Hildegard Feidel-Mertz und Christiane Pape-Balling. Frankfurt am Main: dipa Verlag

Willmann, Otto/Roloff, Ernst M. (1913): Lexikon der Pädagogik in 5 Bünden. Freiburg i.Br.: Herdersche Verlagsbuchhandlung

Winkelmann, Käte (1918): Kinderschutz und Schulpflegschaft. In: Fortschritte des Kinderschutzes und der Jugendfürsorge. Berlin: Julius Springer.

Witzmann, Georg (1913): Das Jugendheim des Herzog Ernst-Seminars in Gotha. In: Deutsche Zentrale für Jugendfürsorge (Hrsg.): Handbuch für Jugendfürsorge. Langensalza: H. Beyer & Söhne.

Wyneken, Gustav (1914): Schule und Jugendkultur. Jena: Diederichs.

Zentrale für private Fürsorge (Hrsg.) (1910): Die Wohlfahrtseinrichtungen von Groß-Berlin nebst einem Wegweiser für die praktische Ausübung der Armenpflege in Berlin. 4. Aufl., Berlin.

Zeitschriften

Andreesen, Alfred (1925): Schule und Wirtschaft in den deutschen Landerziehungsheimen. In: Die Neue Erziehung, 6. Jg./6/1925, S. 259-265.
Bamberger, Elisabeth (1949): Jugendnot und Jugendhilfe. In: Unsere Jugend 1. Jg. Heft 1, S. 312.
Bergmann, Bernhardt (1927): Begriff, Grundlagen und Aufgabenkreis der Schulpflege. In: Schule und Erziehung 15. Jg., Nr. 1, S. 1-21.
Bobertag, Otto (1920): Eine Versuchsschule als jugendkundliche Forschungsstätte. In: Die Neue Erziehung 2. Jg.; Nr. 10-11, S. 225-233.
Corte, Erna (1925): Kinder in der Heimarbeit. In: Kindergarten Heft 7-8, S. 152-156.
Damm, Will (1925): Die Werkschule Haubinda. In: Die Neue Erziehung 7. Jg.; Heft 5, S.337-340.
Delekat, Friedrich (1928): Grundsätzliches zum Kampf um das Reichsschulgesetz. In: „Die Erziehung". Monatszeitschrift für den Zusammenhang von Kultur und Erziehung in Wissenschaft und Leben. 3. Jg., Heft 4, S. 193-212.
Die neue Erziehung. Monatsschrift. Monatsschrift für entschiedene Schulreform und freiheitliche Schulpolitik 1. Jg. Nr. 1, 1919
Dietrich, Charlotte (1927): Die Entwicklung der sozialen Ausbildung in Deutschland. In: Die Erziehung. Monatszeitschrift für den Zusammenhang von Kultur und Erziehung in Wissenschaft und Leben. 2. Jg., Heft 4, S. 217-238.
Dietrich, Charlotte (1929): „Zum Pädagogikunterricht in den Wohlfahrtsschulen" (Bericht über die Lehrplankonferenz im Preußischen Ministerium für Volkswohlfahrt). In: Die Erziehung. Monatszeitschrift für den Zusammenhang von Kultur und Erziehung in Wissenschaft und Leben 4. Jg., Heft 4, S. 259-262.
Dietrich, Charlotte (1929): Der Stand des sozialen Ausbidungswesens. In: Die Erziehung. Monatszeitschrift für den Zusammenhang von Kultur und Erziehung in Wissenschaft und Leben 4.Jg./4/1929, S. 237 – 248.
Enders, Margot (1934): Mädchenerziehung an der Wende. In: Die Volksschule. 30. Jg., Heft 13, S. 424-425.

Eßbach, Walter (1925): Kinderelend – Jugendnot. Anklagen und Forderungen. In: Die Neue Erziehung 7. Jg., Heft 2, S. 129-132.

Finck, Bertha (1933): Möglichkeiten und Grenzen der Mitarbeit ehrenamtlicher Kräfte in der Jugendwohlfahrtspflege. In: Freie Wohlfahrtspflege 7. Jg., S. 437-443.

Geck, Ludwig H. Adolph (1929): Sozialpädagogische Aufgabe der Pädagogischen Akademie. In: Die neue deutsche Schule. 6. Jg., Heft 3, S. 439- 447.

Gerdes, Frank (1924): Produktionsschulversuche in der Landschule. In: Die Neue Erziehung. 6. Jg., Heft 9, S. 445-447.

Gierke, Anna v. (1920): Schulpflege und Jugendamt. In: Monatszeitschrift für das Kinderhortwesen 6. Jg., Heft 5-6, S. 5-6.

Gierke, Anna v. (1921): Soziale Arbeit. In: Monatszeitschrift für das Kinderhortwesen 6. Jg., Heft7, S. 85-90.

Gierke, Anna v. (1925): Einheits- oder Spezialfürsorge. Ein Beitrag zu der Frage: Jugendleiterin und Jugendwohlfahrtspflegerin. In: Kindergarten. Heft 3, S. 110-114.

Göhring, Ludwig (1927): Der Schulgehilfe von 50 Jahren. In: Bayerische Lehrerzeitung 61. Jg., Nr. 17, S. 258-260; 61. Jg., Nr.18, S. 277-278; 61. Jg., Nr.19, S. 293-296.

Grossmann, Wilma (1978): Pädagogisch-therapeutische Aufgaben in Einrichtungen der Jugendhilfe. In: Neue Praxis, Sonderheft Sozialarbeit und Therapie, S. 99-106.

Grossmann, Wilma (1978): Sozialarbeit in der Schule. In: Neue Praxis Heft 3, S. 202-213.

Grossmann, Wilma (1980): Partner oder Kontrahenten? Einige Anmerkungen zum Verhältnis von Lehrern und Sozialpädagogen. In: Jugend, Beruf, Gesellschaft 31. Jg., Nr. 1, S. 13-17.

Grossmann, Wilma (1981): Förderung des sozialen Lernens in der Schule. In: Bildung und Wissenschaft, Nr. 6, S. 91-94.

Grossmann, Wilma/Stickelmann, Bernd (1982): Schulsozialarbeit im Schnittpunkt von Schule und Jugendhilfe. In: Tillmann, Klaus-Jürgen (Hrsg.): Sozialpädagogik in der Schule. München: Juventa, S. 42-62

Grossmann, Wilma (1984): Schulschwänzen. In: päd extra März 1984. S. 33-37

Grossmann, Wilma (1988): Social work in the School Setting: A Developing Interprofessional Task. In: School Social Work Journal. Vol. 12, No. 2, Spring 1988, S. 84-92.

Harless, Hermann (1924): Bericht über die Hamburger Heimschule. In: Die neue Erziehung. Zeitschrift für entschiedene Schulreform und freiheitliche Schulpolitik. S. 266-267.

Harnack, Adolf v. (1920): Schulschwester, Schulhelferin, Schulpflegerin, Bezirksfürsorgerin, Familienfürsorgerin. In: Monatsschrift für das Kinderhortwesen 6. Jg. Heft 1-2, S. 1-2.

Harnack, Elisabeth v. (1920): Charlottenburger Schulpflegestatistik. In: Monatsschrift für das Kinderhortwesen 5. Jg. Heft 7-8.

Helbrecht-Jordan, Ingrid/Segel, Gerhard (1980): Schulsozialarbeit – ein Weg zur Schule? In: Theorie und Praxis der sozialen Arbeit. Nr. 10, S. 372 – 381.

Henning, Rudolf (1929): Erziehungsaufgaben an der schulentlassenen Landjugend. In: Pädagogische Warte 36. Jg. Nr. 15, S. 687 – 692.

Heyn, August (1920): Die Neuköllner Gartenarbeitsschule. In: Die Neue Erziehung 2. Jg., Nr. 5, S. 100-103.

Heyn, August (1921): Die Gartenarbeitsschule. In: Die Neue Erziehung 3. Jg., Nr. 6, S. 195-196.

Hildebrandt, Paul (1927): Schule und Elternhaus. In: Pädagogisches Zentralblatt 7. Jg., Nr. 4, S. 193-202.
Hiller, Christian (1927): Erziehungsaufgaben unserer Schulen und ihr Verhältnis zur Jugendwohlfahrt. In: Württembergische Lehrerzeitung. 87. Jg., Nr. 15-16, S. 169-176.
Hoepner, Wilhelm (1927): Die Großstadtfamilie. In: Die Neue Erziehung. 9. Jg., Nr. 9, S. 683-685.
Hornstein, Walter (1971): Bildungsplanung ohne sozialpädagogische Perspektiven. In: Zeitschrift für Pädagogik 17. Jg., Nr. 3, S. 285-314.
Jacobs, Artur S. (1919): Schule und Jugendbewegung. In: Die Neue Erziehung. 1. Jg., Nr. 24, S. 785-788.
Kersting, Heinz Jürgen (1984): Organisationsformen der Schulsozialarbeit. In: Jugendwohl 65. Jg., Nr.5, S. 173-179.
Kipper, Milly (1930): Ergänzungseinrichtungen zu Tagesheimen und Horten. In: Kindergarten Nr. 6, S. 144-149.
Klewitz, Marion (1981): Preußische Volksschule vor 1914. Zur regionalen Auswertung der Schulstatistik. In: Zeitschrift für Pädagogik 4/1981, S. 551-573.
Klopfer, Bruno (1928): Schule und Berufsberatung. In: Zentralinstitut für Erziehung und Unterricht (Hrsg.): Das deutsche Schulwesen. Jg. 1928, S. 267-272.
Klumker, Christian J. (1928): „Schule und Kinderfürsorge". In: Die Erziehung. 3. Jg. Nr. 9 (Sonderdruck), S.2-15.
Klumker, Christian J. (1929): Hochschule und soziale Ausbildung. In: Archiv für Sozialwissenschaft und Sozialpolitik Band 62, Heft 3 (Sonderdruck). S. 589-601.
Krohn, August E. (1921): Arbeit als Schule. In: Die Neue Erziehung. Zeitschrift für entschiedene Schulreform und freiheitliche Schulpolitik. 3. Jg., Nr. 7, S. 218-221.
Kucharski, Fritz (1922): Die Lebensverhältnisse von 1367 Gemeindeschulkindern in Berlin-Pankow (im November 1920). In: Zeitschrift für Bevölkerungspolitik und Säuglingsfürsorge. Band 11, Nr. 7. Leipzig: J. A. Barth.
Lamszus, Wilhelm (1924): Vom Weg der Hamburger Gemeinschaftsschule. In: Die Neue Erziehung. 6. Jg., Nr. 5, S. 212-221.
Lauerer, Matthias (2015): Quo vadis Schulsozialarbeit. In: Erziehung und Wissenschaft 1/2015, S. 31-33
Lauerer, Matthias (2015): Quo vadis, Schulsozialarbeit? In: Erziehung & Wissenschaft Heft 1, S. 31-33.
Liebe, Johannes (1924): Der produktive Handwerksunterricht. In: Die Neue Erziehung 6. Jg. Nr. 6, S. 278-281.
Lyon, Erna (1925): Die Einrichtung von Sonderhorten für gefährdete psychopathische und minderbegabte Kinder. In: Kindergarten 3/1925, S. 70-73.
Mäcke, Heinrich (1924): Berliner Schülerwerkstätten. In: Die Neue Erziehung. 6. Jg., Nr.6, S. 286-289.
Mattes, Monika (2009): Ganztagserziehung in der DDR. „Tagesschule" und Hort in den Politiken und Diskursen der 1950er bis 1970er Jahre. In: Zeitschrift für Pädagogik. 54. Beiheft 2009, S. 230-246.
Müller-Oestreich, Ilse (1921): Schulreform und Lebensreform (Pfingsttagung, Frankfurt am Main, 1921). In: Die Neue Erziehung 3. Jg., Nr. 6, S. 193-194.
Müller-Oestreich, Ilse (1924): Produktionsschule und Wirtschaft. In: Die Neue Erziehung. 6. Jg.,Nr. 6, S. 281 -285.

Nohl, Herman (1927): Der Reichsschulgesetzentwurf. In: „Die Erziehung". Monatsschrift für den Zusammenhang von Kultur und Erziehung in Wissenschaft und Leben. 3. Jg., Nr. 1. S. 40-49.

Nohl, Herman (1929): Schule und Alltag. In: „Die Erziehung". Monatsschrift für den Zusammenhang von Kultur und Erziehung. 4. Jg., Nr. 10-11, S. 592-601.

Oestreich, Paul (1919): Kollegiale Schulverfassung. In: Die Neue Erziehung. 1. Jg., Nr. 8-9. S. 273-283.

Oestreich, Paul (1920): Ein Volk, eine Schule, ein Bund! Einheit, Freiheit, Gliederung. In: Die Neue Erziehung 2. Jg., Nr. 14, S. 289 – 291.

Oestreich, Paul (1921): Das Werden der neuen Schule (Pfingsttagung in Frankfurt am Main 1921). In: Die Neue Erziehung 3. Jg., Nr. 6, S. 192-193.

Oestreich, Paul (1921): Schulreform und Schulrevolution (Pfingsttagung in Frankfurt am Main 1921). In: Die Neue Erziehung 3. Jg., Nr. 6, S. 194-195.

Oestreich, Paul (1922): Lichterfelde. In: Die Neue Erziehung 4. Jg., Nr. 7, S. 236-239.

Oestreich, Paul (1922): Selbstregierung und entschiedene Schulreform. In: Die Neue Erziehung. Zeitschrift für entschiedene Schulreform und freiheitliche Schulpolitik.4. Jg., Nr. 10, S. 340-343.

Oestreich, Paul (1924): Neuer Kurs? In: Die Neue Erziehung. Zeitschrift für entschiedene Schulreform und freiheitliche Schulpolitik. 6. Jg., Nr. 6, S. 257.

Oestreich, Paul (1924): Von „Arbeit" und „Produktion". In: Die Neue Erziehung. 6.Jg., Nr.6, S. 270-274.

Oestreich, Paul (1925): Ökonomistisch orientierte Erziehung? In: Die Neue Erziehung. Zeitschrift für entschiedene Schulreform und freiheitliche Schulpolitik. 7.Jg., Nr. 5, S. 347-351.

Oestreich, Paul (1929): Zehn Jahre Bund. In: Die Neue Erziehung. Zeitschrift für entschiedene Schulreform und freiheitliche Schulpolitik.11. Jg., Nr.10, S. 766-768.

Oestreich, Paul (1930): Verbot ist Bankrott! In: Die Neue Erziehung. Zeitschrift für entschiedene Schulreform und freiheitliche Schulpolitik. 12. Jg., Nr. 3, S. 183-188.

Picht, Georg (1964): Die deutsche Bildungskatastrophe. In: Christ und Welt. Nr. 5, 6, 7, 8.

Pögeler, Franz (1984): Jugendarbeit trotz(t) Schule. Neue Perspektiven zum Verhältnis von Sozialarbeit und Schule. In: Jugendwohl. 65. Jg., Nr.9, S. 353-359.

Polligkeit, Wilhelm (1921): Hort für schwer erziehbare Kinder. In: Kindergarten, Zeitschrift des deutschen Fröbelverbandes 62. Jg./3/1921, S. 192-194.

Polligkeit, Wilhelm (1925): Reichsschulkonferenz und Jugendwohlfahrtspflege. In: Die Jugendfürsorge. Nr. 3.

Rühle, Alice/Rühle, Otto (Hrsg.) (o.J.): Am anderen Ufer – Blätter für sozialistische Erziehung. Dresden/Leipzig: Verlag am andern Ufer. 2. Heft, o.J.

Rust, Bernhard (1934): Zum Jahrestag der nationalsozialistischen Revolution an die deutschen Erzieher. In: Deutsche Höhere Schule. 2. Jg. Nr.4, S. 97.

Sachse, Arnold (1927): Die Entwicklung des Schulrechts seit der Staatsumwälzung. In: Die Erziehung. Monatsschrift für den Zusammenhang von Kultur und Erziehung in Wissenschaft und Leben. 2. Jg., Nr. 12, S. 690-714.

Salomon, Alice (1929): Die Deutsche Akademie für soziale und pädagogische Frauenarbeit im Gesamtaufbau des deutschen Bildungswesens. In: Deutsche Zeitschrift für Wohlfahrtspflege. 5. Jg. Nr.3, S. 137-144.

Salustowicz, Piotr (1983): Sozialarbeit in der Schule – Ein Überblick über die Beiträge zur Begründungsfrage. In: Recht der Jugend und des Bildungswesens. 31. Jg. Nr. 4, S. 306-327.
Sauer, Hugo (1919): Jugendberatungsstellen. In: Die Neue Erziehung. 1. Jg. Nr. 5, S. 190-195.
Sauer, Hugo (1921): Jugendberatungsstellen (Wesen und Werden). In: Die Neue Erziehung. 3. Jg., Nr.11, S. 354-358.
Sauer, Hugo (1924): Reichsjugendwohlfahrtsgesetz, Jugendamt und Jugendberatungsstellen. In: Die Neue Erziehung 6. Jg., Nr. 5, S. 237-239.
Schlegtendal, Gottfried (1929): Zur Ausbildung der Sozialarbeiterinnen. In: Die Innere Mission 24. Jg. Nr.7, S. 299-303.
Schlemmer, Hans (1926): Das Gemeinschaftsleben der Jugend und die Schule. Leipzig: Quelle & Meyer.
Schlemmer, Hans (1931): Staatsschule und evangelische Kirche. In: Die Erziehung: Monatsschrift für den Zusammenhang von Kultur und Erziehung in Wissenschaft und Leben. 7. Jg, Nr. 1, S. 57-59.
Schmidt, Fritz (1925): Die politische Aufgabe des abstinenten Erziehers. In: Die Neue Erziehung 7. Jg. Nr. 2, S. 111-115.
Selter, Hugo/Roller, Karl (Hrsg.) (1907): Gesunde Jugend. In: Zeitschrift für Gesundheitspflege in Schule und Haus. Organ des Allgemeinen Deutschen Vereins für Schulgesundheitspflege. 6. Jg. Leipzig: Teubner.
Stephani, Paul (Hrsg.) (1923): Zeitschrift für Gesundheitsfürsorge und Schulgesundheitspflege. Organ des Deutschen Vereins für Schulgesundheitspflege. Band 36, Leipzig: Klinkhardt.
Stöcker, Lydia (1921): Die Geschlechterfrage der Jugend und der Erzieher. In: Die Neue Erziehung 3. Jg. Nr. 10, S. 316-317.
Straad, Elfriede (1921): Der Beruf der Schulpflegerin. In: Monatsschrift für das Kinderhortwesen. 7. Jg. Nr. 3-4.
Strecker, Reinhard (1925): Amerika als Erzieher. In: Die Neue Erziehung. 7. Jg. Nr. 2, S. 93-96.
Trüper, Johannes (1920): Die Reichsschulkonferenz in ihrer unterrichtlichen, erziehlichen, nationalen, sozialen und religiös-sittlichen Bedeutung. In: Zeitschrift für Kinderforschung mit besonderer Berücksichtigung der pädagogischen Pathologie. Langensalza: H. Beyer. 25. Jg., S. 341-355.
Trüper, Johannes Die privaten Erziehungs- und Bildungsanstalten in ihrer Bedeutung für unser deutsches Volk. In: Zeitschrift für Kinderforschung mit besonderer Berücksichtigung der pädagogischen Pathologie. 24. Jg./1919, S. 139-142.
Verband Deutscher Kinderhorte (Hrsg.) (1914): Schulkinderhort, Schulkinderpflege. Vorträge, gehalten auf der Mitgliederversammlung zu Erfurt. In: Schriften für Erziehung und Unterricht. Heft 10/1914. Berlin, Leipzig: Teubner.
Verein zur Gründung von Horten. In: Zeitschrift für Kinderschutz und Jugendfürsorge 11. Jg./7/1919. S. 166. Mitteilung des Bundes entschiedener Schulreformer 1922, Beilage zu der Zeitschrift „Die neue Erziehung".
Wegner, Thomas (1981): Schulleben: Wiederbelebung des Erzieherischen in der Schule? Ein Literaturbericht. In: Zeitschrift für Pädagogik Heft 4, S. 635-644.
Weigelt, Fritz (1922): Schule und Jugendbewegung. In: Die Neue Erziehung 4. Jg. Heft 8, S. 247-253.

Weigelt, Fritz (1924): Die Produktionsschule auf dem Lande. In: Die Neue Erziehung 6. Jg. Heft 6, S. 285-286.

Weniger, Marie L. (1925): Sondergruppen im Hort für schwererziehbare Kinder. In: Kindergarten Heft 3, S. 66-70.

Wiese, Helmut (1968): Jugendhilfe ohne Schule – Schule ohne Jugendhilfe? In: Unsere Jugend 20. Jg., Nr. 1, S. 482-488.

Wilker, Karl (1918): „Jugendgefängnisse". In: Zeitschrift für Kinderforschung mit besonderer Berücksichtigung der pädagogischen Pathologie 23. Jg., S. 49-60.

Zeitschrift für Kinderschutz und Jugendfürsorge XI. Jg./2/1919

Zentralstelle für Kinderschutz und Jugendfürsorge in Wien (Hrsg.) (1919): „Die Mitwirkung der Lehrerschaft an der Jugendfürsorge". In: Zeitschrift für Kinderschutz und Jugendfürsorge 11. Jg. Nr. 4. S. 99.

Zentralstelle für Kinderschutz und Jugendfürsorge in Wien (Hrsg.) (1919): „Schulpfleger und Schulpflegerinnen an den Fortbildungsschulen in Charlottenburg". In: Zeitschrift für Kinderschutz und Jugendfürsorge 11. Jg. Heft 2, S. 46.Zentralinstitut für Erziehung und Unterricht (Hrsg.) (1928): Das deutsche Schulwesen. Jg. 1927. Berlin.

Quellen

Amerikanische Hochkommission (1952): Jugend in Westdeutschland. München 1952.
Arbeitskreis hessische Schulsozialarbeit (Hrsg.) (1978): Schulsozialarbeit. Reihe Beiträge zur Praxis der Arbeiterwohlfahrt. Frankfurt am Main: Jugend und Politik.
Armen-Amt Frankfurt am Main (Hrsg.)(1918): Die öffentliche Wohlfahrtspflege in Frankfurt am Main (Magistratsvorlage betr. Errichtung eines städt. Wohlfahrtsamtes vom 18. März 1918). Frankfurt.
Baum, Marie (Hrsg.) (1921): Die Schulkinderfürsorge als Teilaufgabe der allgemeinen Wohlfahrtspflege. Tagung in Düsseldorf, Juni 1921. Berlin.
Centrale für Fürsorge (Hrsg.) (1910): Die Wohlfahrtseinrichtungen von Groß-Berlin nebst einem Wegweiser für die praktische Ausübung der Armenpflege in Berlin. Berlin: Springer Verlag.
Die Neue Zeitung (Hrsg.) (1946): Erziehung in Deutschland. Bericht und Vorschläge der Amerikanischen Erziehungskommission. München.
Diesel, Carl (1924): Arbeiter, Eure Sache ist die Arbeitsschule. In: Die Neue Erziehung 6. Jg., Heft 6, S. 274-278.
Eine Schülertagesheimstätte in Retz". In: Zeitschrift für Kinderschutz und Jugendfürsorge. 11. Jg./1/1919, S. 19.
Ernst-Reuter-Schule (Hrsg.) (1984): Sozialarbeit in der Schule hat viele Gesichter. Ernst Reuter Schule I, Frankfurt.
Falckenberg, Richard (1890): Schmid, Franz Xaver. In: Allgemeine Deutsche Biographie, S. 661-662. [Onlinefassung]; URL: http://www.deutsche-biographie.de/pnd117457736.html?anchor=adb.
Fischer, Leopold Hermann (Bearb.) (1904): Tabellarische Übersicht über die deutschen Kinderhorte. Berlin: Mosse.
GGG – Gemeinnützige Gesellschaft Gesamtschule (1980): Schulsozialarbeit an Gesamtschulen. Ammersbek: GGG Gemeinnützige Gesellschaft Gesamtschule e.V.
Göbel, Alexander (1922): Aufgaben und Tätigkeit der Schulpflegerin. Aus: Centrale für private Fürsorge (Hrsg.): Reichsjugendwohlfahrtsgesetz und Schule. Bericht über d. von

d. Centrale f. private Fürsorge in Frankfurt a. M. vom 6.-9. Juni 1922 auf d. „Wegscheide" veranstalteten Kursus zur Einführung d. Lehrerschaft Hessen-Nassaus in d. Reichsjugendwohlfahrtsgesetz. Langensalza: Beyer u. Söhne. S. 53-56.

Handbuch des Lehrervereins zu Frankfurt (1914)

Handke, Johann (1923): Die Entwicklung der Arbeitsschulen zur Produktionsschule. In: Entschiedene Schulreform. Heft 8.

Jahresbericht der Abteilung für Schulkinderpflege und Kinderhortwesen des Vereins für Säuglingsfürsorge und Wohlfahrtspflege im Regierungsbezirk Düsseldorf e. V. 1919/1920 nebst Jahresbericht der Kinderheilstätte Waldesheim. Düsseldorfer Zeitung AG.

Klumker, Christian J. (1920): „Die Jugendfürsorge im neuen Reich". Schriften des Frankfurter Wohlfahrtsamtes. Frankfurt: Tiedemann.

Lehrerverein Frankfurt (Hrsg.) (1914): Handbuch des Lehrervereins zu Frankfurt am Main. Frankfurt: Selbstverlag.

Mitteilungen des Armen-Amtes und des Jugend-Amtes für die Armenvorsteher, Armenpfleger und Waisenpflegerinnen und für die Verwaltungen der Wohltätigkeits-Anstalten, Stiftungen und Vereine (1915): „Die bisherige Entwicklung des Jugendamtes". „Tätigkeit des Jugendamtes im Fürsorgeerziehungsverfahren". „Die Schulpflegerin". 19. Jg., Nr.82, S. 1-4.

Mitteilungen des Deutschen Städtetages (1921): Schulpflegerinnen. Band 8, Nr. 6.

Reichsgesetzblatt Nr. 14 (30. März 1903): Gesetz betreffend Kinderarbeit in gewerblichen Betrieben. S. 113-121 http://www.1000dokumente.de/

Reichsministerium des Innern (1920/21): Die Reichsschulkonferenz 1920, ihre Vorgeschichte und Vorbereitung und ihre Verhandlungen. Amtlicher Bericht erstattet vom Reichsministerium des Innern. Berlin

Rühle, Otto (1919): Sozialistische Erziehung. In: Die Neue Erziehung. 1. Jg. Nr. 1, S. 372-274.

Saß, Harry/Böttcher, Günter/Otto, Wolfgang (Hrsg.) (1982): Anleitung für die Tätigkeit in der Pionierorganisation "Ernst Thälmann" und im Schulhort. Teil II. Lehrmaterial zur Ausbildung an Instituten für Lehrerbildung. Potsdam: Pädagogische Hochschule "Karl Liebknecht".

Schriften des evangelischen Erziehungsamtes der Inneren Mission (1917): Der Kinderhort. Eine Handreichung für die Arbeit an unserer aufsichtslosen, schulpflichtigen Jugend. Hamburg.

Senator für Arbeit/Senator für Volksbildung und Hauptjugendamt (1952): Die Jugend in West-Berlin. Denkschrift zur Jugendnot. Berlin.

Stadt Frankfurt am Main – Der Magistrat, Dezernat für Bildung und Frauen (Hrsg.) (1912): Zur Situation ausländischer Schülerinnen und Schüler an Frankfurter Schulen. Schulj. 2008/2009. o.Verf.: „Ausbildungskurse für Hortlehrer und Jugendführer". In: Zeitschrift für Kinderschutz und Jugendfürsorge, 11. Jg./7/1919, S. 32-48.

Tagung Jugendnot (Herbst 1922): In: Die Neue Erziehung 4. Jg. Nr. 10.

van der Beek, Angelika/Grossmann, Wilma/Stickelmann, Bernd: Zwischenbericht der wissenschaftlichen Begleitung des Modellversuchs „„Sozialarbeit in der Schule" (März 1978-März 1979) Frankfurt 1979.

Verein zur Gründung von Horten. In: Zeitschrift für Kinderschutz und Jugendfürsorge 11. Jg./7/1919. S. 166. Mitteilung des Bundes entschieder Schulreformer 1922, Beilage zu der Zeitschrift „Die neue Erziehung".

Vorstand des sächsischen Lehrervereins (Hrsg.) (1925): Materialsammlung zum Schulkampf. Dresden: Selbstverlag.

Ziehen, Julius (1922): Die erzieherischen Aufgaben der Schulkinderfürsorge. Aus: Die Schulkinderfürsorge als Teilaufgabe der allgemeinen Wohlfahrtspflege (Tagungsbericht). Berlin, S. 80-96.

Internetseiten

Gewerkschaft Erziehung und Wissenschaft (2013): Bundeskongress. Ausbau und dauerhafte Absicherung von Schulsozialarbeit. Beschluss vom 13.6.2013. http://www.gew.de/schulsozialarbeit/positionen.
Reichsgesetzblatt Nr. 14 (30. März 1903): Gesetz betreffen Kinderarbeit in gewerblichen Betrieben. S. 113-121 http://www.1000dokumente.de/index.html?c=dokument_de&dokument=0263_kin&object=facsimile&pimage=1&v=100&nav=&l=de
Stadt Frankfurt am Main (Hrsg.) (2013): Statistisches Jahrbuch. www.frankfurt.de
Verband deutscher Städtestatistiker (2013): Migrationshintergrund in der Statistik – Definitionen, Erfassung und Vergleichbarkeit. Materialien zur Bevölkerungsstatistik, Heft 2/2013   http://www.staedtestatistik.de/fileadmin/vdst/AG_Bevoelkerung/Publikation/Heft2_Migrationshintergrund.pdf
Stadt Frankfurt am Main – Der Magistrat – Dezernat für Bildung und Frauen (Hrsg.) Studie Zur Situation von ausländischen Schülerinnen und Schülern an Frankfurter Schulen Schuljahr 2008/2009. http://whttp://www.1000dokumente.de/ww.frankfurt.de/sixcms/media.php/738/Studie Situation ausl Schüler 2008-2009.pdf

Personenregister

A
Abels, Heinz 116–119, 171, 197, 223
Adler, Alfred 55–56, 223
Aichhorn, August 107, 223
Alt, Robert 7, 13, 197, 204, 223
Andreesen, Alfred 58, 211, 223

B
Baethge, Martin 177–179, 197, 223
Bamberger, Elisabeth 99, 101, 211, 223
Bäumer, Gertrud 48–49, 75–76, 78–80, 148, 198, 204, 206, 223
Bendele, Ulrich 53, 198, 223
Bernfeld, Siegfried 83, 145, 198
Best, Ron 153, 198
Blaum, Kurt 34, 198, 223
Bollnow, Otto Friedrich 101, 223
Böttcher 165, 218
Brocher, Tobias 118, 223
Brodel, Hermann 5, 198, 204

C
Campe, Joachim Heinrich 12, 17, 199, 223
Clicquot de Blervache, Simon 223

Corte, Erna 37–38, 199, 211, 223
Costin, Lela B. 155, 199, 205

D

Dammer, Susanna 86, 199, 224
Dettbarn, Hermann 129, 199, 224
Dittmann-Kohli, Freya 117–119, 171, 200, 224
Don Bosco, Giovanni 107, 223
Drewelow, Horst 164–165, 200
Drigalski, Wilhelm von 39, 200, 224

E

Eibeck, Bernhard 193–194, 200, 224
Enders, Margot 85–86, 211, 224
Erikson, Erik 182, 200, 224
Eyferth, Hanns 101–103, 200–201, 224

F

Falckenberg, Richard 31, 217
Falk, Johannes 107, 161–163, 166, 200, 224
Falk, Lothar 107, 161–163, 166, 200, 224
Faulstich-Wieland, Hannelore 126–128, 200, 224
Federlein, Angela 224
Feidel-Mertz, Hildegard 1, 83–84, 200, 209, 224
Fischer-Defoy, Werner 39–40, 201, 224
Fischer, Leopold Hermann 39–40, 199, 201, 205, 217, 224
Flanagan, Edward Joseph 107, 224
Flitner, Wilhelm 101, 224
Fragnière, Gabriel 201
Friedländer, Walter 115, 201, 204
Fröbel, Friedrich 32, 71, 224
Frommann, Anne 114, 132, 201, 224

G

Gamm, Hans-Jochen 84–85, 87, 201
Gans 6, 201, 204
Gerstel-Rühle, Alice 55, 224
Gierke, Anna von 31, 33–34, 37–38, 201, 212, 224
Giesecke, Hermann 174 174, 201, 224

Goebel, Alexander 42 40, 42, 224
Goldschmidt, Henriette 47, 224
Gottschalk-Scheibenpflug, Johanna 133, 201, 224
Graetzer-Hepner, Gertrude 39–40, 201, 224

H
Harless, Hermann 63, 212, 224
Hartley, Eugene L. 172, 202, 224
Hartley, Ruth, E. 172, 202, 224
Helbrecht-Jordan, Ingrid 125–126, 129, 202, 212, 224
Herriger, Norbert 120, 224
Heymann, Lida Gustava 32, 197–198, 202, 206
Heyn, August 64, 212
Hilker, Franz 59, 67, 202, 224
Hitler, Adolf 83–85, 88, 96, 160, 225
Hoernle, Edwin 83
Honecker, Erich 168, 225
Hornstein, Walter 107–108, 110–111, 213, 225
Hösle, Alois 43–44, 47–48, 202, 225
Hurrelmann, Klaus 175, 202, 225
Husén, Torsten 174, 178–182, 184–186, 202, 225

I
Iben, Gerd 111 6, 111, 152, 202, 225
Illich, Ivan 183 183, 203, 225
Iser, Angelika 194 193–194, 200, 203, 225

J
Jacobs, Kurt 213, 225
Jacoby-Oske, Edith 225
John, Irmgard 140–141, 144, 147, 204, 225
Johnson, Daphne 153, 203, 225

K
Kaiserin Maria Theresia von Österreich 225
Kanitz, Otto Felix 26–27, 83, 203, 225
Karsen, Fritz 57–60, 67, 83, 203, 205, 225
Kath, Brigitte 140, 203, 225
Kawerau, Georg Siegfried 59, 67, 203, 225

Kentler, Helmut 101, 109, 225
Kenworthy, Leonard Stou 97, 99–100, 203, 225
Kerschensteiner, Georg Michael 78–79, 225
Kersten, Joachim 129, 132, 203, 225
Kindermann von Schulstein, Ferdinand 225
Kledzik, Ulrich Johannes 134, 203, 225
Klewitz, Marion 52, 213, 225
Klumker, Christian Jasper 70–72, 80, 203, 213, 218, 225
Knief, Marianne 140–143, 147, 203, 225
Koneffke, Gernot 6–7, 10–11, 16–17, 197–198, 201, 204, 207–208, 225
König Friedrich II. von Preußen 225
König Friedrich Wilhelm I. in Preußen 225
Krauss, Verena 225
Krenz, Jochen 144, 146, 204, 225
Krohn, August 62, 213
Kuczynski, Jürgen 22, 204, 225
Kuhr, Irma 97, 204

L
Lachmann, Carl Rudolf Friedrich 16–17, 204, 226
Lane, Homer Tyrrel 107, 226
Laurer 192–193, 213
Leyen, Ursula Gerdrude von der 192, 226
Liebe, Johannes 56–57, 63, 79, 158, 213, 226
Lindner, Wilhelm 161–163, 166, 200, 226
Lindner, Werner 161–163, 166, 200, 226
Lingelbach, Karl Chr. 84
Lost, Wilhelm 158, 204
Lubinski, Georg 66, 226

M
Maas, Michael 115–117, 204, 226
Malinowski, Peter 120, 226
Mattes, Monika 159, 213
Mollenhauer, Klaus 117, 148, 204, 226
Müller, C. Wolfgang 148, 202, 205–206, 213, 226

N
Negt, Oskar 180

Neill, Alexander Sutherland 107, 226
Neuner, Ingrid 67, 205, 226
Nieslony, Frank 7, 205, 226
Nohl, Herman 101, 106, 198, 201, 204–205, 214, 226

O
Oestreich, Paul Hermann August 59–63, 65–67, 201, 205, 213–214, 226
Oevermann, Ulrich 117, 205
Olk 195
Otto 47, 55, 59, 83, 101, 165, 199–201, 203, 206–209, 211, 214, 218, 223, 225–228
Otto-Peters, Louise 47, 226

P
Pestalozzi, Johann Heinrich 32, 71, 99, 107, 226
Petersen, Peter 98, 181, 226
Pfaffenberger, Hans 102–104, 115, 201, 204–205, 226
Picht, Georg 105, 111, 214, 226
Polligkeit, Wilhelm 70–71, 74–75, 205, 214, 226
Postman, Neil 173–174, 205, 226
Pottag, Alfred 77, 205, 226

R
Raab, Erich 115, 120, 155–156, 197, 199–200, 203, 205–206, 208, 226
Radde, Gerd 83, 205, 226
Rademacker, Hermann 120, 192, 197, 199–200, 203, 205–206, 226
Rehm, Max 73–74, 78, 205, 226
Reichwein, Adolf 83
Reimer, Everett 183, 206, 227
Rein, Peter 56–57, 227
Richmond, Kenneth 180, 183–184, 206, 227
Riehl, Wilhelm Heinrich 46–47, 206, 227
Riemann, Ilka 148, 206, 227
Robinson 154, 206
Roloff, Ernst 23, 30–31, 52, 81, 206, 209
Rühle, Otto 21–23, 52–53, 55–56, 59, 61, 83, 206, 214, 218, 224, 227
Rust, Bernhard 85, 214

S
Sachsße, Christoph 206, 227

Salomon, Alice 31–33, 148, 206, 214, 227
Samuleit, Paul 33, 227
Sander, Else 45, 205–206, 227
Sartor, Andrea 227
Saß 165, 218
Schefold, Werner 108–109, 119–120, 171, 206–207, 227
Schimpf, Elke 227
Schirach, Baldur Benedikt von 86–87, 227
Schlesinger, Therese 39, 227
Schmidt-Schwarzenberg, Franz-Xaver 31, 81
Schmidt, Auguste 31, 47, 81, 166, 207, 215, 227
Schmidt, Franz Xaver 31, 47, 81, 166, 207, 215, 227
Schmidt, Siegfried 31, 47, 81, 166, 207, 215, 227
Schnorbach, Hermann 83–84, 200, 227
Schulz, Heinrich 30, 34, 36, 59, 70, 81, 207, 227
Schwartz, Erwin 70, 207
Seiring, Wilfried 140, 203
Sextro, Heinrich Philipp 11, 13, 16–17, 204, 207, 227
Siegel, Elisabeth 73, 207, 227
Simon, Helene 9, 24–26, 28–29, 207, 223, 227
Simonsohn, Berthold 106, 207, 227
Singer 184, 207
Speck 195
Staufer, Jochen 124, 130, 145–146, 208, 227
Stein zum Altenstein, Karl Siegmund Franz Freiherr von 227
Stickelmann, Bernd 124, 130, 145–146, 201–202, 208, 212, 218, 227
Stubenrauch, Herbert 1, 227

T
Thiersch, Hans 118, 120, 200–201, 227
Thomas, Helga 188, 201, 215, 227
Thurnwald, Hilde 90–93, 95–96, 208, 227
Tillmann, Klaus-Jürgen 113, 118, 126–129, 200–203, 205–206, 208, 212, 227
Trüper, Johannes 71, 215, 227

V
Valentin, Veit 84, 101, 208

W

Wagemann, Arnold Heinrich 10, 14–16, 208, 228
Wehn, Otto 28–29, 208, 228
Weigelt, Friedrich Wilhelm 65, 215–216, 228
Weniger, Erich 101, 216, 228
Wichern, Johann Hinrich 107, 204, 228
Wilker, Karl Hermann 107, 209, 216, 228
Willmann, Otto 23, 30–31, 81, 209
Witzmann, Georg 35–36, 81, 209, 228
Wolff, Herbert 228

Z

Zetkin, Clara Josephine 59, 228
Ziehen, Julius 48, 219, 228

MIX
Papier aus verantwortungsvollen Quellen
Paper from responsible sources
FSC® C105338

If you have any concerns about our products,
you can contact us on
ProductSafety@springernature.com

In case Publisher is established outside the EU,
the EU authorized representative is:
Springer Nature Customer Service Center GmbH
Europaplatz 3, 69115 Heidelberg, Germany

Printed by Libri Plureos GmbH
in Hamburg, Germany